MER HYRCANIENNE
DACIE
Danube
Tomis
PONT-EUXIN
Sinope
MÉSIE
PONTS
THRACE
MACÉDOINE
CAPPADOCE
THESSALIE
ASIE
Delphes
MÉSOPOTAMIE
Éphèse
Athènes
CILICIE
Tigre
Olympie
Euphrate
DÉLOS
SYRIE
CRÈTE
CHYPRE
NTÉRIEURE
JUDÉE
Alexandrie
CYRÉNAÏQUE
ÉGYPTE
Nil

Latin 4^{e}

Colette Milès
Agrégée de Lettres classiques

Sylvie Thornes
Certifiée de Lettres classiques

HATIER

LES
BELLES
LETTRES

Coordination éditoriale : Claire Dupuis
Correction : Aude Morel
Iconographie : Brigitte Célérier/Hatier illustration
Dessins : Axel Renaux
Conception graphique : Alain Cianci, www.machinette.com
Réalisation : Ici & ailleurs

AVANT-PROPOS

Un manuel adapté aux élèves de 4e

Cette nouvelle édition du manuel paru en 1997 tient compte des observations, venues des professeurs et des élèves, qui nous ont été adressées. Nous avons en particulier souhaité, tant dans l'iconographie que dans le choix des textes, **proposer des liens fréquents entre la civilisation antique et le monde moderne**, afin de donner aux élèves l'envie de s'imprégner de cette civilisation dont la nôtre est issue.

Une structure simple et claire

Quatre grandes parties sont consacrées respectivement à l'histoire de la république – avec ses héros et des anecdotes susceptibles de capter l'intérêt de jeunes élèves –, à l'étude de la société puis de la vie quotidienne romaines, enfin au bassin méditerranéen, où s'est incontestablement fait sentir l'influence de Rome.

Chaque partie comprend cinq chapitres qui suivent tous la même structure :
– **deux pages de découverte du thème :** la première, iconographique, présente des documents pour s'exercer à lire l'image; la deuxième propose des textes en français qui permettent de comprendre l'importance du thème à travers les âges;
– **une leçon en trois temps :** une page de découverte et observation d'un texte latin authentique, une page de grammaire enrichie d'une phrase à retenir, illustrée avec humour et précision, deux pages d'exercices sur les points traités.
– **deux pages de prolongements** contenant des textes en français sur le thème choisi et poursuivant l'objectif de souligner les liens entre le monde moderne et le monde antique. Ces pages sont illustrées de documents sélectionnés dans le même esprit.

Des annexes regroupent en fin d'ouvrage tous les éléments utiles au parcours de 4e : **tableaux de grammaire, index grammatical, lexique latin-français.**

Les pages de couverture intérieure proposent cartes et chronologie.

Un manuel conforme à l'esprit du programme

Lire du latin ! Les textes sont authentiques. Quelquefois coupés ou simplifiés, ils sont accompagnés de leur traduction dans les premiers chapitres ; puis les élèves, de plus en plus autonomes, lisent le texte grâce aux notes données en marge pour en faciliter la découverte. Dans la double page suivante, un exercice « Lire en latin » propose systématiquement un texte en rapport avec le thème ou la grammaire du chapitre.

Réviser le français pour apprendre le latin. Des rappels de grammaire française établissent une passerelle entre latin et français. Tous les points de grammaire du programme sont traités, au fur et à mesure de leur rencontre dans les textes. Chaque leçon va à l'essentiel : la présentation fait au maximum appel à la **visualisation.**

Des exercices nombreux et variés. Chaque texte latin fait l'objet d'exercices d'observation. Puis des exercices d'application mettent en œuvre la notion étudiée dans la leçon : exercices structuraux, versions, thèmes, jeux, dont le nombre a été significativement augmenté.

Découvrir le vocabulaire latin pour enrichir le lexique français. De nombreux exercices d'étymologie consolident l'apprentissage du vocabulaire français en évoquant l'histoire des mots depuis l'Antiquité. Nous avons également favorisé les liens linguistiques qui existent entre le français, le latin et le grec en introduisant dans chaque chapitre une rubrique spécifique (« Le latin et le grec »). La rubrique « Linguistes en herbe » donne en outre aux élèves la clé d'expressions latines répandues.

Nous espérons donner au plus grand nombre d'élèves l'envie de poursuivre leur apprentissage du latin !

LES AUTEURS

Programme de latin 4e

Notre civilisation et notre langue héritent des cultures et des langues latine et grecque. L'apprentissage des langues anciennes a donc pour but de retrouver, d'interroger et d'interpréter dans les textes les langues et les civilisations antiques pour mieux comprendre et mieux maîtriser les nôtres dans leurs différences et leurs continuités.

Textes et thèmes

Textes

Textes narratifs et descriptifs, dialogues.
Les extraits sont adaptés dans leur ampleur et dans leur contenu à l'âge des élèves. Ces extraits simples sont tirés de César, Cicéron, Horace, de recueils d'inscriptions variées, de Lhomond, *De viris illustribus,* d'Ovide, Phèdre, Plaute, Pline le Jeune, Pline l'Ancien, Tite-Live, Virgile, de textes du Moyen Âge et de la Renaissance.
La diversité des textes proposés permet au professeur de choisir en fonction des objectifs qu'il se fixe aux différents moments de l'apprentissage.

Thèmes

Rome, la vie de la cité
– la société romaine
– activités et loisirs
Rome et son empire pendant la république
– le brassage des peuples
– l'espace méditerranéen
– Rome et la Grèce

Langue

Lexique

– les catégories sociales
– les relations sociales et individuelles
– les sentiments
– les loisirs, spectacles et sports
– les travaux
– les provinces : géographie et mœurs

L'étude des mots outils permet la compréhension de l'organisation de la phrase et de la cohérence des textes dans le cadre du récit, de la description et du dialogue. L'élève retient, en 4e, les coordonnants et les subordonnants des circonstances causales, finales et consécutives, et les adverbes, prépositions et préfixes de même sens. Cette approche méthodique permet la mémorisation d'un lexique de trois cents à quatre cents mots.

Syntaxe

– la valeur des temps dans la description
– le futur
– l'injonction directe et indirecte (ordre et défense) : indépendantes et complétives introduites par ut
– le complément d'agent
– l'expression de la cause, du but et de la conséquence : groupes nominaux, indépendantes coordonnées, subordonnées à l'indicatif et au subjonctif
– la perception de l'opposition entre valeur de l'indicatif et valeur du subjonctif

Morphologie

L'élève mémorise :
– dans la morphologie nominale : les trois premières déclinaisons, les adjectifs qualificatifs des deux classes (avec le comparatif et le superlatif), le participe présent ;
– les pronoms adjectifs relatifs et démonstratifs ;
– dans la morphologie verbale : à l'actif, l'indicatif futur, futur antérieur et plus-que-parfait ; l'impératif présent ; le subjonctif présent, imparfait et plus-que-parfait des différentes conjugaisons, des verbes sum et eo et de leurs composés ; au passif, l'indicatif présent, parfait et plus-que-parfait et l'infinitif.

Instructions officielles de septembre 1996 (extraits).

Sommaire

Partie 1 : La république

1. Les héros de la jeune république

2. Être républicain

3. Caton le Censeur

4. Cicéron, un homme nouveau

5. Jules César

PARTIE 2 : LA SOCIÉTÉ ROMAINE

6. La jeune fille

7. Le jeune garçon

8. La femme

9. L'esclave

10. Maisons, rues, métiers

Partie 3 : La vie quotidienne

15. Faire du sport

PARTIE 4 : ROME ET LE BASSIN MÉDITERRANÉEN

16. Rome et la Grèce : la pensée et les arts

17. Rome et la Grèce : la pensée en harmonie avec le corps

18. Rome et la Sicile

19. Rome et Carthage

20. Rome et la Gaule

QUIBUS VE

UM AEDEM

POLLONIS

VIS IN CA

N EA PARTE

UAM FULM

DEO HARU

PARTIE 1

La république

1. Les héros de la jeune république

Fresque du zodiaque attribuée à Giovanni Maria Falconetto (1468-1534) (détail : Muzio Scaevola devant Porsenna) (XVIe siècle) (Mantoue, palais d'Arco).

Lire l'image

1. *Comment le courage du Romain Mucius Scaevola est-il souligné ?*

2. *En quoi peut-on dire que cette fresque est très classique (composition, lignes...) ?*

3. *Comment un artiste de la Renaissance se représente-t-il le monde romain ?*

Des héros face à l'ennemi

La domination des rois étrusques à Rome fut de courte durée : Tarquin le Superbe fut chassé à la fin du VIe siècle (509) av. J.-C. Les Romains en profitèrent pour abolir la royauté et instaurer un régime nouveau, appelé république. Le roi fut remplacé par deux consuls élus pour un an par le peuple. Tarquin se réfugia chez le roi Porsenna, qui déclara la guerre aux Romains dans le but de rétablir la royauté.

Porsenna, roi des Étrusques, marcha sur Rome avec une armée offensive, pour rétablir les Tarquins. Au premier assaut, il s'empara du Janicule[1]. Jamais auparavant une telle terreur ne s'empara des Romains : ils quittent la campagne et gagnent la ville, et entourent de garnisons la ville elle-même. La ville semblait bien protégée d'un côté par ses remparts, de l'autre par l'obstacle du Tibre. Le pont Sublicius faillit offrir une voie d'entrée aux ennemis, n'eût été un seul homme, Horatius Cocles « le Borgne », ainsi surnommé parce qu'il avait perdu un œil dans un combat précédent. Il se posta devant le pont et fit face, à lui seul, à l'armée ennemie, le temps que l'on coupe le pont derrière lui. Cette audace stupéfia l'ennemi. Une fois le pont coupé, il sauta en armes dans le Tibre et revint à la nage, sain et sauf, chez les siens. La cité se montra reconnaissante pour un si grand courage : elle donna à Horatius autant de terres qu'il était possible d'entourer d'un sillon de charrue en un jour.

Abbé C.-F. LHOMOND (XVIIIe siècle), *De viris illustribus*, trad. J. Gaillard, Actes Sud, coll. « Babel », 1995.

1. *Janicule* : colline de Rome consacrée à Janus, dieu gardien des Portes.

Rome accepte de livrer des otages à Porsenna en échange de la paix…

Une jeune fille, Clélie, qui était parmi les otages, voyant que le camp étrusque se trouvait justement à proximité du Tibre, échappa à ses gardiens; suivie de toutes les jeunes filles, elle traversa le fleuve à la nage sous les traits de l'ennemi, les ramena toutes indemnes à Rome et les rendit à leurs familles. À cette nouvelle, le roi commença par s'irriter et par faire réclamer à Rome Clélie comme otage : les autres lui importaient peu. Puis, passant à l'admiration, il disait qu'il mettait au-dessus des Cocles et des Mucius un pareil exploit : il publiait hautement qu'un refus de livrer l'otage équivaudrait à la rupture du traité, mais que, en revanche, si on la livrait, il ne lui serait fait aucun mal et on la rendrait aux siens.

TITE-LIVE (59 av. J.-C.-17 apr. J.-C.), *Histoire romaine*, livre II, 13, trad. G. Baillet, Les Belles Lettres, 1940.

Clanet & Clapat, *Alcibiade Didascaux chez les Romains*, t. 1, éd. Athéna, 1994.

Lire les textes

1. **a.** *Rappelez les noms des trois rois étrusques.*
b. *Pourquoi Tarquin a-t-il été chassé de Rome? Quel homme a contribué à cette expulsion?*

2. *À quoi voit-on, dans le premier texte, qu'Horatius Cocles est un soldat courageux?*

3. **a.** *Repérez les éléments qui rendent l'acte de Clélie héroïque dans le second texte.*
b. *Pourquoi le roi, Porsenna, passe-t-il de la colère à l'admiration?*

4. **a.** *Observez la vignette de bande dessinée. Rappelez pourquoi Tarquin était surnommé le Superbe.*
b. *Que signifie l'expression « perdre de sa superbe » ?*

Lire en latin

« Je suis un citoyen romain »...

Au milieu du conflit qui oppose Romains et Étrusques, se détache une grande figure romaine, symbole de l'amour de la patrie et de l'intrépidité à toute épreuve : Caius Mucius, surnommé Scaevola, « le Gaucher », à la suite de l'exploit suivant.

C. Mucius, adulescens nobilis, sua sponte penetrare in hostium castra constituit. Senatum **adit**. « Transire Tiberim, inquit, patres, et **intrare**, si possim, castra hostium volo. » **Approbant** patres. Abdito intra vestem ferro, proficiscitur. Ubi eo venit, in turba prope regium tribunal constitit. Ibi cum stipendium militibus forte daretur et scriba cum rege sedens pari fere ornatu multa ageret, Mucius scribam pro rege **obtruncat**. Ante tribunal regis destitutus, « Romanus **sum**, inquit, civis ; C. Mucium **vocant**. Hostis hostem **occidere** volui, nec ad mortem minus animi est quam fuit ad caedem. En tibi, ut sentias quam vile corpus sit iis qui magnam gloriam **vident** » ; dextramque, accenso ad sacrificium foculo, **injicit**.

D'après TITE-LIVE (59 av. J.-C.-17 apr. J.-C.), *Histoire romaine*, livre II, 12 (extraits), trad. des auteurs.

Caius Mucius, jeune patricien[1], décida de lui-même de pénétrer dans le camp des ennemis. Il se rend au Sénat[2]. « Sénateurs, dit-il, je veux traverser le Tibre, et entrer si possible dans le camp des ennemis. » Les sénateurs approuvent. Après avoir caché un poignard sous son vêtement, il se met en route. Une fois arrivé à destination, il se mêle à la foule qui se trouve devant le tribunal du roi. Or on payait justement leur solde aux soldats, et un secrétaire, assis avec le roi, vêtu à peu près comme lui, se montrait fort occupé. Mucius tue le secrétaire au lieu du roi. Amené devant le tribunal du roi, il dit : « Je suis un citoyen romain. On m'appelle Caius Mucius. Moi, ton ennemi, j'ai voulu tuer un ennemi, et je n'aurai pas moins de courage devant la mort que pour te tuer. Regarde, afin que tu sentes combien le corps est peu de chose pour ceux qui visent une grande gloire. » Et il jette sa main droite dans le feu qui a été allumé pour un sacrifice.

1. *Patricien :* descendant des familles qui s'installèrent les premières à Rome. ➠ p. 20
2. *Sénat :* la plus haute autorité de la république romaine.

Lire le texte

1. des ennemis - décida - je veux traverser - sous son vêtement - dans la foule - avec le roi - il tue le secrétaire - j'ai voulu tuer un ennemi - ceux qui visent une grande gloire - et il jette sa main droite - un feu ayant été allumé

Retrouvez dans le texte latin les mots ou groupes de mots correspondant à ces expressions.

2. *Pourquoi, selon vous, l'auteur mêle-t-il le présent* (il se rend, ils approuvent, il se met en route...), *le passé simple* (il décida) *et l'imparfait* (on payait, il se montrait fort occupé) ?

3. voco, as, are - video, es, ere - abdo, is, ere - venio, is, ire - injicio, is, ere

À quelle conjugaison appartiennent ces verbes ?

Grammaire

Réviser les cinq conjugaisons

Les verbes latins se répartissent en **cinq conjugaisons**. On les classe en fonction des **temps primitifs** donnés par le dictionnaire, en particulier les première et deuxième personnes du singulier et l'infinitif présent :

amo, as, are, avi, atum : première conjugaison
habeo, es, ere, ui, itum : deuxième conjugaison
dico, is, ere, dixi, dictum : troisième conjugaison
capio, is, ere, cepi, captum : conjugaison mixte
audio, is, ire, ivi, itum : quatrième conjugaison

Réviser le présent de l'indicatif

Le **présent de l'indicatif** s'utilise pour raconter une action qui se déroule au moment où l'on parle. C'est le **présent d'énonciation** :
Romanus sum civis. *Je suis un citoyen romain.*

Dans un récit au passé, le présent permet aussi de rendre l'action plus vivante. On l'appelle alors **présent de narration** :
Approbant patres. *Les sénateurs approuvent.* ➠ tableaux, p. 180

Réviser l'imparfait de l'indicatif

L'**imparfait de l'indicatif** est le temps du passé qui sert à décrire, à marquer la répétition ou l'habitude :
Scriba cum rege sedebat. *Un secrétaire était assis avec le roi.*

L'imparfait se reconnaît grâce à son suffixe **-ba-**, qui s'ajoute au **radical du présent**.
➠ tableaux, p. 180

Exercices

Vocabulaire

Verbes de la 1re conjugaison

approbo, as, are, avi, atum : approuver
intro, as, are, avi, atum : entrer dans

Verbe de la 2e conjugaison

sedeo, es, ere, sedi, sessum : être assis

Verbes de la 3e conjugaison

ago, is, ere, egi, actum : faire, agir
constituo, is, ere, stitui, stitutum : décider
inquit : dit-il
statuo, is, ere, ui, utum : décider, fixer

Verbes de la conjugaison mixte

injicio, is, ere, jeci, jectum : jeter dans
jacio, is, ere, jeci, jactum : jeter

Noms

gloria, ae, f : gloire
scriba, ae, m : scribe, secrétaire

Appliquer

Exercice 1 : réviser des verbes fréquents

Traduisez ces verbes en latin.

j'appelle - je crie - je travaille - je raconte - je vois - je crains - j'ordonne - je dois - je crois - je cours - je lis - je conduis - je porte - je vis - je laisse - j'écris - j'écoute - je sens - je sais - je prends - je fais - je fuis - je tue - j'enlève.

Exercice 2 : réviser le présent

Traduisez ces verbes en français.

amas - audit - capimus - creditis - dicunt - times - rapit - fugiunt - rogamus - clamatis - scribis - sciunt - legis - vincitis - gero - jubet - occidis - condit - jacit - agimus - statuit - approbant - intramus - relinquunt.

Exercice 3 : réviser l'imparfait

Transposez les verbes de l'exercice précédent à l'imparfait.

Exercice 4 : thème

1. *Traduisez ces phrases en latin.*

1. Où vis-tu ? 2. Tu fais. 3. Nous écoutons. 4. Je ne cours pas. 5. Je lis. 6. J'écris ensuite. 7. Tu es mon ami. 8. Il peut vaincre. 9. Nous pouvons venir. 10. Il est présent. 11. Ils peuvent faire la guerre. 12. Nous sommes présents. 13. Tu es grand. 14. Il est petit.

2. *Transposez les phrases précédentes à l'imparfait.*

Exercice 5 : retenir le texte

Retrouvez, si possible de mémoire, la traduction de ces groupes de mots.

1. adulescens nobilis. 2. senatum adit. 3. transire Tiberim volo. 4. approbant patres. 5. abdito intra vestem ferro. 6. scribam pro rege obtruncat. 7. Romanus sum civis. 8. hostem occidere volui. 9. accenso foculo.

Exercice 6 : lire en latin

Traduisez en français ce récit simplifié.

L'exploit de Caius Mucius

C. Mucius regem Porsennam occidere statuit. Senatus eum[1] approbat. Mucius hostium castra intrat regemque sedentem cum scriba videt. Ad scribam venit eumque pro rege obtruncat. Hostes eum capiunt et ad regem ducunt. Tum Mucius clamat : « Romanus sum civis, nec mortem timeo. » Deinde, accenso foculo, dextram injicit.

1. eum : le, lui.

Jouer avec la langue

Exercice 7 : retrouver l'origine des mots

Complétez ces phrases à l'aide d'un mot dérivé du mot latin indiqué entre parenthèses.

1. Il faut toujours soigner l'… et la conclusion dans un devoir. (intro) 2. Ce voleur a décidé de se … prisonnier. (constituo) 3. Les textes qui fixent l'organisation d'une entreprise sont les … de cette entreprise. (statuo) 4. Il existe deux sortes de populations : les nomades et les … . (sedeo) 5. Ce médicament est utilisable en … intramusculaire. (injicio)

Exercice 8 : ago, is, ere

Ago, is, ere, egi, actum *signifie* faire. *Trouvez des mots français formés sur les radicaux* ag- *ou* act-.

Exercice 9 : LE LATIN & LE GREC

Jacio, is, ere, jeci, jactum *en latin et* Ballô *en grec signifient* jeter, lancer.

1. *À partir du latin* jacio, *trouvez les mots correspondant à ces définitions.*

1. Instrument en forme de lance utilisé en athlétisme. 2. Gerbe d'eau qui jaillit d'une fontaine. 3. Adjectif désignant celui que l'on rejette loin de soi par mépris. 4. Objet lancé contre quelqu'un. 5. Ligne décrite par un objet projeté hors d'une arme.

2. *Complétez ces phrases avec la racine grecque qui a donné les radicaux* bal-/bl-/bol-.

1. Les soldats au Moyen Âge lançaient des flèches avec une … . 2. Le malheureux a vendu son âme au … . 3. Cette situation instable pose des … . 4. Cette voiture est très rapide : c'est un … . 5. Un sportif qui lance le disque est un … .

Exercice 10 : le jeu de l'intrus

Trouvez l'intrus dans chaque liste.

1. venitis - regis - curritis - agitis - geritis.
2. intro - do - voco - clamo - statuo.
3. eram - feram - poteram - aderam.
4. ago - lego - scribo - ferro - statuo - dico.

Exercice 11 : récréation

Trouvez les verbes latins (une lettre par case).

1. R ■■■■■■■ T
il laisse
2. R ■■■ T
il enlève
3. C ■■■■■ T
ils prennent
4. D ■■■■■ S
nous conduisons
5. J ■■■■■ S
vous jetez
6. S ■■■■ O
je décide
7. A ■■■■■■ T
il approuve
8. S ■■■ S
tu es assis

Linguistes en herbe

Vulnerant omnes, ultima necat.

Toutes (les heures) blessent, la dernière tue.

Telle est l'inscription qu'on pouvait lire sur les cadrans solaires, et qui se trouve encore sur les cadrans d'horloge des églises ou sur ceux des monuments publics.

Prolongements

La société romaine

Orateur à la tribune (à gauche) et patricienne (à droite), lithographies d'après Jacques Grasset de Saint-Sauveur (1757-1810), gravées par Labrousse, extraites de *L'Antique Rome* (1796) (collection privée).

C'étaient les membres des grandes familles romaines, ceux qu'on appelait les patriciens, qui avaient chassé les Tarquins et aboli la royauté. Aussi ne faut-il pas s'étonner qu'ils aient organisé la république à leur profit. Ils possédaient toutes les bonnes terres qu'ils faisaient cultiver par leurs esclaves ou qu'ils louaient à des serviteurs dévoués, leurs clients[1]. Ils pouvaient seuls être sénateurs, consuls, pontifes[2]. Ils se considéraient comme les seuls maîtres de la cité.

Mais il y avait aussi à Rome des gens qui n'étaient ni patriciens, ni clients, ni esclaves, des pauvres paysans installés sur des lopins de terre peu fertiles, des artisans, potiers ou forgerons, des marchands livrant du blé et du sel, des aventuriers latins, sabins, italiotes, venus chercher fortune dans une ville déjà active et connue. C'étaient les plébéiens.

Jean Defrasne, *Récits tirés de l'histoire de Rome*, éd. Pocket Jeunesse, département de Univers Poche, 2003.

1. *Clients* : plébéiens qui se plaçaient sous la protection d'un *patron* patricien.
2. *Pontifes* : ministres du culte.

Berger trayant une chèvre, relief romain (IIe siècle) (Rome, Musée de la civilisation romaine).

1. *Quelles sont, d'après le texte, les deux classes de la société romaine?*
2. *Quelles différentes personnes constituent la plèbe ?*
3. *Comment les illustrations de cette page soulignent-elles la différence entre les deux classes ?*

Traître ou héros ?

Vainqueur des Volsques, peuple d'Italie ennemi des Romains, Coriolan s'attendait à être loué et respecté des Romains. Mais son orgueil le fit parler du peuple avec mépris, et il fut exilé. Furieux, il changea de camp et assiégea Rome à la tête des Volsques. Tous tentèrent en vain de le faire changer d'avis. Sa mère Véturie intervint alors...

Véturie arriva au camp volsque.

– Mon enfant, dit-elle, pardonne à ta patrie.
– C'est impossible.
– N'oublie pas que tu es né Romain.
– Ce sont les Volsques qui m'ont redonné force et courage.

Et Coriolan s'apprêta à rentrer dans sa tente.

– Ne nous renvoie pas ainsi, reprit Véturie. Nous ne te demandons pas de trahir les Volsques mais de réconcilier les deux peuples. C'est là un rôle qui est digne de toi.

Puis, s'agenouillant dans la pose des suppliants et fondant en larmes :

– Si je ne puis te persuader, je me donnerai la mort sous tes yeux. Une Romaine est honteuse de vivre quand son fils a trahi sa patrie.

Coriolan, bouleversé d'émotion, s'avoua vaincu.

– Ô ma mère, dit-il, vous me désarmez. Vous obtenez à vous seule ce que n'auraient pu obtenir toutes les épées d'Italie. Rome est sauvée par vous, mais votre fils est perdu.

Coriolan fut accusé de trahison, cette fois par les Volsques, et mourut au cours d'une émeute populaire suscitée par eux.

Jean DEFRASNE, *Récits tirés de l'histoire de Rome*, éd. Pocket Jeunesse, département de Univers Poche, 2003.

Quel choix s'offre à Coriolan dans ce texte ? En quoi peut-on conclure qu'il est dramatique ?

« Je me croyais grec ou romain »...

Au XVIIIe siècle, un écrivain français, Jean-Jacques Rousseau, évoque sa passion pour les héros de l'Antiquité.

Sans cesse occupé de Rome et d'Athènes, vivant pour ainsi dire avec leurs grands hommes, né moi-même citoyen d'une république et fils d'un père dont l'amour de la patrie était la plus forte passion, je m'en enflammais à son exemple, je me croyais grec ou romain ; je devenais le personnage dont je lisais la vie ; le récit des traits de constance et d'intrépidité qui m'avaient frappé me rendait les yeux étincelants et la voix forte. Un jour que je racontais à table l'aventure de Scévola, on fut effrayé de me voir avancer et tenir la main sur un réchaud pour représenter son action.

Scène de combat extraite du jeu vidéo *Rome, Total War*, 2004.

1. *Quels détails montrent le caractère passionné du jeune Jean-Jacques Rousseau ?*
2. *Quelle opinion a-t-il de son père ?*
3. *En quoi l'illustration ci-dessus montre-t-elle que l'Antiquité est toujours actuelle ?*

2. Être républicain

Portrait d'un citoyen romain d'environ cinquante ans, marbre du théâtre d'Éphèse (Ier siècle av. J.-C.) (Vienne, Kunsthistorisches Museum).

Lire l'image

1. *Quel matériau le sculpteur a-t-il utilisé pour cette œuvre ?*

2. *Observez et décrivez les traits de ce personnage : quelle impression d'ensemble est ainsi donnée ? Quelles qualités morales le sculpteur a-t-il cherché à suggérer ?*

Un fils exemplaire

Lucius Genecius Manlius, nommé dictateur, se distingue par son excessive sévérité...

Manlius fut poursuivi par le tribun de la plèbe Marcus Pomponius. Entre autres griefs, le tribun lui reprochait d'avoir chassé son fils de Rome, de sa maison, de ses pénates[1], un jeune homme à qui on n'avait rien à reprocher ; il lui avait interdit de paraître au forum et au grand jour ou de fréquenter les camarades de son âge et l'avait condamné à mener une vie d'esclave. Quel était son tort ? Il parlait mal et avait la langue embarrassée ; le devoir d'un père, s'il avait quelque sentiment humain, était-il de soigner ce défaut naturel ou de le punir et d'attirer l'attention sur lui par des vexations ? Même les bêtes sauvages aiment autant et soignent aussi bien celui de leurs petits qui est mal venu ; mais à vrai dire les mauvais traitements que Manlius imposait à son fils aggravaient son mal, retardaient encore le développement de son intelligence ; ils éteignaient le peu de vigueur que la nature lui avait donné en lui imposant de vivre à la campagne et de partager la vie des paysans au milieu de bêtes.

Cuirasse et épée de centurion
(Rome, Musée de la civilisation romaine).

Ces accusations choquèrent plus l'opinion publique que le jeune homme lui-même. Sans rien dire à personne, il passa un poignard à sa ceinture et arriva de bonne heure à Rome ; après avoir franchi la porte, il alla tout droit chez le tribun Marcus Pomponius ; il déclara au gardien qu'il avait besoin de rencontrer immédiatement le maître de la maison : qu'il lui dise que Titus Manlius, fils de Lucius, était là. On le fit entrer sans tarder car on supposait que, vivement irrité contre son père, il apportait quelque accusation nouvelle ou quelque déposition à charge. Après l'échange des salutations, il demanda à parler sans témoins. Tous furent invités à se retirer ; il tira alors son poignard et, se tenant au-dessus du lit l'arme pointée sur le tribun, il menaça de le transpercer s'il ne jurait pas de répéter mot pour mot le serment de ne jamais traduire son père devant l'assemblée du peuple. Le tribun avait sous les yeux l'arme qui brillait ; il était seul et sans armes tandis que le jeune homme était vigoureux et, chose beaucoup plus redoutable, fermement décidé à faire usage de sa force : il prononça le serment, contraint et forcé. Par la suite, il ne cacha pas que cette attaque brutale l'avait obligé à renoncer aux poursuites.

TITE-LIVE (59 av. J.-C.-17 apr. J.-C.), *Histoire romaine*, livre VII, 4, 5 (extraits), trad. A. Flobert, Flammarion, coll. « GF », 1996.

1. *Pénates :* dieux domestiques, protecteurs du foyer.

Lire le texte

1. *D'après ce que vous savez de la plèbe (➡ p. 20) et ce que vous apprend ce texte, quel peut être le rôle d'un tribun de la plèbe ?*
2. *Quelle est l'opinion de l'auteur sur la sévérité du père ? À quoi le voit-on ?*
3. *Comment comprenez-vous la comparaison avec les bêtes sauvages à la fin du premier paragraphe ?*
4. *En quoi peut-on dire que le second paragraphe s'apparente au genre romanesque ?*

Lire en latin

Un acte de bravoure

En 390 av. J.-C., les Gaulois font des razzias en Italie et défient les Romains : « Que l'homme le plus courageux que possède Rome s'avance au combat afin de montrer quel est finalement le meilleur des deux peuples à la guerre ! » Titus Manlius s'avance alors et se propose pour affronter le Gaulois qui représentera les siens...

Armant deinde **juvenem** aequales : **scutum** capit, Hispano cingitur **gladio** ad propiorem **pugnam** habili. Exspectabat eum **Gallus** stolide laetus, et **linguam** ab irrisu exerens. Ubi constiterunt inter duas acies, Gallus ensem cum ingenti sonitu in **arma** Manlii dejecit. Manlius vero insinuavit sese inter corpus et arma **Galli**, atque uno et altero ictu ventrem transfodit : jacenti torquem detraxit, quem cruore respersum **collo** circumdedit suo. Defixerat **pavor** cum **admiratione Gallos**. **Romani** alacres obviam **militi** suo progrediuntur, et gratulantes laudantesque ad **imperatorem** perducunt. Manlius inde **Torquati** cognomen accepit.

D'après abbé C.-F. LHOMOND (XVIIIe siècle), *De viris illustribus*, trad. des auteurs.

Ses camarades arment ensuite le jeune homme : il prend un bouclier, se ceint d'une épée espagnole bien appropriée à un combat de près. Le Gaulois l'attendait, riant bêtement et lui tirant la langue pour se moquer de lui. Quand ils se furent placés entre les deux armées, le Gaulois jeta son glaive avec grand fracas sur les armes de Manlius. Mais celui-ci se glissa entre le corps et les armes du Gaulois, et lui perça le ventre d'un premier puis d'un second coup : il enleva au cadavre son collier qu'il plaça ensuite, tout éclaboussé de sang, à son cou. L'épouvante et l'admiration avaient cloué sur place les Gaulois. Les Romains, pleins d'allégresse, s'avancent à la rencontre de leur soldat et, le félicitant et le louant, ils le conduisent à leur général. C'est depuis ce jour-là que Manlius reçut le surnom de Torquatus.

Lire le texte

1. *Rappelez les caractéristiques des trois premières déclinaisons.*

2. scutum - gladio - pugnam - Gallus - linguam - arma - torquem - cruore - collo - pavor - admiratione - Gallos - Romani - militi

Classez ces mots selon la déclinaison à laquelle ils appartiennent et précisez leur cas.
Ex. : juvenem → *troisième déclinaison, accusatif singulier.*

3. laetus, a, um : joyeux

a. *À quel cas est cet adjectif dans la deuxième phrase du texte ?*
b. *Avec quel mot s'accorde-t-il ?*

Grammaire

Réviser la première déclinaison

vita, ae, f : la vie		
	singulier	pluriel
N.	vita	vitae
V.	vita	vitae
Acc.	vitam	vitas
G.	vitae	vitarum
D.	vitae	vitis
Abl.	vita	vitis

Exspectabat eum Gallus, linguam exerens.

Réviser la deuxième déclinaison

dominus, i, m : le maître			verbum, i, n : le mot	
	singulier	pluriel	singulier	pluriel
N.	dominus	domini	verbum	verba
V.	domine	domini	verbum	verba
Acc.	dominum	dominos	verbum	verba
G.	domini	dominorum	verbi	verborum
D.	domino	dominis	verbo	verbis
Abl.	domino	dominis	verbo	verbis

Certains noms de la deuxième déclinaison ont leur nominatif en **-r** :

puer, pueri, m : *l'enfant.*

vir, viri, m : *l'homme.*

Réviser la troisième déclinaison

rex, regis, m : le roi			civis, is, m : le citoyen	
	singulier	pluriel	singulier	pluriel
N.	rex	reges	civis	cives
V.	rex	reges	civis	cives
Acc.	regem	reges	civem	cives
G.	regis	regum	civis	civium
D.	regi	regibus	civi	civibus
Abl.	rege	regibus	cive	civibus

Pour le génitif pluriel en **-um** ou **-ium**, ➠ p. 59.

Réviser l'adjectif qualificatif de la première classe

Les adjectifs de la première classe se déclinent :
- au masculin sur le modèle de **dominus** ;
- au féminin sur le modèle de **vita** ;
- au neutre sur le modèle de **verbum**.

➠ tableaux, p. 188

Exercices

Vocabulaire

Nom de la 1re déclinaison

pugna, ae, f : combat

Noms de la 2e déclinaison

arma, orum, n pl : armes
collum, i, n : cou
Gallus, i, m : Gaulois
gladius, ii, m : glaive, épée
scutum, i, n : bouclier

Noms de la 3e déclinaison

admiratio, onis, f : admiration
imperator, oris, m : général en chef, celui qui commande
juvenis, is, m : jeune homme
torquis, is, m : collier

Appliquer

Exercice 1 : retenir le texte

En vous aidant de la traduction proposée ➜ *p. 24**, cherchez la signification de ces groupes de mots.*

1. scutum capit. 2. exspectabat eum Gallus, linguam exerens. 3. Manlius insinuavit se inter corpus et arma Galli. 4. Romani ad imperatorem perducunt. 5. Manlius Torquati cognomen accepit.

Exercice 2 : associer un adjectif à un nom

Traduisez en français.

altum templum - via angusta - bonus consul - clarus poeta - doctus juvenis - vita jucunda - via longa - magna virtus - malus Romanus - parva rana - dux superbus - miser servus - multi milites - maestus delphinus.

Exercice 3 : version

Faites l'analyse de ces phrases, puis traduisez en français.

1. Agricola laborat. 2. Mulier docta legit. 3. Templum altum est. 4. Amicum consulis video. 5. Gallus laetus militem occidit. 6. Clarus poeta juveni scribit. 7. Domine, ubi es ? 8. Miles saevum bellum gerit. 9. Puer magistrum timet. 10. Regis frater in villa est. 11. Consulis vestem specto.

Exercice 4 : transposer au pluriel

Mettez les phrases précédentes au pluriel.

Exercice 5 : identifier fonctions et cas

Cherchez la fonction des groupes nominaux soulignés, puis le cas latin correspondant. Traduisez ensuite ces groupes nominaux en latin.

Ex. : L'enfant lit → sujet - nominatif masculin singulier - traduction : puer.

1. La victoire du roi est grande. 2. Le consul commande au soldat. 3. Maître, les esclaves te craignent. 4. Il envoie des lieutenants au consul. 5. Vous naviguez sur les eaux. 6. Le travail du marin est difficile. 7. Je me repose sur la rive.

Exercice 6 : thème

Traduisez ces phrases en latin.

1. Le jeune homme prend un bouclier et une épée. 2. Le Romain et le Gaulois combattent. 3. Manlius tue le Gaulois. 4. Il prend le collier du Gaulois. 5. Il y a du sang sur le collier.

Exercice 7 : lire en latin

Traduisez en français cet extrait simplifié.

Le surnom Torquatus

Juvenis scutum gladiumque capit. Gallus laetus eum exspectat, linguam exerens. Manlius Gallum occidit et hostis torquem capit. Romani deinde eum Torquatum appellant.

Jouer avec la langue

Exercice 8 : collum, i, n

Complétez avec un mot dérivé de collum, i : cou.

1. Il a mis une veste à … marin. 2. Le gendarme a rattrapé le voleur et lui a mis la main au … . 3. La star avait une robe très … . 4. Je ne peux plus tourner la tête : j'ai sûrement un … .

Exercice 9 : gladius, ii, m

Dérivé du nom latin gladius, ii : glaive, *le mot espagnol* gladio *désigne le roseau des étangs. En italien,* ghiado *désigne un couteau. Trouvez les mots correspondant aux définitions suivantes.*

1. Nom de ceux qui combattaient à Rome dans les jeux du cirque avec le glaive. 2. Fleur dont la forme rappelle celle du glaive.

Exercice 10 : LE LATIN & LE GREC

1. *En latin,* imperator, oris, m *désigne celui qui commande, le général en chef. Complétez les phrases suivantes avec le radical de ce mot.*

1. Le mode grammatical qui exprime le commandement est l'… . 2. Autour de l'empereur vit la famille … . 3. Ce personnage tyrannique parle toujours d'un ton … . 4. Catherine II devint … de Russie en 1762. 5. Charlemagne était surnommé l'… à la barbe fleurie.

2. *En grec, on emploie* stratêgos *pour désigner celui qui commande. Le mot* stratège, *magistrat chargé de toutes les questions militaires à Athènes, vient de là. Quel est le sens des mots suivants ?*

1. stratégie. 2. stratagème.

Exercice 11 : récréation

Quels mots latins correspondent à ces définitions ?

1. G ■ ■ ■ ■ ■ ■
instrument du soldat

2. L ■ ■ ■ ■
objet essentiel pour le lecteur

3. V ■ ■ ■ ■ ■ ■ ■
but des soldats

4. P ■ ■ ■ ■ ■ ■
ce que tous veulent en quantité

5. A ■ ■ ■
le sentiment qui unit les amoureux

6. E ■ ■ ■ ■ ■ ■ ■
on la reçoit souvent par la poste

7. P ■ ■ ■ ■ ■ ■ ■ ■
il menace notre sécurité

Linguistes en herbe

torquere :
tordre, enrouler

Les mots suivants sont issus du verbe torqueo, es, ere, torsi, tortum : *tordre, enrouler,* qui a donné le nom torquis, is, m : *collier* :
– *torche* (bouchon de paille entortillée que l'on enflammait) ;
– *torchon* (bouchon de paille qui pouvait servir à essuyer ou nettoyer) ;
– *torsade* (rouleau de fils tordus en hélice pour servir d'ornement) ;
– le surnom *Torquatus* ➠ p. 24 ;
– *tourment* (tormentum, i, n désignait à l'origine une machine de guerre à cordes enroulées et tordues, puis un instrument de torture et, enfin, une souffrance morale).
Ce verbe est aussi à l'origine du champ lexical de la torture : *torturer, tortionnaire* (on tordait les membres des coupables pour les punir ou les faire avouer).

L'état-major se composait de hauts magistrats, en tête desquels marchait le licteur. Celui-ci portait des baguettes réunies en faisceaux auxquels était attachée une hache.

Où se trouve le licteur sur ce relief ?

Trajan et son état-major (détail), relief romain (113) (Rome, Musée de la civilisation romaine).

« Va, licteur, attache-le au poteau d'exécution ! »

Devenu père de famille, Titus Manlius fit preuve à son tour d'une excessive sévérité.

Ce même Manlius, nommé par la suite consul lors de la guerre contre les Latins pour rétablir la discipline, interdit à quiconque de combattre l'ennemi hors de son rang. Le hasard fit que son fils s'avança à proximité d'un poste ennemi ; le chef de la cavalerie des Latins, quand il reconnut le fils du consul, lui dit : « Veux-tu te battre avec moi, pour que l'issue de ce combat singulier permette de voir toute la supériorité d'un cavalier latin sur un Romain ? » Le cœur farouche du jeune homme fut troublé par la colère, ou bien par la honte de refuser le combat ; oubliant les ordres de son père, il se rue au combat, fait tomber le Latin de son cheval et le transperce, puis, ayant pris ses dépouilles, vient au camp de son père. Aussitôt, repoussant son fils, le consul fait sonner le rassemblement des soldats. Quand les soldats furent rassemblés en grand nombre, il déclara : « Puisque toi, mon fils, tu as combattu contre l'ordre du consul, il faut que la discipline soit rétablie par ton châtiment. Tu seras un triste exemple, mais salutaire, à l'avenir, pour la jeunesse. Va, licteur, attache-le au poteau d'exécution ! » La crainte laissa tout le monde stupéfait ; mais, quand on lui eut coupé la tête et que son sang coula, tous explosèrent en plaintes et en lamentations. Quand Manlius regagna Rome, seuls les hommes d'un grand âge vinrent à sa rencontre ; en cette occasion comme pendant toute sa vie par la suite, la jeunesse le détesta.

Abbé C.-F. Lhomond (XVIIIe siècle), *De viris illustribus*, trad. J. Gaillard, Actes Sud, coll. « Babel », 1995.

1. *Pour quelle raison Manlius se montre-t-il si dur à l'égard de son fils ?*

2. *Expliquez les réactions des Romains après l'exécution du fils.*

« Vis, mon père »…

Tous les Romains n'étaient cependant pas aussi durs et inflexibles. Un père avait découvert que son fils voulait l'assassiner…

Ayant amené son fils dans un lieu solitaire, il lui tendit une épée qu'il avait cachée sous ses vêtements et lui présenta sa gorge, affirmant que le jeune homme n'avait besoin ni de poison ni d'assassin pour accomplir son parricide. Devant ce fait, la raison revint non peu à peu mais d'un seul coup dans le cœur du jeune garçon et, jetant son épée : « Vis, mon père, dit-il, et si tu permets à ton fils un pareil vœu, survis-moi aussi ; je te demande seulement de ne pas croire que mon amour pour toi est moins fort sous prétexte qu'il est né de mon repentir. »

VALÈRE MAXIME (Ier siècle av. J.-C.-Ier siècle apr. J.-C.), *Actions et Paroles mémorables*, livre V, chap. 9, trad. des auteurs.

Quelle est l'attitude du père devant la mort ? Comment cette attitude ramène-t-elle le fils à la raison ?

Les Gracques, des plébéiens actifs

Les frères Tiberius et Caius Gracchus, tribuns de la plèbe, tentèrent de résoudre les problèmes sociaux des Romains. Le premier fit voter une loi agraire qui redonnait aux citoyens pauvres une part du domaine public (ager publicus) que les familles nobles avaient accaparé. La loi fut adoptée mais la plèbe romaine ne manifestait aucun enthousiasme pour le retour à la terre et Tiberius fut massacré au cours d'une émeute. Son frère fit vendre le blé à bas prix et proposa d'accorder la citoyenneté romaine à tous les Italiens. Mais ces projets effrayèrent les Romains et Caius ne fut pas réélu tribun. Il mourut sur l'Aventin avec 3 000 partisans, assassiné par un de ses esclaves.

Cornélia, mère de Tiberius et Caius Gracchus, incarne pour les Romains la mère idéale.

Les plus beaux ornements pour les mères de famille, ce sont leurs enfants. Cornélia, mère des Gracques, recevait une mère de famille campanienne : comme celle-ci lui montrait ses bijoux, les plus beaux de l'époque, Cornélia la retint en bavardant jusqu'à ce que ses enfants reviennent de l'école, et là : « Voici ! dit-elle, quels sont mes bijoux. »

VALÈRE MAXIME (Ier siècle av. J.-C.-Ier siècle apr. J.-C.), *Actions et Paroles mémorables*, livre IV, chap. 4, trad. des auteurs.

Alessandro Lanfredini (1826-1900), *Cornelia, fille de Scipion l'Africain et ses enfants les Gracques* (XIXe siècle), peinture (Sienne, palais Chigi alla Postierla).

1. *En quoi Cornélia est-elle une mère exemplaire ?*
2. *Comment l'artiste la met-il en valeur (composition, place et attitude des personnages, éclairage) dans la peinture ci-contre ?*

3. Caton le Censeur
234-149 av. J.-C.

Marcus Porcius Cato, dit Caton l'Ancien,
gravure sur bois colorée (1789)
(Paris, musée Carnavalet).

Marcus Porcius Cato, dit Caton l'Ancien, en toge (détail),
statue romaine, pierre (musées et galeries du Vatican).

Lire les images

1. *Comment la statue souligne-t-elle l'austérité de Caton?*

2. a. *Observez les inscriptions qui figurent sur la carte : en quoi renvoient-elles à l'image traditionnelle de Caton?*

b. *Pourquoi un artiste de la Révolution française s'intéresse-t-il à Rome?*

c. *Comment un illustrateur de la Révolution représente-t-il l'autorité romaine?*

Un homme politique s'attaque aux femmes

Une des figures essentielles de la république est celle de Caton : né en 234 av. J.-C., il a suivi ce qu'on appelle la carrière des honneurs[1] (cursus honorum) : questeur en 204, édile en 199, préteur en 198, consul en 195. Il fut ensuite élu censeur[2] en 184. Il est mort en 149.

1. La *carrière des honneurs* consiste à gravir un à un les échelons qui mènent au consulat : du *questeur* (magistrat chargé des finances) à l'*édile* (magistrat chargé de l'administration municipale – police, voirie, marchés, jeux publics), au *préteur* (magistrat qui rend la justice), au *consul* (deux consuls présidaient chaque année le Sénat, commandaient les armées et donnaient leurs noms à l'année. On disait, par exemple, Catone consule : sous le consulat de Caton).
2. *Censeur :* élu parmi les anciens consuls, il s'occupait du recensement de la population et surveillait les mœurs.

Lors de son consulat, en 195, Caton joua un grand rôle en luttant contre le luxe et les mœurs relâchées de Rome.

Caton persécuta avec âpreté le luxe chez les femmes romaines. Au plus chaud de la guerre punique, le tribun de la plèbe Oppius avait fait passer une loi qui interdisait aux femmes mariées de Rome de posséder plus qu'une demi-once d'or, de porter des robes de couleurs variées et de se faire voiturer en ville. Mais, après la fin de la guerre, quand la république eut retrouvé sa prospérité, les matrones demandaient qu'on leur rendît leurs ornements ; elles assiégeaient toutes les rues de la ville et demandaient à leurs époux qui descendaient au forum de faire abroger la loi d'Oppius. Caton leur résista très âprement, mais en vain : la loi fut abrogée.

Abbé C.-F. Lhomond (xviiie siècle), *De viris illustribus* (extraits), trad. J. Gaillard, Actes Sud, coll. « Babel », 1995.

Illustration d'Auguste Roubille (1872-1955) pour le magazine *Le Rire* (1901) (Bibliothèque historique de la Ville de Paris).

Voici ce que dit Caton, beaucoup plus tard : son opinion sur les femmes n'a pas évolué…

Si chacun d'entre vous, Quirites[1], avait commencé par maintenir ses droits et son autorité sur son épouse, nous n'aurions pas tant de difficultés aujourd'hui avec l'ensemble des femmes. Notre liberté, compromise à la maison par leur insubordination, est brisée, piétinée même au forum et nous tremblons devant cette assemblée de femmes parce que nous n'avons pas su nous faire obéir chez nous. Rappelez-vous toutes les lois que nos ancêtres ont prises pour mater les caprices des femmes et pour les mettre sous la dépendance de leur mari. Si vous acceptez qu'elles les suppriment les unes après les autres et qu'elles deviennent les égales des hommes, croyez-vous qu'il sera possible de les supporter ? Très vite, dès qu'elles seront vos égales, elles voudront vous dominer.

Tite-Live (59 av. J.-C.-17 apr. J.-C)., *Histoire romaine*, livre XXXIV (extraits), trad. A. Flobert, Flammarion, coll. « GF », 1997.

1. *Quirites :* citoyens romains de vieille souche.

Lire les textes

1. *Quelle est l'attitude de Caton dans le premier texte devant la ténacité des femmes ? Relevez les mots qui caractérisent cette attitude.*

2. *Sur quel ton Caton parle-t-il des femmes dans le second texte ? Que redoute-t-il d'elles ?*

3. a. *En quoi l'illustration souligne-t-elle la fonction la plus connue de Caton ?*
b. *La censure est présentée comme une menace dangereuse : à quoi le voit-on ?*

« Ce caprice honteux méritait le blâme »...

Ardent défenseur des valeurs de la république, Caton se montrait intransigeant à l'égard de tous, toutes couches sociales confondues...

Cato, censor factus, severe ei praefuit potestati. Nam, et in complures nobiles **animadvertit**, et imprimis Lucium Flamininum virum consularem, senatu **movit**. Cui inter alia facinora illud **objecit**. Cum esset in Gallia Flamininus, mulierem, cujus amore deperibat, ad cenam **vocavit**, eique forte inter cenandum **dixit** multos capitis damnatos in vinculis esse, quos securi percussurus esset. Tum illa **negavit** se umquam **vidisse** quemquam securi ferientem, et pervelle id videre. Statim Flamininus unum ex his, qui in carcere detinebantur, adduci **jussit**, et ipse securi **percussit**. Tam perditam libidinem notandam **putavit** Cato. Quid enim crudelius quam inter pocula et dapes, ad spectaculum mulieris, humanam victimam mactare, et mensam cruore respergere ?

Abbé C.-F. LHOMOND (XVIIIe siècle), *De viris illustribus*, trad. des auteurs.

Caton, devenu censeur, exerça cette magistrature avec sévérité. Il blâma en effet de nombreux nobles et, principalement, exclut du sénat Lucius Flamininus, un ancien consul. Voici, entre autres méfaits, ce qu'il lui reprocha. Comme Flamininus était en Gaule, il invita à dîner une femme mariée, pour laquelle il se mourait d'amour ; il lui dit par hasard pendant le dîner que de nombreux condamnés à mort étaient emprisonnés, et qu'il allait les faire décapiter à la hache. Alors, cette femme dit qu'elle n'avait jamais vu quelqu'un tuer à la hache et qu'elle désirait vivement le voir. Aussitôt, Flamininus fit amener un des détenus et le décapita lui-même. Caton pensa que ce caprice honteux méritait le blâme. En effet, quoi de plus cruel que de sacrifier une victime humaine au milieu des coupes et des plats d'un banquet, dans le seul but d'en offrir le spectacle à une femme, et d'inonder la table de sang ?

Lire le texte

1. *Repérez les trois parties de ce texte.*

2. *Observez les verbes du texte latin au parfait : à quelle personne sont-ils employés ?*

3. *Rappelez les principales formations du parfait. Lesquelles reconnaissez-vous ici ?*

4. *Par quels temps français traduit-on le parfait latin ?*

Grammaire

Réviser le parfait de l'indicatif

Le **parfait** est **le temps du passé le plus employé** dans les textes latins.
On le traduit en français soit par le passé simple, soit par le passé composé :
fuit : *il fut, il a été.*

Le parfait fait partie des **temps primitifs** donnés pour chaque verbe dans le dictionnaire :
amo, **as**, **are**, **avi**, **atum** : *aimer.*

1re conjugaison	2e conjugaison	3e conjugaison	conjugaison mixte	4e conjugaison
amare : aimer	**habere** : avoir	**dicere** : dire	**capere** : prendre	**audire** : entendre
amavi **amavisti** **amavit** **amavimus** **amavistis** **amaverunt**	**habui** **habuisti** **habuit** **habuimus** **habuistis** **habuerunt**	**dixi** **dixisti** **dixit** **diximus** **dixistis** **dixerunt**	**cepi** **cepisti** **cepit** **cepimus** **cepistis** **ceperunt**	**audivi** **audivisti** **audivit** **audivimus** **audivistis** **audiverunt**
infinitif : **amavisse**	infinitif : **habuisse**	infinitif : **dixisse**	infinitif : **cepisse**	infinitif : **audivisse**

esse : être	**posse** : pouvoir	**ferre** : porter
fui **fuisti** **fuit** **fuimus** **fuistis** **fuerunt**	**potui** **potuisti** **potuit** **potuimus** **potuistis** **potuerunt**	**tuli** **tulisti** **tulit** **tulimus** **tulistis** **tulerunt**
infinitif : **fuisse**	infinitif : **potuisse**	infinitif : **ferre**

Voici les **formations** les plus fréquentes du parfait :
- Suffixe **-v-** : **amavi** : *j'aimai, j'ai aimé*
  audivi : *j'entendis, j'ai entendu*
- Suffixe **-u-** : **habui** : *j'eus, j'ai eu*
  fui : *je fus, j'ai été*
- Suffixe **-s-** : **misi** : *j'envoyai, j'ai envoyé*
  dixi (**x** pour **-cs-** dans **dicsi**) : *je dis, j'ai dit*
- Redoublement : **dedi** : *je donnai, j'ai donné*
- Changement de la voyelle du radical : **feci** : *je fis, j'ai fait*
- Autres formations : **legi** : *je lus, j'ai lu*
  reliqui : *je laissai, j'ai laissé*
  veni : *je vins, je suis venu*

Exercices

Vocabulaire

Noms

cena, ae, f : dîner
censor, oris, m : censeur
cruor, oris, m : sang
mensa, ae, f : table
poculum, i, n : coupe
potestas, atis, f : pouvoir, puissance
vinculum, i, n : chaîne

Adjectif qualificatif

humanus, a, um : humain

Verbes

ceno, as, are, avi, atum : dîner
ferio, is, ire : frapper
percutio, is, ere, cussi, cussum : percer, frapper
puto, as, are, avi, atum : penser

Appliquer

Exercice 1 : réviser le parfait

1. *Mettez au présent les verbes suivants.*

cepi - credidi - dedi - fugi - laboravi - misi - occidi - potui - reliqui - risi - scripsi.

2. *Mettez au parfait les verbes suivants.*

cenas - percutit - clamat - agitis - statuunt - jacis - approbat - sedet - ducimus - es - ridet.

Exercice 2 : version

Traduisez ces verbes en français.

feci - dixisti - cepit - credidimus - potuistis - adfuerunt - laboravit - putavisti - narravit - misimus - natavistis - venerunt - reliquisse.

Exercice 3 : thème

Traduisez ces verbes en latin.

j'ai dîné - tu as pris - il a tué - nous avons pu - vous avez raconté - ils ont fondé - avoir crié - nous avons appelé - ils ont conduit - tu as couru.

Exercice 4 : manier le vocabulaire

Traduisez les phrases suivantes en français.

1. In mensa sunt pocula. **2.** Humanum cruorem milites fuderunt. **3.** Consulis potestas magna fuit. **4.** Consul militem gladio percussit. **5.** Scimus Catonem clarum fuisse.

Exercice 5 : retenir le texte

Replacez les verbes suivants dans le texte, puis traduisez-le en français.

negavit - dixit - percussit - vocavit - jussit - vidisse.

Flamininus mulierem ad cenam ..., eique ... multos capitis damnatos in vinculis esse. Tum illa ... se unquam ... quemquam securi ferientem. Statim Flamininus unum ex his qui in carcere detinebantur adduci ... et ipse securi ... .

Exercice 6 : lire en latin

Traduisez ce texte en français.

La simplicité de Caton

Cato scripsit villas suas non tectorio[1] esse perlitas[2] atque postea[3] addidit[4] : « Neque mihi aedificatio[5], neque vas[6], neque vestimentum[7] ullum[8] est pretiosum[9] ; si quid est quo uti possim[10], utor[11], si non est, facile careo[12].

D'après C.-F. Lhomond, *De viris illustribus.*

1. tectorio : crépi. 2. perlitas : enduites. 3. postea : plus tard.
4. addidit : il ajouta. 5. aedificatio : bâtiment.
6. vas : vaisselle. 7. vestimentum : vêtement.
8. ullum : aucun. 9. pretiosum : de valeur.
10. si quid est quo uti possim : s'il y a quelque chose dont je peux me servir. 11. utor : je m'en sers.
12. careo : je m'en passe.

Jouer avec la langue

Exercice 7 : percutio, is, ere

Complétez ces phrases à l'aide d'un mot dérivé de percutio, is, ere, cussi, cussum : frapper.

1. La voiture a … un mur. 2. Le président a été très … lors de son interview. 3. Les cymbales et les tambours sont des instruments à … .

Exercice 8 : humanus, a, um

Complétez ces phrases avec un mot dérivé de humanus, a, um : humain.

1. Ce travail que vous nous imposez est trop dur : c'est … ! 2. Il a décidé de consacrer sa vie aux actions … . 3. On représente souvent les extraterrestres comme des … . 4. Hercule était doté d'une force … .

Exercice 9 : cruor, oris, m : sang

La racine indo-européenne signifiant chair crue *a donné l'adjectif* crudus, a, um *:* cru, saignant, *par opposition à* coctus, a, um *:* cuit.
En vous appuyant sur ces indications, précisez le sens des mots suivants.

1. crudité. 2. concocter. 3. décoction.

Exercice 10 : LE LATIN & LE GREC

1. *En latin,* vir, viri, m : homme *a donné les radicaux* vir-/ver-. *Expliquez les expressions suivantes.*

1. un aspect viril. 2. un jeune virtuose. 3. une image virtuelle. 4. le triumvirat de César, Pompée et Crassus. 5. un homme vertueux. 6. suivre le chemin de la vertu. 7. s'évertuer à expliquer un problème.

2. *En grec,* anêr, andros *signifie également* homme.

a. *Vous paraît-il logique que le prénom* André *se mette aussi au féminin ?*

b. *Quelle est la signification du mot* androgyne, *sachant que* gynè *signifie* femme *?*

c. Poly- *signifiant* plusieurs, *comment appelle-t-on une femme qui a plusieurs maris ?*

d. *Qu'est-ce qu'un* androïde *?*

Exercice 11 : récréation

Complétez les mots donnés horizontalement et vous découvrirez une phrase célèbre de César.

					I	A				
		P	U		R					
		C	O		D	O				
			V		T	A				
		M	O		E	O				
			M		T	T	O			
O	C	C	I		O					
	O	P	P		D	U	M			
	S	I	L		A					
	R	A	P		O					
					O	N	V	I	V	A
			T		M	E	O			

Linguistes en herbe

Delenda est Carthago.
Il faut détruire Carthage.

Caton terminait tous ses discours par cette phrase. Il apporta un jour au Sénat des figues d'une étonnante fraîcheur et fit observer aux sénateurs qu'elles avaient été cueillies seulement trois jours auparavant à Carthage. Cette proximité fut une des raisons qui décida les Romains à déclarer la guerre aux Carthaginois. Aujourd'hui, cette phrase symbolise les idées fixes que l'on veut réaliser à tout prix.

Carthage, une haine qui vient de loin...

On appelle guerres puniques (de Poeni, mot par lequel les Romains désignaient les Phéniciens, fondateurs de Carthage) les trois guerres qui ont opposé les Romains et les Carthaginois entre 264 et 146 av. J.-C. Carthage était en effet une riche puissance maritime et marchande, et elle suscitait les convoitises depuis bien longtemps...

Énée et les Troyens sont accueillis royalement par la reine de Carthage, Didon. Celle-ci éprouve pour Énée une violente passion...

Chaque maison de Carthage a reçu au moins un hôte et, obéissant à l'exemple et à l'ordre de la reine, les habitants se sont empressés pour plaire aux Troyens. Ce ne sont que chants, danses et bonne chère. Les descendants de Dardanus[1] éblouis d'un tel accueil ne sont pas loin de prendre la nouvelle Tyr[2] pour le séjour des dieux sur la terre.

Énée partage les sentiments de son peuple. Les horreurs de la guerre, l'ennui et les dangers de son long voyage s'estompent peu à peu dans sa pensée.

G. CHANDON, *Contes et Récits tirés de l'Énéide* (extraits), Pocket Jeunesse, département de Univers Poche, 1995.

1. *Dardanus* : ancêtre des Troyens. 2. *Tyr* : ancien nom de Carthage.

Après la première guerre punique, les soldats romains sont devant Carthage...

Illustration (1931) de Pierre Noël pour *Salammbô* de Gustave Flaubert (Paris, BnF).

Le bleu de la mer s'étalait au fond des rues, que la perspective rendait encore plus escarpées.

Un peuple tumultueux du matin au soir les emplissait; de jeunes garçons, agitant des sonnettes, criaient à la porte des bains : les boutiques de boissons chaudes fumaient, l'air retentissait du tapage des enclumes, les coqs blancs consacrés au Soleil chantaient sur les terrasses, les bœufs que l'on égorgeait mugissaient dans les temples, des esclaves couraient avec des corbeilles sur leur tête.

Ce spectacle de Carthage irritait les Barbares. Ils l'admiraient, ils l'exécraient, ils auraient voulu tout à la fois l'anéantir et l'habiter.

Gustave FLAUBERT (1821-1880), *Salambô* (extraits).

1. *Pour quelles raisons Énée et son peuple se plaisent-ils tant à Carthage dans le premier texte ?*
2. *Justifiez les deux termes : « admiraient », « exécraient » dans le second texte.*
3. *En quoi l'illustration ci-contre correspond-elle bien au texte de Flaubert ? Relevez les termes qui le montrent.*

Reconstitution du port de guerre de Carthage en 200 av. J.-C., avec des compartiments à bateaux et la maison de l'amiral (installations portuaires avec des docks placés de façon à ne pas être visibles de la mer), aquarelle de Peter Connolly (né en 1935).

Mais le repos d'Énée déplaît aux dieux. Zeus s'adresse alors à Mercure...

« Va, mon fils, appelle les Zéphirs et descends à tire-d'aile. Le chef Dardanien s'attarde chez les Tyriens à Carthage et ne songe plus à la ville que lui accordent les destins. Parle-lui et sur les souffles rapides porte-lui mon message. Qu'il reprenne la mer. C'est mon dernier mot. »

Énée quitte donc Carthage et Didon. Celle-ci, avant de se donner la mort, le poursuit de sa haine par ces mots.

« Qu'après avoir subi les lois d'une paix honteuse, il ne puisse jouir ni de sa royauté ni de la douce lumière, mais qu'il tombe avant le temps et qu'au milieu des sables son cadavre gise privé de sépulture. Voilà mes prières ; voilà le dernier vœu qui s'échappera de mon cœur avec mon sang. Et vous, Tyriens, harcelez de votre haine toute sa race, tout ce qui sortira de lui, et offrez à mes cendres ce présent funèbre : qu'aucune amitié, qu'aucune alliance n'existe entre nos peuples. »

VIRGILE (70-19 av. J.-C.), *Énéide*, livre IV, v. 222-237 et 618-624 (extraits),
trad. A. Bellessort, Les Belles Lettres, 1970.

Les guerres puniques durèrent effectivement plus d'un siècle...

Pendant cent quinze ans, il y eut entre ces peuples ou la guerre ou la préparation de la guerre ou une paix déloyale. Rome n'eut jamais l'espoir, alors qu'elle avait triomphé du monde entier, d'être en sécurité s'il subsistait quelque part la moindre trace de l'existence de Carthage : tant il est vrai que la haine née des combats dure plus longtemps que la crainte, subsiste même après la victoire.

Velleius PATERCULUS (vers 19 av. J.-C.-vers 30 apr. J.-C.), *Histoire romaine*, t. I, livre I, 12 (extraits),
trad. J. Hellegouarc'h, Les Belles Lettres, 1982.

1. *Pourquoi Zeus ne veut-il pas qu'Énée reste à Carthage dans le premier texte ?*

2. *Pourquoi Didon tient-elle des propos si violents dans le deuxième texte ? Comment se manifeste sa haine ?*

3. *En quoi le troisième texte montre-t-il bien que les prédictions de Didon se sont réalisées ?*

Recherches

Documentez-vous sur les guerres puniques et faites un rapide résumé des événements principaux qui aboutirent à la destruction totale de Carthage.

4. Cicéron, un homme nouveau

106-43 av. J.-C.

Philipp Otto Runge (1777-1810), étude pour profils et un orateur (XVIIIe siècle), collage sur papier (Hambourg, Hamburger Kunsthalle).

Lire l'image

1. *Comment est fabriquée cette planche ?*

2. *Où se trouve l'orateur ? À quoi le reconnaît-on ?*

3. *Quel est le point commun entre tous les profils ?*

4. *Comment l'orateur leur est-il opposé ?*

Un enfant doué

L'écrivain grec Plutarque fait revivre des personnages romains et grecs...

On dit que sa mère le mit au monde, sans douleur et sans peine, le troisième jour des Calendes[1] nouvelles, où les magistrats, de nos jours, font des prières et des sacrifices pour l'empereur. Il paraît que sa nourrice eut une apparition qui lui prédit qu'elle nourrissait un personnage d'une grande utilité pour tous les Romains. Et si ces présages passent d'ordinaire pour songes et sornettes, dans son cas il fit bientôt éclater la vérité de ses prophéties, dès qu'il fut en âge d'apprendre : il s'y distingua alors par ses dons et acquit parmi les enfants tant de renom et de gloire que leurs pères venaient souvent à l'école pour voir de leurs yeux Cicéron et vérifier cette rapidité d'assimilation et cette intelligence tant vantées.

PLUTARQUE (50-125), *Vies parallèles*, t. II, trad. J.-A. Pierron, Flammarion, coll. « GF », 1996.

1. *Calendes* : premier jour de chaque mois chez les Romains.

« Il se laissa égorger »...

Après une vie politique agitée (➡ p. 44), Cicéron subit la haine d'Antoine contre lequel il a prononcé de violents discours, les Philippiques. *Antoine ordonne donc son exécution...*

Sur ces entrefaites, les assassins arrivèrent : c'étaient le centurion[1] Herennius et le tribun militaire Popillius, que Cicéron avait autrefois défendu dans un procès de parricide, et, avec eux, une troupe de satellites[2]. Ayant trouvé les portes closes, ils les enfoncèrent, et comme Cicéron ne paraissait pas et que les gens de la maison affirmaient ne rien savoir, un jeune homme, dit-on, instruit par Cicéron dans les belles lettres et les sciences, apprit au tribun qu'on portait la litière[3] vers la mer par les allées boisées et couvertes. Le tribun prit avec lui une poignée d'hommes et courut par un détour à l'endroit où débouchaient les allées. Cicéron, ayant entendu le bruit de la course d'Herennius par les allées, ordonna à ses serviteurs de déposer là sa litière et, portant, d'un geste qui lui était familier, la main gauche à son menton, fixa droit les meurtriers, plein de poussière, les cheveux en désordre et le visage contracté par l'angoisse, si bien que la plupart se voilèrent le visage pendant qu'Herennius l'égorgeait. Il se laissa égorger en tendant le cou hors de la litière. Il avait soixante-quatre ans. Ils lui coupèrent la tête et les mains, ainsi que l'avait ordonné Antoine, les mains avec lesquelles il avait écrit les *Philippiques*.

PLUTARQUE (50-125), *Vies parallèles*, t. II (extraits), trad. J.-A. Pierron, Flammarion, 1996.

1. *Centurion* : celui qui commande une compagnie de cent hommes. 2. *Satellites* : hommes de main chargés d'exécuter les ordres d'un chef. 3. *Litière* : lit ambulant porté sur un double brancard.

Buste de Cicéron (détail), art romain, marbre (Rome, musée du Capitole).

Lire les textes

1. *Quels renseignements nous donne le premier texte sur l'époque de Cicéron et les croyances des Romains ?*
2. a. *Comment Plutarque souligne-t-il la cruauté des assassins de Cicéron dans le second texte ?*
   b. *Relevez les termes qui montrent la dignité de Cicéron.*
   c. *Expliquez l'ordre donné par Antoine à la fin du texte.*

Lire en latin

Lettre d'un père en exil

Accusé d'avoir mis à mort sans jugement des citoyens romains, Cicéron est condamné à l'exil en 58 av. J.-C. (➡ p. 44). De Brindes, ville du sud-est de l'Italie où il s'est réfugié, voici ce qu'il écrit à sa femme, Terentia, et à ses deux enfants, Tullia et Cicéron.

Tullius s. d. Terentiae et Tulliae et Ciceroni suis.

Ego minus saepe do ad vos litteras quam possum, propterea quod cum omnia mihi tempora sunt misera, tum vero, cum aut scribo ad vos aut vestras lego, conficior lacrimis. O me **perditum**, o **afflictum** ! Quid nunc rogem te ut venias, mulierem aegram et corpore et animo **confectam** ? Si est spes nostri reditus, eam confirmes et rem adjuves ; sin, ut ego metuo, transactum est, quoquo modo potes ad me fac venias. Sed quid Tulliola mea fiet ? Jam id vos videte ; mihi deest consilium. Quid ? Cicero meus quid aget ? Iste vero sit in sinu semper et complexu meo. Non queo plura jam scribere ; impedit maeror.

Cicéron (106-43 av. J.-C.), *Correspondance*, t. II, LXIII (Fam. XIV, 4) (extraits), trad. L.A. Constans, Les Belles Lettres, 1950.

Tullius salue Terentia, Tullia, Cicéron, ses bien-aimés.

C'est vrai, je vous écris moins souvent que je ne le pourrais : c'est qu'il n'est pas une heure de ma vie qui ne soit misérable ; et puis, quand je vous écris ou quand je lis de vos lettres, j'entre dans des crises de larmes. Ah, quel désastre ! quelle douleur ! Puis-je à présent te demander de me rejoindre, pauvre femme malade, à bout de forces et de courage ? Si je puis espérer rentrer, je te prierai d'aider à la réalisation de cet espoir ; si en revanche, comme je le crains, c'en est fait, arrange-toi, par tous les moyens possibles, pour venir me retrouver. Mais qu'adviendra-t-il de ma chère petite Tullia ? À vous de voir ; car pour moi, je suis incapable de décision. Et, mon Dieu, mon cher Cicéron, que fera-t-il ? Ah ! celui-là du moins, je veux l'avoir toujours sur mes genoux et dans mes bras. Je ne puis en écrire davantage : j'ai trop de chagrin.

Lire le texte

1. *Relevez dans le texte les mots qui soulignent la tristesse de Cicéron.*

2. mulierem confectam : une femme épuisée

a. *À quel cas se trouve* mulierem *?*
b. *De quel mot vient* confectam *?*
c. *Comment* confectam *est-il accordé ?*

Grammaire

Réviser le participe parfait passif

- Le **participe parfait passif** se forme sur le même radical que celui du **supin**, dernière forme des **temps primitifs des verbes** :
  conficio, is, ere, feci, fectum : *achever* → **confectus, a, um** : *achevé.*
- Ce participe est employé comme adjectif et s'accorde avec le nom auquel il se rapporte. Sa déclinaison est celle des adjectifs de la première classe :
  mulierem confectam : *une femme épuisée* (accusatif féminin singulier).

Réviser l'ablatif absolu

- Le groupe formé d'un nom à l'ablatif et d'un participe présent actif ou d'un participe parfait passif s'appelle **ablatif absolu**. Il équivaut à une **proposition subordonnée circonstancielle** :
  signo dato : *le signal ayant été donné.*
  On trouve cette tournure en français dans des expressions comme *cela dit, la porte fermée.*
- On peut traduire l'ablatif absolu de différentes manières :
  signo dato : *au signal, quand le signal fut donné...*
- Certains ablatifs absolus sont construits sans participe (le participe présent du verbe *être* étant sous-entendu) :
  Cicerone consule : *sous le consulat de Cicéron* (mot à mot : *Cicéron étant consul*).
  me vivo : *de mon vivant* (mot à mot : *moi étant vivant*).

Exercices

Vocabulaire

Noms

animus, i, m : esprit, courage
consilium, ii, n : projet, décision
lacrima, ae, f : larme
maeror, oris, m : tristesse profonde

Verbes

conficio, is, ere, feci, fectum : achever, accabler, épuiser
desum, dees, deesse, defui (+ datif) : manquer, faire défaut (à)
impedio, is, ire, i(v)i, itum : empêcher, arrêter
metuo, is, ere, ui, utum : craindre

Mots invariables

aut... aut : ou bien... ou bien
jam : déjà
minus... quam : moins... que
non... jam : ne... plus
propterea quod + indicatif : parce que
quoque : aussi
si : si
sin : si au contraire
ut + indicatif : comme

Appliquer

Exercice 1 : revoir le supin

Donnez le supin des verbes suivants puis traduisez-les en français.

Ex. : rogo → rogatum : pour demander

facio - conficio - trado - vivo - vinco - pugno - peto - voco - audio - clamo - mitto - habeo - laboro - moveo - lego - narro - jacio.

Exercice 2 : accorder le participe passé

Complétez les désinences, puis traduisez les phrases en français.

1. Ciceronis uxor confect... erat. **2.** Consul vict... mortem metuebat. **3.** Dux militibus vict... non pepercit. **4.** Epistula script... jucunda Ciceronis uxori fuit. **5.** Approbamus consilium capt... .

Exercice 3 : manier le vocabulaire

Traduisez en français ces extraits simplifiés.

1. Cicero salutem dat Terentiae. **2.** aut scribo, aut lego. **3.** conficior lacrimis. **4.** rogo te ut venias. **5.** mihi deest consilium. **6.** Cicero meus, quid aget? **7.** non jam possum scribere. **8.** impedit maeror.

Exercice 4 : traduire l'ablatif absolu

Traduisez en français de deux manières différentes.

1. signo dato. **2.** epistula scripta. **3.** consule victo. **4.** militibus occisis. **5.** urbe condita. **6.** rege laudato. **7.** muliere animo confecta. **8.** Catone consule. **9.** Caesare imperatore. **10.** Cicerone afflicto.

Exercice 5 : revoir les textes

Retrouvez la traduction de ces groupes de mots.

1. abdito intra vestem ferro - ante tribunal regis destitutus - accenso ad sacrificium foculo. **2.** torquem cruore respersum collo circumdedit suo. **3.** Cato censor factus - dixit multos capitis damnatos in vinculis esse.

Exercice 6 : lire en latin

Traduisez ce texte en français.

Une amie de Catilina, Sempronia

Sempronia genere atque forma[1], praeterea viro et liberis fortunata[2] erat. Litteris graecis et latinis docta erat, psallebat[3], saltabat[4] elegantius[5] quam necesse est probae[6] mulieri. Poterat versus facere, sermonem modestum aut doctum habere sed pecuniam amabat et potestatem cupiebat[7]. Per eam et per alias[8] mulieres Catilina credebat se posse urbem incendere, viros earum vel[9] adjungere sibi[10], vel interficere.

D'après SALLUSTE, *Sur la conjuration de Catilina.*

1. genere atque forma : par la naissance et par la beauté. 2. fortunata : heureuse. 3. psallo, is, ere, psalli : jouer de la cithare. 4. salto, as, are, avi, atum : danser. 5. elegantius : plus élégamment. 6. probae : honnête. 7. cupio, is, ere, ivi, itum : désirer. 8. per alias : grâce aux autres. 9. vel : ou bien. 10. adjungere sibi : s'associer.

Jouer avec la langue

Exercice 7 : retrouver l'origine des mots

1. *Cherchez le rapport entre le verbe* impedio *et son radical* pes, pedis, m : pied.

2. *Expliquez, à partir du latin* lacrima, ae, f, *ce que sont les* glandes lacrymales *et un* gaz lacrymogène.

3. *Expliquez, à partir du latin* conficio, is, ere, feci, fectum, *ce qu'est le rayon confection dans un grand magasin.*

Exercice 8 : LE LATIN & LE GREC

Scribo, is, ere, scripsi, scriptum *en latin et* graphô *en grec signifient tous deux* écrire.

1. *À partir du radical latin :*

a. *Expliquez ce que signifient les mots soulignés dans les expressions suivantes.*

1. inscrire des élèves à la rentrée. 2. utiliser les téléscripteurs de l'agence. 3. transcrire un texte 4. faire une prescription médicale. 5. souscrire à un emprunt. 6. proscrire un homme de la société.

b. *Précisez le sens des mots suivants.*

scribe - scribouillard.

c. *Que signifie l'expression* post-scriptum, *souvent employée dans les lettres ?*

2. *À partir du radical grec, trouvez des mots :*

a. *qui utilisent ce radical en fin de mot;*

Ex. : télégraphe.

b. *qui l'utilisent en début de mot.*

Ex. : graphique.

Exercice 9 : récréation

Retrouvez ces mots dont les lettres sont dans le désordre.

MIRACLA

FACTOCEN

MOUTE

SIMOUCLIN

ROMERA

ATEPROPRE

Linguistes en herbe

O tempora ! O mores !

Ô temps, ô mœurs !

Ces deux exclamations sont parmi les premières phrases des *Catilinaires* de Cicéron, célèbre série de discours dans lesquels il attaque Catilina, un de ses ennemis politiques, et dénonce la corruption des hommes de son époque.

Prolongements

Cicéron (106-43 av. J.-C.)

Né à Arpinum, petite ville au sud de Rome, d'une famille de chevaliers, Cicéron étudia tôt l'éloquence, la philosophie et le droit. En 75 av. J.-C., Cicéron entre dans la carrière politique et parcourt tout le cursus honorum (➠ p. 31) : questeur en 75, édile en 69, préteur en 66, consul en 63. C'est la période la plus brillante de sa carrière, pendant laquelle il affirme sa maîtrise oratoire dans les discours qu'il prononce à l'occasion de procès retentissants. Période la plus heureuse aussi, puisqu'il épouse Terentia avec laquelle il aura deux enfants : Tullia et Cicéron.

Mais bientôt arrive la période des revers : il lutte contre Catilina et, en 58, il doit s'exiler pour avoir mis à mort sans jugement les complices de ce dernier. Ses biens sont confisqués, sa maison est rasée. Rappelé en 57, il ne joue plus un rôle politique important. Bientôt, l'idéal républicain est mis en péril par l'assassinat de César ; et Cicéron, proscrit, est assassiné le 7 décembre 43 av. J.-C.

La conjuration de Catilina : « révolution de la misère »...

En 63 av. J.-C., ayant accédé au consulat, Cicéron doit faire face à une conjuration : celle d'un jeune noble appelé Catilina...

Quel était donc ce mystérieux personnage qui hantait ainsi les bouges de Suburre[1] ? Il appartenait à une famille noble et s'appelait Lucius Sergius Catilina. De taille moyenne, il avait une forte carrure, des bras vigoureux et musclés, une démarche nerveuse. Ceux qui l'avaient connu au combat admiraient son énergie, son sang-froid, son endurance peu commune.

Le Gesticulateur (détail), mosaïque romaine (IIe-IIIe siècle) (Trèves, Rheinisches Landesmuseum).

Pourtant il y avait en lui quelque chose d'inquiétant. Son teint pâle, ses traits anguleux, ses yeux surtout qui jetaient sur le monde un regard étrange et passionné révélaient une âme audacieuse, ardente, insatiable.

Catilina avait rejoint d'un pas rapide un groupe d'amis. C'était jour de marché et le Forum était noir de monde. Catilina se plaça, bien en vue, sur les marches d'un temple. On fit cercle autour de lui. Il parla. Avec une éloquence enflammée, violente, il attaqua le Sénat et Cicéron, « l'homme des riches ». Levant le poing, poussant de grands éclats de voix, il répétait les mêmes mots : une honte, l'injustice, l'orgueil des grands, la vengeance des faibles, la révolution de la misère. Et il termina par cette affirmation : « Avec moi, enfin, vous aurez un consul au service du peuple. »

Jean DEFRASNE, *Récits tirés de l'histoire de Rome* (extraits), Pocket, coll. « Jeunesse », 2003.

1. *Suburre* : quartier populeux et mal famé de Rome.

Comment est présenté Catilina dans le texte ? En quoi consiste sa force ?

Cesare Maccari (1840-1919), *Cicéron au Sénat accuse Catilina de conjuration en 63 av. J.-C.* (1889), fresque (Rome, Palazzo Madama).

… ou corruption de la jeunesse ?

Dans une cité aussi grande et aussi corrompue, Catilina avait réuni autour de lui, comme autant de gardes du corps, des troupes capables de toutes les infamies et de tous les crimes. Car tous ceux qui, impudents, adultères, débauchés, avaient dilapidé par le jeu ou les plaisirs leurs biens de famille, et aussi, venant de tous côtés, tous les parricides, les sacrilèges, les individus condamnés par les tribunaux ou ceux qui redoutaient un jugement pour leurs actes, et, en outre, ceux qui se nourrissaient par leurs bras ou leur langue en faisant de faux témoignages ou des crimes, tous ceux enfin que motivaient le déshonneur, la misère, ou un esprit complice, tous ceux-là étaient les intimes et les familiers de Catilina. Mais surtout il recherchait les amitiés des jeunes ; leurs esprits souples encore, que leur âge rendait malléables, étaient facilement attirés par des ruses. Car il leur achetait des chiens et des chevaux, il n'épargnait enfin ni argent ni dignité, du moment qu'il les rendait soumis et fidèles.

SALLUSTE (86-35 av. J.-C.), *Sur la conjuration de Catilina*, XIV (extraits),
trad. des auteurs.

1. *Quel jugement Salluste porte-t-il sur Catilina ? Relevez les mots qui soulignent sa partialité.*

2. a. *Étudiez la composition de la fresque (place des personnages, couleurs, éclairage).*
b. *Comment l'isolement de l'accusé est-il mis en relief ?*

Recherches
Cherchez comment s'acheva cette conjuration.

5. Jules César

101-44 av. J.-C.

Affiche du film *Julius Caesar* (1953), de Joseph L. Mankiewicz, avec Marlon Brando dans le rôle de Marc Antoine.

Jules César, détail d'un buste romain en marbre (Ier siècle av. J.-C.) (Vienne, Kunsthistorisches Museum).

Lire les images

1. **a.** *Quels aspects de la personnalité de César le sculpteur cherche-t-il à suggérer ?*
b. *Comparez ce buste à celui du citoyen romain présenté p. 22 (matériau, traits du visage, expression…).*
c. *Le sculpteur a-t-il voulu donner une idée positive ou négative de son personnage ?*

2. *En quoi l'affiche illustre-t-elle bien l'époque de Jules César ?*

Jules et Bill

Jean Roba,
Boule & Bill,
Faut rigoler,
éd. Dargaud, 2005.

Lire le texte et l'image

1. *Quels sont les rôles remplis par César d'après cette page de bande dessinée ?*

2. *Quelles attitudes le père de Boule prend-il pour imiter Jules César ?*

3. *Analysez le comique de cette bande dessinée : costumes, gestes, situation, paroles.*

Une étoile est née…

Aux ides de mars 44 (le 15 mars), César est assassiné par Brutus et Cassius, pour avoir voulu mettre fin au gouvernement républicain.

Periit sexto et quinquagesimo aetatis anno atque in deorum numerum relatus est. Ludis, quos primos heres Augustus edebat, stella crinita per septem continuos dies fulsit exoriens circa undecimam horam, **creditumque est animam esse Caesaris** in caelum recepti ; et hac de causa simulacro ejus in vertice additur stella. Curiam, in qua occisus est, obstrui placuit Idusque Martias « Parricidium » nominari, ac ne unquam eo die senatus ageretur.

Percussorum autem fere neque triennio quisquam amplius supervixit neque sua morte defunctus est. Damnati omnes alius alio casu periit, pars naufragio, pars proelio ; nonnulli semet eodem illo pugione, quo Caesarem violaverant, interemerunt.

SUÉTONE (vers 69-vers 126), *Vies des douze Césars*, I, LXXXVIII et LXXXIX (extraits), trad. H. Ailloud, Les Belles Lettres, 1961.

Il mourut dans sa cinquante-sixième année et fut mis au nombre des dieux. En effet, au cours des premiers jeux que célébrait Auguste, son héritier, une comète, qui apparaissait vers la onzième heure, brilla pendant sept jours consécutifs et l'on crut que c'était l'âme de César admis au ciel : voilà pourquoi on le représente avec une étoile au-dessus de sa tête. On décida de murer la curie où il avait été assassiné, de nommer les ides de Mars « Jour parricide » et d'interdire à tout jamais au Sénat de se réunir à cette date.

Quant à ses meurtriers, aucun, ou peu s'en faut, ne lui survécut plus de trois ans et ne périt de mort naturelle. Tous, après avoir été condamnés, moururent de façon tragique, les uns dans un naufrage, les autres dans une bataille ; quelques-uns se tuèrent avec le même poignard dont ils n'avaient pas craint de le frapper.

Lire le texte

1. creditum est animam esse Caesaris : **on crut que c'était l'âme de César**

- **a.** *Quel est le verbe principal de cette phrase ?*
- **b.** *De quelle construction est-il suivi ?*
- **c.** *Quel est le mode de* esse *?*
- **d.** *À quel cas se trouve le mot* animam *?*
- **e.** *Le mot français « que » est-il exprimé en latin ?*
- **f.** *Le moment indiqué par le verbe « c'était » correspond-il à celui du verbe principal ?*

2. hac de causa : **pour cette raison**
ejus in vertice additur stella : **on le représente avec une étoile au-dessus de sa tête**
eo die : **en ce jour**
neque quisquam sua morte defunctus est : **et aucun ne périt de mort naturelle**
se eodem illo pugione interemerunt : **ils se tuèrent avec le même poignard**
Quelle est la fonction des groupes de mots soulignés, tous à l'ablatif ?

Grammaire

Réviser la proposition subordonnée infinitive

Les verbes d'opinion et de déclaration comme **dico**, **scio**, **credo**, **jubeo**, **narro** sont suivis d'une **proposition subordonnée infinitive**.
Cette proposition ne contient **pas de subordonnant** correspondant au *que* français.
Son **sujet** se met **à l'accusatif**. Le verbe est à l'infinitif :

Creditum est [animam esse Caesaris]. *On crut que c'était l'âme de César.*

Creditum est	animam	esse
verbe de la prop. principale	accusatif	verbe à l'infinitif de la prop. infinitive

L'**infinitif présent** indique une action qui se déroule **en même temps** que celle de la proposition principale :
Credo Caesarem venire. *Je crois que César vient.*
Credebam Caesarem venire. *Je croyais que César venait.*

L'**infinitif parfait** indique une action qui se passe **avant** celle de la proposition principale :
Credo Caesarem venisse. *Je crois que César est venu.*
Credebam Caesarem venisse. *Je croyais que César était venu.*

Réviser l'ablatif

L'**ablatif** est utilisé dans les compléments circonstanciels :
- de manière : **Animo pugnat.** *Il se bat avec courage.*
- de moyen : **Se pugione interemerunt.** *Ils se tuèrent avec un poignard.*
- de cause : **hac de causa** : *pour cette raison.*
- de lieu :
  le lieu où l'on est : **In vertice additur stella.** *Sur sa tête est ajoutée une étoile.*
  le lieu d'où l'on vient : **E ludo venio.** *Je viens de l'école.*
- d'accompagnement : **Cum amico venit.** *Il vient avec un ami.*
- de temps : **eo die** : *en ce jour.*

Exercices

Vocabulaire

Noms

anima, ae, f : air, souffle, âme
mors, mortis, f : mort
numerus, i, m : nombre
pars, partis, f : partie, part, portion
proelium, ii, n : combat
simulacrum, i, n : représentation, statue, fantôme
stella, ae, f : étoile

Verbes

edo, is, ere, edidi, editum : faire sortir, produire, publier
fulgeo, es, ere, fulsi : luire, éclairer, briller

Mots invariables

circa : autour
(+ accusatif) autour de, vers
de + ablatif : du haut de, au sujet de
fere : presque

Appliquer

Exercice 1 : réviser l'infinitif présent

Retrouvez l'infinitif présent des verbes suivants.

ago - approbo - jacio - statuo - ceno - puto - scio - possum - dico - video - conficio - desum - voco - jubeo - credo.

Exercice 2 : réviser l'infinitif parfait

Transposez les verbes de l'exercice précédent à l'infinitif parfait.

Exercice 3 : utiliser une infinitive

Transformez ces phrases en subordonnées infinitives en employant traditur : on raconte.

Ex. : C. Mucius intrat castra hostium. → Traditur C. Mucium intrare castra hostium.

1. C. Mucius scribam occidit. **2.** C. Mucius dextram in foculum injicit. **3.** Torquatus scutum capit. **4.** Gallus eum exspectat. **5.** Torquatus Gallum interficit. **6.** Cato luxum non amat. **7.** Flamininus ad cenam mulierem vocat. **8.** Cicero epistulam scribit. **9.** Uxor ad Ciceronem venit. **10.** Stella fulget.

Exercice 4 : manier les temps

Transposez les infinitives précédentes au passé.

Ex. : Traditur C. Mucium intravisse castra hostium.

Exercice 5 : retrouver la valeur des ablatifs

Traduisez en français ces groupes de mots extraits des textes des chapitres précédents : à quelle fonction française l'ablatif correspond-il ?

1. in turba. **2.** cum rege. **3.** cingitur gladio. **4.** cum ingenti sonitu. **5.** uno et altero ictu transfodit. **6.** collo circumdedit **7.** cum admiratione. **8.** in Gallia. **9.** amore deperibat. **10.** in vinculis. **11.** unum ex his. **12.** in carcere. **13.** securi percussit. **14.** cruore respergere.

Exercice 6 : compléter par l'ablatif

Associez les éléments deux par deux.

Scaevola manum tenebat - Torquatus hostem transfodit - scriba sedebat - Romani spectabant Mucium Scaevolam - deperibat Flamininus.

amore - cum rege - cum admiratione - in foculo - gladio.

Exercice 7 : version

Retrouvez la traduction en français de ces extraits de la bande dessinée ➡ *p. 47.*

1. De Caesaris morte mihi datum est[1] scaenam parare, quae in schola nostra actura est[2]. **2.** Nunquam ullus[3] Iulius Iulium agere tam visus est[4] ! **3.** Gallias subegisti, Romam ingressus es[5], Cleopatrae Aegypti regnum reddidisti. Nunc tu consul es, deinde imperator, denique dictator perpetuus. **4.** Conjurati te circumveniunt, e togis gladios educunt ut te ad mortem feriant !

1. mihi datum est : on m'a chargé. 2. actura est : sera jouée. 3. nunquam ullus : jamais aucun. 4. visus est : ne s'est vu. 5. ingressus es : tu es entré.

Exercice 8 : lire en latin

Traduisez en français cet extrait simplifié.

Portrait de César

Traditur Caesarem fuisse excelsa[1] statura, colore candido[2], nigris oculis, valetudine prospera. Circa corporis curam[3] morosus[4] : non solum tondebatur diligenter[5] ac radebatur, sed vellebatur[6] etiam. Calvitii vero deformitatem[7] iniquissime ferebat[8]. Ideoque[9] deficientem capillum revocare a vertice[10] adsuaverat[11].

D'après SUÉTONE.

1. excelsa : haute. 2. candido : blanc. 3. curam : soin. 4. morosus : minutieux. 5. diligenter : consciencieusement. 6. vellebatur : il se faisait épiler. 7. calvitii deformitatem : laideur de sa calvitie. 8. iniquissime ferebat : il supportait très mal. 9. ideoque : et c'est pourquoi. 10. a vertice : en avant. 11. adsuaverat : il avait coutume.

Jouer avec la langue

Exercice 9 : Caesar

Le nom Caesar s'est transformé selon les pays. Qu'est-il devenu en Russie ? Et en Allemagne ?

Exercice 10 : LE LATIN & LE GREC

1. *En latin,* stella *désigne une étoile. Trouvez les mots formés à partir de* stella.

1. Par cette belle soirée d'été, le ciel est … d'… . 2. On voit bien la … de la Grande Ourse par beau temps. 3. L'astrologie croit aux influences … .

2. *En grec,* astêr *a le même sens. Employez ces mots dans une phrase qui en montrera la signification.*

1. astre. 2. astrologue. 3. astronome. 4. astral. 5. astérisque. 6. désastre.

Exercice 11 : le jeu de l'intrus

Trouvez l'intrus dans chaque liste.

1. Cicerone - Catone - rege - fere - morte.
2. stella - hora - proelia - amicitia - filia.
3. deleo - ideo - habeo - video - jaceo.
4. numero - simulacro - poculo - consilio - jacio.

Exercice 12 : récréation

Former le métagramme d'un mot consiste à ne changer qu'une lettre d'un mot pour en former un nouveau.
Quel est le métagramme des mots suivants ? Pour vous aider, nous vous en donnons la traduction.

Ex. : aetas : l'âge → altas : hautes.

1. traho → je rapporte
2. fero → bête sauvage
3. jacio → je suis étendu
4. lupus → le jeu, l'école
5. cena → la cire
6. puto → je demande
7. dico → je conduis

Linguistes en herbe

Tu quoque fili !

Toi aussi, mon fils !

César poussa ce cri de douleur et de colère lorsqu'il reconnut Brutus, qu'il affectionnait particulièrement, parmi ses assassins.

Prolongements

Portraits de César

Pièce de monnaie (Ier siècle av. J.-C.).

À quarante ans, César était déjà pratiquement chauve, ce qui ne l'empêchait pas d'avoir quelque chose d'attirant et même de fascinant. Son visage aigu aux lèvres minces, au front haut, dénotait une intelligence supérieure et une inflexible volonté. Mais il prenait soin d'adoucir ce qu'il pouvait y avoir de sévère dans ses traits par un sourire des plus charmeurs : ce grand politique était aussi un séducteur, dont les aventures féminines ne se comptaient plus.

Jean-François NAHMIAS, *Titus Flaminius*, Hachette jeunesse, 2005, © Albin Michel.

Né dans la très noble famille des Iulii et descendant, suivant l'opinion unanime des écrivains les plus anciens, d'Anchise[1] et de Vénus, il surpassait tous ses concitoyens par la prestance physique, se signalait par la vigueur et l'énergie du caractère, une munificence sans bornes, un courage surhumain et incroyable ; la grandeur de ses desseins, la rapidité de ses actions militaires, sa fermeté dans les dangers le rendaient tout à fait semblable à Alexandre le Grand, mais à un Alexandre sobre et non enclin à la colère ; en toutes circonstances, enfin, il n'usait de la nourriture et du sommeil que pour se maintenir en vie et non pour le plaisir.

Velleius PATERCULUS (vers 19 av. J.-C.-vers 30 apr. J.-C.), *Histoire romaine*, t. II, livre II, 16, trad. J. Hellegouarc'h, Les Belles Lettres, 1982.

1. *Anchise* : père d'Énée.

1. *Justifiez avec des termes du premier texte en quoi César était à la fois fascinant et sévère.*

2. a. *Pourquoi Velleius Paterculus prend-il soin de citer les ancêtres de César dans le second texte ?*
b. *Relevez les qualités que lui attribue l'auteur.*

Recherches

Qui était Césarion ? Faites une recherche sur le personnage de Cléopâtre.

Astérix et Obélix, Mission Cléopâtre, film d'Alain Chabat (2002), avec Monica Bellucci dans le rôle de Cléopâtre.

La mort de César

Aux ides de mars 44 av. J.-C., César est assassiné par Cassius et Brutus, son fils adoptif, en plein Sénat…

S'apercevant alors que de toutes parts on l'attaquait, le poignard à la main, il enroula sa toge autour de sa tête tandis que, de sa main gauche, il en faisait glisser les plis jusqu'au bas de ses jambes, pour tomber avec plus de décence, le corps voilé jusqu'en bas. Il fut ainsi percé de vingt-trois blessures, n'ayant poussé qu'un gémissement au premier coup, sans une parole ; pourtant, d'après certains, il aurait dit à Marcus Brutus qui se précipitait sur lui : « Toi aussi, mon fils ! »

SUÉTONE (vers 69-vers 126), *Vie des douze Césars*, t. I, chap. LVII, trad. H. Ailloud, Les Belles Lettres, 1961.

Jules César de William Shakespeare, mise en scène de Deborah Warner, Paris, Théâtre national de Chaillot, 2005.

Dans la pièce de Shakespeare, Brutus justifie ainsi son geste.

« J'aimais César autant, mais j'aimais Rome davantage. Préféreriez-vous César vivant, qui vous ferait tous mourir esclaves, à César mort, qui vous fait tous vivre libres ? César m'aimait, je le pleure ; il fut fortuné, je m'en réjouis ; il fut vaillant, je l'honore ; il fut ambitieux, je le tue. Voici des larmes pour son amitié, de la joie pour sa fortune, de l'honneur pour sa vaillance, et, pour son ambition, la mort. Qui est assez bas ici, pour vouloir être un esclave ? S'il y en a un, qu'il parle : je l'ai offensé. Qui est ici assez sauvage, pour ne vouloir pas être Romain ? S'il y en a un, qu'il parle : je l'ai offensé. Qui est ici assez vil pour n'aimer pas sa patrie ? S'il y en a un, qu'il parle : je l'ai offensé.

William SHAKESPEARE (1564-1616), *Jules César*, acte III, scène 2, trad. E. Fleg, Gallimard, coll. « Bibliothèque de la Pléiade », 1959.

1. a. *Relevez les détails dans le premier texte qui montrent que César garde le souci de son apparence jusqu'à sa mort.*
b. *Comment Suétone fait-il ressortir la dignité de César ?*

2. a. *Relevez les qualités que Brutus reconnaît en César dans le second texte.*
b. *Quelle raison pourtant l'a poussé à le tuer ?*
c. *Repérez les répétitions dans ce discours. Quel effet produisent-elles ?*
d. *Quelle opinion Shakespeare cherche-t-il à nous donner de Brutus ?*

3. a. *Quels détails, dans la représentation moderne ci-dessus, évoquent le monde romain ?*
b. *Quels sont les procédés qui rendent cette mise en scène dramatique ?*

QUIBUS VE
UM AEDEM
POLLONIS
VIS IN CAP
N EA PARTE
UAM FULM
DEO HARU
DITIT PO

PARTIE 2

La société romaine

6. La jeune fille

Jeune fille avec des fleurs (détail), mosaïque romaine (IVe siècle) (Italie, basilique d'Aquilée).

Paul Delvaux (1897-1994), *Jeune fille* (1954-1956), huile sur carte (collection privée).

Jeune fille de profil, haut-relief romain en stuc (IIIe siècle) trouvé en Tunisie (Tunis, musée du Bardo).

Lire les images

1. *Dans la mosaïque, quel élément est associé à la jeune fille ? Comment comprenez-vous cette association ?*

2. a. *En quoi peut-on dire que le haut-relief est d'une étonnante modernité (lignes, formes…) ?*
b. *Comment le sculpteur est-il parvenu à présenter cette jeune fille avec une grande pudeur ?*

3. a. *Delvaux, peintre contemporain, présente une jeune fille qui semble très proche de l'Antiquité. Relevez les éléments du tableau qui le montrent.*
b. *En quoi cette représentation revêt-elle un caractère religieux et très pur ?*

Naître fille...

Lorsqu'un enfant vient au monde, la sage-femme, après avoir coupé le cordon ombilical, le pose sur le sol. Si le père le prend dans ses bras, cela signifie qu'il le reconnaît. Dans le cas contraire, le nouveau-né est « exposé » : un esclave le dépose dans un lieu public, où il sera peut-être recueilli. Il n'est pas rare non plus que l'enfant soit secrètement supprimé, surtout s'il s'agit d'une fille.

Les fillettes vont à l'école primaire avec les garçons, de sept à douze ans (➡ p. 70). Ensuite, vers douze ans, la plupart restent à la maison et apprennent à filer la laine, à tenir un foyer. À cet âge-là, les jeunes filles sont considérées comme nubiles[1], et il est fréquent qu'on les marie, souvent à des hommes nettement plus âgés.

1. *Nubile* : se dit d'une jeune fille en âge d'être mariée.

Une jeune Pompéienne à sa toilette

La toilette d'une épouse (détail), peinture murale de la villa des Mystères à Pompéi (vers 60 av. J.-C.).

Sur la table devant laquelle elle était assise, se voyait un petit miroir circulaire en acier poli ; autour se trouvaient rangés, dans un ordre précis, les cosmétiques et les onguents, les parfums et les fards, les bijoux et les peignes, les rubans et les épingles d'or. À travers la demi-obscurité de la chambre, brillaient les couleurs vives et variées des peintures de la muraille.

La belle Julia s'appuyait indolemment sur son siège, pendant que l'*ornatrix* (la coiffeuse) élevait lentement les unes au-dessus des autres une foule de petites boucles, dont toutes n'appartenaient pas à Julia ; elle entremêlait les fausses et les vraies avec art et portait si haut son édifice qu'il semblait placer la tête plutôt au centre qu'au sommet du corps humain.

Sa tunique, de couleur d'ambre foncé, qui convenait bien à ses noirs cheveux et à son teint un peu brun, descendait avec d'amples plis jusqu'à ses pieds, lesquels étaient renfermés dans des pantoufles attachées autour de sa jambe gracieuse à l'aide de cordons blancs. Une vieille esclave se tenait derrière la coiffeuse, ayant sous le bras la large et riche ceinture de sa maîtresse. Elle donnait de temps à autre des instructions à la femme chargée de l'édifice de la coiffure, sans omettre de judicieuses flatteries pour Julia.

Edward Bulwer-Lytton, *Les Derniers Jours de Pompéi* (extraits), Gallimard, coll. « Mille Soleils », 1984.

Lire les textes

1. *Quel objectif essentiel est attribué à la vie d'une fillette ? Relevez les détails dans le premier texte qui soulignent l'inégalité de sa situation par rapport à celle d'un garçon.*

2. a. *Pompéi a été détruite par l'éruption du Vésuve le 24 août 79. Quand se situe par conséquent la scène décrite dans le second texte ?*

b. *Relevez les éléments qui montrent que Julia appartient à une riche famille.*

c. *Quels liens unissent les trois femmes ici présentes ?*

d. *Comment l'auteur a-t-il rendu la description très vivante ?*

Lire en latin

« Elle n'avait pas encore quatorze ans »…

Pline le Jeune annonce à un ami dans cette lettre le décès d'une toute jeune fille.

Tristissimus haec tibi scribo, Fundani nostri[1] filia minore[2] defuncta[3]. Nondum annos tredecim impleverat[4], et jam illi[5] **anilis**[6] prudentia, **matronalis** gravitas[7] erat et tamen suavitas **puellaris** cum **virginali** verecundia. Ut illa[8] patris cervicibus inhaerebat[9] ! ut nos amicos paternos et amanter et modeste complectebatur[10] ! ut nutrices[11], ut paedagogos, ut praeceptores diligebat ! Quam studiose[12], quam intellegenter lectitabat[13] ! ut parce custoditeque[14] ludebat ! Qua illa temperantia[15], qua patientia, qua etiam constantia novissimam valetudinem tulit[16] ! O triste plane[17] acerbumque funus ! o morte ipsa mortis **tempus** indignius[18] ! jam destinata erat[19] egregio juveni, jam electus nuptiarum dies[20], jam nos vocati[21]. Quod gaudium quo maerore mutatum est[22] !

PLINE LE JEUNE (61-114), *Lettres* (extraits), livre V, § 16.

1. Fundani nostri : notre ami Fundanus.
2. filia minore : fille cadette.
3. defuncta : étant morte.
4. nondum impleverat : elle n'avait pas encore vécu.
5. illi : à elle.
6. anilis : d'une femme âgée.
7. gravitas, atis, f : sérieux.
8. ut illa : comme elle.
9. cervicibus inhaerebat : elle se pendait au cou.
10. complectebatur : embrassait.
11. nutrices : nourrices.
12. quam studiose : avec quelle application.
13. lectitabat : lisait souvent.
14. parce custoditeque : avec retenue et réserve.
15. qua temperantia : avec quelle modération.
16. novissimam valetudinem tulit : elle supporta sa dernière maladie.
17. plane : très.
18. morte ipsa indignius : plus révoltant que la mort elle-même.
19. destinata erat : elle avait été fiancée.
20. electus dies : jour choisi.
21. nos vocati : nous avions été invités.
22. Quod gaudium quo maerore mutatum est ! En quel chagrin s'est changée tant de joie !

Lire le texte

1. suavitas <u>puellaris</u> : une douceur de jeune fille
cum <u>virginali</u> verecundia : avec une pudeur virginale

Observez la désinence des adjectifs soulignés.
À quelle déclinaison de noms vous fait penser puellaris *?*

2. O triste acerbumque funus ! Ô mort triste et prématurée !

a. *Quel est le cas de ce groupe nominal ?*
b. *D'après la terminaison de l'adjectif* acerbum, *déduisez le genre du nom* funus.
c. *En vous rappelant les caractéristiques du neutre, donnez le nominatif, le vocatif et l'accusatif de l'adjectif* triste.

Grammaire

La troisième déclinaison

- La troisième déclinaison comprend des noms masculins (**rex**, **regis** : *le roi*, **civis**, **is** : *le citoyen*), féminins (**mulier**, **eris** : *la femme*) et neutres (**corpus**, **oris** : *le corps*).
  La déclinaison est la même pour les noms masculins et féminins. ➡ p. 25
- Le génitif pluriel des noms masculins et féminins est en **-um**, mais se termine en **-ium** quand les mots ont le même nombre de syllabes au nominatif et au génitif singulier (**civis**, **civis** → **civium**) ou quand le radical se termine par deux consonnes (**infans**, **infantis** → radical : **infant-** → **infantium**).
- **Le neutre de la 3e déclinaison**

corpus, **oris**, **n** : le corps		
	singulier	**pluriel**
N.	corpus	corpora
V.	corpus	corpora
Acc.	corpus	corpora
G.	corporis	corporum
D.	corpori	corporibus
Abl.	corpore	corporibus

Les adjectifs qualificatifs de la seconde classe

- Il existe en latin deux catégories d'adjectifs.
  Ceux de la première classe se déclinent sur le modèle de **bonus**, **a**, **um** : *bon*. ➡ tableau, p. 188
  Ceux de la seconde classe se déclinent sur le modèle des noms masculins et féminins de la troisième déclinaison :

vetus, **eris** : *vieux* — modèle : **rex**, **regis**, m (ablatif singulier en **-e**)
omnis, **e** : *tout, chaque* — modèle : **civis**, **is**, m (mais ablatif singulier en **-i**)
ingens, **tis** : *immense* — modèle : **infans**, **tis** ➡ tableau, p. 188

vetus, **eris** : vieux	**singulier**		**pluriel**	
	masculin et féminin	**neutre**	**masculin et féminin**	**neutre**
N.	vetus	vetus	veteres	vetera
V.	vetus	vetus	veteres	vetera
Acc.	veterem	vetus	veteres	vetera
G.	veteris	veteris	veterum	veterum
D.	veteri	veteri	veteribus	veteribus
Abl.	vetere	vetere	veteribus	veteribus

omnis, **e** : tout, chaque	**singulier**		**pluriel**	
	masculin et féminin	**neutre**	**masculin et féminin**	**neutre**
N.	omnis	omne	omnes	omnia
V.	omnis	omne	omnes	omnia
Acc.	omnem	omne	omnes	omnia
G.	omnis	omnis	omnium	omnium
D.	omni	omni	omnibus	omnibus
Abl.	omni	omni	omnibus	omnibus

Exercices

Vocabulaire

Noms

agmen, inis, n : armée (en marche)
caput, itis, n : tête
corpus, oris, n : corps
flumen, inis, n : fleuve
funus, eris, n : mort, funérailles
prudentia, ae, f : sagesse, sérieux, connaissance
tempus, oris, n : temps

Verbes

diligo, is, ere, dilexi, dilectum : aimer, chérir
ludo, is, ere, lusi, lusum : jouer

Mots invariables

nondum : pas encore
ut : comme

Adjectifs de la 1re classe

acerbus, a, um : âpre, inachevé, pénible, dur
egregius, a, um : distingué, remarquable

Adjectifs de la 2de classe

brevis, e : court, bref
dives, vitis : riche
fortis, e : courageux, fort
ingens, tis : immense
omnis, e : tout, chaque
pauper, eris : pauvre
prudens, tis : sage
tristis, e : triste
vetus, eris : vieux

Appliquer

Exercice 1 : retenir la troisième déclinaison neutre

Traduisez en français les phrases ou groupes de mots suivants.

1. Manlius se insinuavit inter corpus et arma Galli. **2.** Multi capitis damnati in vinculis sunt. **3.** Omnia mihi tempora sunt misera. **4.** mulier aegra et corpore et animo confecta.

Exercice 2 : manier le vocabulaire

Traduisez en français les phrases suivantes.

1. Omnes consulem veterem audiebant. **2.** Corpus miseri hominis confectum erat. **3.** Vides consulis caput. **4.** Vita tristis est servis. **5.** Aqua fluminis clara est. **6.** Agmen Romanum Gallos vicit. **7.** Veteres milites animo pugnabant. **8.** Puer brevi statura est. **9.** Mihi tempus deest.

Exercice 3 : retenir les adjectifs de la seconde classe

Mettez l'adjectif omnis, e *au cas qui convient.*

1. Omn... civis patriam diligit. **2.** Omn... cives consulem audiunt. **3.** In omn... urbe multa templa sunt. **4.** Caesar dux erat omn... civium. **5.** Omn... amicis scripsi. **6.** Omn... pueri ludere amant.

Exercice 4 : accorder les adjectifs de la seconde classe

Remplacez l'adjectif de la première classe de ces phrases par l'adjectif de la seconde classe indiqué et accordez-le.

1. Clarum ducem timemus. (fortis) **2.** Civi egregio epistulam mittimus. (prudens) **3.** In multis urbibus templa vidimus. (omnis) **4.** Multi sunt qui pecuniam non habent. (tristis) **5.** In mensa parvum poculum video. (vetus) **6.** In magna silva ambulamus. (ingens) **7.** Saepe servi sunt miseri. (pauper)

Exercice 5 : retenir le texte

Traduisez en français ce résumé du texte.

Puella anilem prudentiam, matronalem gravitatem et puellarem suavitatem habebat. Amicos paternos et paedagogos diligebat. Semper studiose legebat, simulque ludebat. Destinata erat egregio juveni, sed mors eam rapuit.

Exercice 6 : lire en latin

Traduisez ce texte en français.

La beauté de Fabulla

Omnes aut vetulas[1] habes amicas
Aut turpes[2] vetulisque foediores[3].
Has ducis comites[4] trahisque[5] tecum[6]
Per convivia[7], porticus[8], theatra.
Sic formosa[9], sic Fabulla, sic puella es.

MARTIAL, *Épigrammes*, VIII, 79.

1. vetulas : un peu vieilles. 2. turpes : laides. 3. foediores (+ ablatif) : plus hideuses que. 4. comites : compagnes. 5. trahisque : et tu traînes. 6. tecum : avec toi. 7. convivia : banquets. 8. porticus : portiques, galeries. 9. formosa : jolie.

Jouer avec la langue

Exercice 7 : vetus, eris

Que signifient les mots soulignés ?

1. une installation vétuste. 2. un vétéran du club. 3. L'expert a évalué la vétusté de la maison.

Exercice 8 : LE LATIN & LE GREC

1. *Le latin* omnis *signifie* tout, chaque. *Complétez ces phrases à partir du radical latin.*

1. L'animal qui mange de l'herbe est herbivore, celui qui mange de tout est … . 2. Dans ce roman, le narrateur adopte un point de vue … . 3. Ce patron s'occupe de tout et semble partout à la fois : il est … . 4. Un train qui s'arrête dans chaque gare est appelé … . 5. Un dirigeant qui a tous les pouvoirs est … . 6. La salle … est destinée à représenter tous les sports.

2. *Le grec* pas/pan *signifie aussi* tout, chaque. *Complétez ces phrases à partir du radical grec.*

1. La … consiste à tout mimer. 2. Les jeunes enfants aiment posséder une … de cow-boy. 3. Un … est un vaste paysage que l'on peut contempler de tous côtés. 4. Un remède universel, qui guérit toutes les maladies, est appelé une … . 5. Un temple consacré à tous les dieux d'une religion s'appelle un … .

Exercice 9 : récréation

Remettez de l'ordre dans les mots suivants, qui ont été coupés en deux puis mélangés.

CARBUS — MARNIBUS — ACEDENS
OMPITIS — TEITUS — PRUMPORA

Linguistes en herbe

Non licet omnibus adire Corinthum.

Il n'est pas permis à tout le monde de se rendre à Corinthe.

Telle est la traduction latine d'un proverbe grec. Les plaisirs étaient si coûteux dans la ville grecque de Corinthe que tout le monde ne pouvait y séjourner. Aujourd'hui, on emploie cette phrase lorsqu'on doit, faute d'argent, renoncer à un projet.

Prolongements

Se marier à Rome

Autel votif romain (détail : cérémonie nuptiale) (IIIe siècle)
(Rome, Musée national romain, palais Massimo des Thermes).

C'est par le mariage que les filles sortent de l'enfance : elles passent alors de la dépendance de leur père à celle de leur mari.

Les fiançailles, toujours décidées par les parents, peuvent avoir lieu plusieurs années avant le mariage ; une fois les dieux consultés, les fiancés signent un contrat, devant tous les amis de la famille, et ils échangent un anneau de fer, symbole de leur engagement.

La veille du mariage, la jeune fille offre ses poupées aux dieux lares[1], puis elle quitte sa toge prétexte[2], marque de l'enfance, pour mettre une tunique blanche et une robe de mariée. Pendant ce temps, le contrat de mariage est signé, qui précise le montant de la dot qu'apporte la mariée.

Le lendemain, la jeune mariée est coiffée et habillée par ses servantes ; elle quitte sa bulla[3], puis entre dans l'atrium où l'attendent son mari et dix témoins qui signent le contrat ; c'est alors le moment de l'union des mains : une femme âgée et fidèle prend dans ses mains celles des fiancés et les unit. On partage alors un gâteau d'épeautre (sorte de blé), avant de s'allonger pour le banquet nuptial, où l'on sert des plats traditionnels.

Pensée d'Angleterre
(Bristol, 1995-1999),
photographie de Martin Parr.

À la fin du banquet, tous les invités conduisent les mariés chez eux ; le jeune homme pénètre dans la maison de son père, tandis que sa femme s'arrête sur le seuil qu'elle orne de fleurs pour se concilier les dieux. Il ressort alors, lui demande son nom, et elle répond : « Ubi tu es Gaius, ibi ego Gaia. » Les époux sont dès lors unis pour toujours ; on les appelle désormais pater et mater, ou bien dominus et domina ; la jeune fille n'est plus puella, mais conjux ou uxor, l'épouse, et bientôt matrona, la mère de famille.

1. *Dieux lares :* dieux protecteurs du foyer domestique.
2. *Toge prétexte :* toge blanche bordée de pourpre portée par les enfants.
3. Bulla : médaillon qu'on porte autour du cou. La bulla est signe d'enfance : les garçons la quittent à seize ans, les filles en se mariant.

1. *Quelles ressemblances constatez-vous entre le mariage romain et le mariage français ? Vous paraissent-elles plus ou moins importantes que les différences ?*

2. *Traduisez la phrase prononcée par la mariée lorsqu'elle pénètre dans sa nouvelle demeure. Comment peut-on interpréter ces mots ?*

Les vestales

Certaines jeunes filles n'étaient pas destinées au mariage, mais à l'entretien du foyer de la Cité, personnifié par la déesse Vesta.

La déesse Vesta assise et entourée de quatre vestales, relief des Vestales provenant de Palerme (IIe siècle, époque flavienne) (Rome, Musée de la civilisation romaine).

Le culte était confié à six vierges qui l'assuraient chacune pendant trente ans : les dix premières années, elles s'initiaient aux rites, les dix suivantes, elles le pratiquaient, et les dix dernières, elles l'enseignaient. On choisissait comme vestale une petite fille de naissance libre entre six et dix ans, dont les deux parents étaient en vie, qui n'était ni bègue ni sourde, ni atteinte de quelque autre infirmité. Le Grand Pontife[1] dressait une liste de vingt fillettes parmi lesquelles il tirait au sort. Il accueillait l'élue par cette formule :

« Amata, je te prends comme vestale, désignée par la loi suprême, pour accomplir les rites sacrés et remplir toutes les fonctions des vestales, dans l'intérêt du peuple romain des Quirites[2]. »

Le terme consacré « prendre » signifie que la fillette était enlevée et soustraite à la puissance paternelle ; elle bénéficiait, en effet, d'un statut juridique particulier. On ne sait quelle était la réaction de ces petites filles qu'on enlevait au monde pour trente ans de virginité, ni celle des parents qu'on privait ainsi d'une enfant.

Jean-Pierre Néraudau, *Être enfant à Rome*, Les Belles Lettres, 1984.

1. *Grand Pontife* : chef des pontifes (collège de prêtres qui surveillait les pratiques de la religion). Le Grand Pontife dressait le calendrier des jours fastes (ouvrables) et néfastes (fériés).
2. *Quirites* : citoyens romains de vieille souche.

Statue de vestale, cour intérieure de la maison des Vestales (reconstruite et agrandie sous l'empire de Septime Sévère, 193-211) (Rome, Forum Romanum).

1. *Relevez les détails qui montrent qu'être vestale était un honneur pour la fillette et sa famille.*

2. *Quelle est cependant l'opinion donnée par l'auteur à ce sujet dans le dernier paragraphe ?*

Recherche

Qui était Rhéa Silvia ? Pourquoi fut-elle destinée à être vestale ?

7. Le jeune garçon

Buste de Annius Verus, fils aîné de Marc Aurèle, marbre romain (160) (Musée de l'Arles antique).

Statue d'enfant vêtu de la toge et portant la bulle (la tête est celle de Néron enfant), marbre romain (Ier siècle) (Paris, musée du Louvre).

Lire les images

1. *Quels éléments soulignent la jeunesse des personnages dans cette double page ?*

2. *En quoi l'enfant à la bulle est-il différent des autres ?*

Une sévérité excessive

Pline le Jeune raconte cette anecdote à un ami qu'il juge trop sévère envers son fils...

C. Pline à son cher Junior salut

Un père se fâchait contre son fils pour des achats un peu trop coûteux de chiens et de chevaux. Je lui dis après le départ de son fils : « Eh bien ? Et vous, n'avez-vous jamais rien fait qui mérite d'être blâmé par votre père ? » Je dis : « Avez-vous fait ? Ne faites-vous pas, par moment des choses que votre fils, s'il devenait soudain père et vous fils, blâmerait avec autant de sévérité ? Les hommes ne cèdent-ils pas tous à une erreur quelconque ? L'un ne se passe-t-il pas tel caprice, l'autre tel autre ? »

C'est à cause de notre mutuelle affection que je vous écris ces reproches, devant cet exemple de sévérité excessive, pour que vous n'alliez pas, vous aussi, traiter votre fils avec trop de rudesse et de dureté. Pensez aussi que c'est un enfant, comme vous l'avez été et, puisque vous êtes un père, agissez en vous rappelant que vous êtes un homme et père d'un homme. Adieu.

PLINE LE JEUNE (61-114), *Lettres*, livre IX, 12, trad. des auteurs.

Enfants, détail de l'Ara Pacis Augustae, frise sud avec procession des proches de la maison impériale (IXe siècle), marbre (Rome).

Lire le texte

1. *Quel trait de caractère le père reproche-t-il à son fils ?*

2. *Pourquoi Pline trouve-t-il ce père trop sévère ?*

3. *Classez ses arguments pour le convaincre à plus d'indulgence.*

4. *Quel autre argument utilise-t-il dans le second paragraphe pour convaincre son ami de ne pas être lui-même trop sévère ?*

Lire en latin

Un secret bien gardé

À Rome, les sénateurs pouvaient entrer à la Curie avec leurs fils. Alors qu'un jour, on avait délibéré au Sénat sur une affaire assez importante, on la reporta au lendemain ; on demanda à tous de garder le secret jusqu'à ce qu'une décision soit prise...

Mater Papirii pueri, qui cum parente suo in curia fuerat, percontata est filium quidnam in senatu patres egissent[1]. Puer respondit tacendum esse[2] neque id dici licere[3]. Mater fit audiendi cupidior[4] ; quaerit igitur compressius[5] violentiusque. Tum puer, **matre urgente**, festivi[6] mendacii consilium capit. « Actum in senatu dixit, utrum videretur utilius esse unusne[7] ut duas uxores haberet, an[8] ut una apud duos nupta esset[9]. » Hoc illa ubi audivit, animus compavescit[10], domo **trepidans** egreditur[11] ad ceteras matronas ; pervenit ad senatum postridie matrum familias caterva[12]. **Lacrimantes** atque **obsecrantes**[13] orant una potius ut duobus nupta fieret[14] quam ut uni duae. Senatores, **ingredientes**[15] in curiam, mirabantur[16]. Puer Papirius in medium curiae progressus[17], rem sicut fuerat[18], denarrat[19]. Senatus fidem[20] atque ingenium pueri exosculatur[21].

AULU-GELLE (mort vers 130), *Nuits attiques*, livre I, 23 (extraits), Les Belles Lettres, 1989.

1. percontata est quidnam in senatu patres egissent : demanda ce que les sénateurs avaient fait au Sénat.
2. tacendum esse : qu'il fallait se taire.
3. neque id dici licere : et qu'il ne lui était pas permis de le dire.
4. fit audiendi cupidior : devint plus désireuse de l'entendre.
5. compressius : plus fortement.
6. festivus, a um : spirituel.
7. unusne : qu'un seul homme.
8. actum... utrum videretur utilius esse... an : on a discuté pour savoir s'il était plus utile... ou.
9. nupta esset : soit mariée.
10. animus compavescit : elle prend peur.
11. trepidans egreditur : elle sort en tremblant.
12. matrum familias caterva : la troupe des mères de famille.
13. lacrimantes atque obsecrantes : pleurant et suppliant.
14. nupta fieret : soit mariée.
15. ingredientes : entrant.
16. mirabantur : s'étonnaient.
17. progressus : s'étant avancé.
18. rem sicut fuerat : l'affaire telle qu'elle s'était passée.
19. denarrat : raconte.
20. fidem : loyauté.
21. exosculatur : félicite.

Lire le texte

1. trepidans egreditur : elle sort (en) tremblant
lacrimantes et obsecrantes : pleurant et suppliant

a. *À quelle forme verbale française correspondent les verbes soulignés ?*
b. *À quelle déclinaison vous font penser les désinences de ces mots ?*

2. *Sur le modèle de* infans, tis, m : petit enfant, *déclinez* trepidans, tis.

3. amans - videns - dicens - audiens - faciens

Quelles ressemblances et quelles différences observez-vous entre ces participes présents ?

4. matre urgente : sa mère le pressant de questions

a. *Observez la terminaison de ces mots latins : quelle est la fonction de cette expression ?*
b. *Proposez une autre traduction.*

Grammaire

Formation et déclinaison du participe présent

Le participe présent se forme sur le **radical du présent**.

– Première conjugaison : **amans, antis**
– Deuxième et troisième conjugaisons : **habens, entis** **dicens, entis**
– Conjugaison mixte et quatrième conjugaison : **capiens, ientis** **audiens, ientis**

amans, antis : aimant	**singulier**		**pluriel**	
	masculin et féminin	**neutre**	**masculin et féminin**	**neutre**
N.	amans	amans	amantes	amantia
Acc.	amantem	amans	amantes	amantia
G.	amantis	amantis	amantium	amantium
D.	amanti	amanti	amantibus	amantibus
Abl.	amante	amanti	amantibus	amantibus

Accord et traduction du participe présent

- En latin, le participe présent s'accorde toujours en **cas**, en **genre** et en **nombre** avec le nom qu'il accompagne :
  senatores ingredientes in curiam : *les sénateurs entrant dans la Curie.*
- On peut traduire le participe présent soit par un participe présent français, soit par une subordonnée relative :
  senatores ingredientes in curiam : *les sénateurs, entrant dans la Curie.*
  les sénateurs, qui entraient dans la Curie.
- Le participe présent peut aussi faire partie d'un ablatif absolu et occuper la fonction de **complément circonstanciel** (➞ p. 41) :
  matre urgente : *comme sa mère le pressait de questions.*

Exercices

Vocabulaire

Nom de la 1re déclinaison

curia, ae, f : Curie (lieu où le Sénat s'assemblait)

Noms de la 2e déclinaison

ingenium, ii, n : esprit, talent, ingéniosité
mendacium, ii, n : mensonge
parens, entis, m/f : père, mère, parent

Adjectifs

cupidus, a, um (+ génitif) : désireux de
unus, a, um (génitif unius, datif uni) : un, un seul

Verbes

nubo, is, ere, nupsi, nuptum : épouser (en parlant de la femme)
oro, as, are, avi, atum : prier
pervenio, is, ire, veni, ventum : parvenir
quaero, is, ere, sivi, situm : demander
trepido, as, are, avi, atum : s'agiter, trembler
urgeo, es, ere, ursi : presser

Mots invariables

postridie : le lendemain
potius quam : plutôt que
sicut : comme

Appliquer

Exercice 1 : former le participe présent

Donnez le participe présent des verbes suivants, au nominatif et au génitif singulier.

intro - trepido - sedeo - timeo - urgeo - ago - gero - quaero - jacio - scio - pervenio - laboro - scribo - lego - venio - do.

Exercice 2 : traduire le participe présent

Traduisez en français les phrases suivantes, en utilisant soit un participe présent, soit une subordonnée relative.

1. Puer currens venit. **2.** Video virum laborantem. **3.** Audimus puerum mendacium dicentem. **4.** Scribit patri roganti. **5.** Cives, hostes timentes, urbem defendebant. **6.** Respondemus parentibus interrogantibus.

Exercice 3 : traduire l'ablatif absolu

Traduisez en français les ablatifs absolus suivants, en variant les formulations.

1. puero veniente. **2.** hoste feriente. **3.** poeta scribente. **4.** matre lacrimante. **5.** infante timente. **6.** matrona ad senatum perveniente. **7.** consule jubente. **8.** virgine nubente. **9.** cive interrogante. **10.** puero ridente.

Exercice 4 : transposer au pluriel

Mettez les expressions de l'exercice précédent au pluriel.

Exercice 5 : transformer à l'ablatif absolu

Transformez la première proposition de chacune de ces phrases en ablatif absolu, puis traduisez en français.

1. Cum dominus venit, servi laborant.
2. Cum grammaticus legit, pueri audiunt.
3. Cum hostes veniunt, cives fugiunt.
4. Cum matronae jubent, mariti parent.
5. Cum magister urget, puer respondet.

Exercice 6 : retenir le texte

Retrouvez de mémoire la traduction des phrases suivantes.

1. Puer cum parente suo in curia fuerat. **2.** Puer, matre urgente, mendacii consilium capit. **3.** Matrona domo trepidans egreditur. **4.** Puer rem denarrat. **5.** Senatus ingenium pueri exosculatur.

Exercice 7 : lire en latin

Traduisez ce texte en français.

De lusu[1] et severitate

Atticus quidam[2] vidit Aesopum[3] nucibus[4] ludentem cum pueris : restitit et risit. Tum Aesopus arcum retensum[5] in media via posuit. Cur[6], inquit, id feci ? Concurrit populus. Atticus causam quaerit, sed non intellegit. Tum victor Aesopus :

« Cito[7] rumpes[8] arcum semper tensum, sed si laxaris[9], cum voles[10] erit utilis.

Sic lusus animo aliquando dare debes, ut melior sis[11] ad cogitandum[12]. »

D'après PHÈDRE, *Fables*, III, 14.

1. lusus, us, m : amusement. 2. quidam Atticus : un (certain) Athénien. 3. Aesopus, i, m : Ésope (fabuliste grec.) 4. nux, nucis, f : noix. 5. arcum retensum : un arc détendu. 6. cur : pourquoi ? 7. cito : vite. 8. rumpes : futur de rumpo, is, ere, rupi, ruptum : rompre. 9. si laxaris : si tu le détends. 10. cum voles : quand tu le voudras. 11. ut sis : pour que tu sois. 12. ad cogitandum : pour penser.

Jouer avec la langue

Exercice 8 : retrouver l'origine des mots

Complétez ces phrases à l'aide d'un mot dérivé du mot latin indiqué entre parenthèses.

1. Vous devez finir ce travail au plus vite, c'est … . (urgeo) 2. Le procureur a prononcé un sévère … contre l'accusé. (quaero) 3. Une petite chapelle destinée à la prière s'appelle un … . (oro) 4. Harpagon, l'avare de Molière, était un vieillard méchant et … . (cupidus) 5. L'antiquaire nous a dit que ce vase était une pièce … . (unus) 6. D'après la loi française, les jeunes filles sont … à dix-huit ans. (nubo)

Exercice 9 : LE LATIN & LE GREC

Doceo, es, ere, cui, ctum *en latin et* didaskô *en grec signifient* enseigner.

1. *Complétez ces phrases à partir du latin.*

1. Les élèves qui écoutent tous les conseils de leur professeur sont très … . 2. Cet orateur prétentieux parle d'un ton … . 3. Consultez ces … pour vous renseigner. 4. Ce … sur les animaux passe ce soir à la télévision. 5. Il a bien réussi ses études : il est … en droit. 6. Chaque philosophe expose sa … .

2. *À partir du grec, expliquez ce que signifient les expressions suivantes.*

1. un ouvrage didactique. 2. la lecture des didascalies. 3. un écrivain autodidacte.

Exercice 10 : récréation

Cherchez les antonymes des mots suivants et vous découvrirez verticalement un mot en rapport avec ce chapitre.

filius
servus
dives
vir

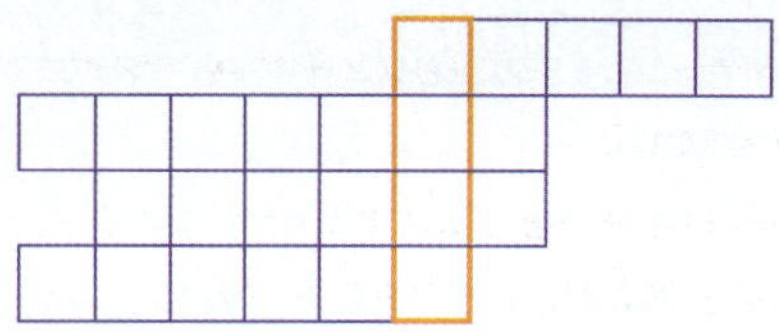

Linguistes en herbe

Audentes fortuna juvat.

La fortune favorise les audacieux.

Ce vers de Virgile (*Énéide*, X, 284) est un éloge de l'audace. On pourrait le rapprocher d'une phrase de Danton qui encouragea les révolutionnaires, en 1792, par ses discours enflammés : « De l'audace, encore de l'audace, toujours de l'audace ! »

Prolongements

Naître garçon…

À sa naissance l'enfant doit être reconnu par son père (➠ p. 57). Le neuvième jour, il est « purifié » (lustratus) et on suspend à son cou une bulle (bulla) en or ou en cuir. Dans la petite enfance, le garçon est élevé par sa mère. À partir de sept ans, c'est le père qui prend en main son éducation.

Vers seize ans, il entre dans l'âge d'homme, dépose sa bulle et sa toge prétexte, la toge blanche bordée de pourpre qui est celle des enfants, pour prendre la toge virile (de vir, viri, m : l'homme), appelée aussi « toge libre » ou « toge unie » : elle n'a pas de bande pourpre et elle symbolise la vie d'homme libre. Cette importante cérémonie a lieu lors des fêtes de Bacchus, les Liberalia, et est très solennelle. Le jeune garçon consacre aux dieux lares les marques de son enfance.

Sarcophage de M. Cornelius Status (milieu du IIe siècle), marbre romain (Paris, musée du Louvre).

Étudier

L'enfant riche est confié à partir de sept ans à un pédagogue, du grec paidagôgos, *« esclave qui conduit les enfants ». Les autres garçons et filles vont à l'école primaire de sept à douze ans. Ils ont une journée de congé tous les neuf jours et des vacances seulement en été. Le* ludi magister, *maître d'école, leur apprend à lire, écrire et compter. Peu considéré, il est mal payé, souvent mauvais enseignant et très cruel…*

Puis on me mit à l'école pour apprendre mes lettres ; pauvre que j'étais, je ne voyais pas à quoi cela servait, et pourtant quand je me montrais paresseux à apprendre, je recevais des coups. Les grandes personnes trouvaient cela parfait. Nos nombreux devanciers dans la vie nous avaient préparé ces sentiers douloureux par où il nous fallait passer, au prix d'un surcroît de labeur et de souffrance !

AUGUSTIN (354-430), *Confessions*, livre I, IV (extraits),
trad. P. de Labriolle, Les Belles Lettres, 1990.

1. a. *Quels sont les reproches adressés aux adultes par saint Augustin ?*
b. *Pourquoi n'aime-t-il pas l'école ?*

2. *Retrouvez sur le sarcophage les étapes de la vie d'un enfant.*

Ce roman dont les héros sont de jeunes Romains commence dans une salle de classe...

Photographie de Paul Almasy, 1960.

Le profond silence qui régnait depuis un moment dans la classe fut soudain troublé par des rires étouffés. Seul Mucius, le meilleur élève de l'école, ne se laissa pas distraire dans son travail et continua à écrire sur sa tablette de cire. Mais lorsque son voisin Antoine lui eut poussé le coude à deux ou trois reprises, il finit par s'interrompre pour jeter un coup d'œil autour de lui et voir ce qui provoquait l'hilarité discrète des autres élèves. Il s'aperçut alors que son ami Rufus venait de réussir un tour peu ordinaire : il avait subrepticement quitté sa place et, par un savant mouvement tournant, était parvenu à se glisser derrière le maître qui, plongé dans sa lecture, n'avait rien remarqué. Puis il avait accroché au mur sa tablette qui portait l'inscription suivante, tracée en grandes majuscules visibles de loin : Caius est un âne[1]. Les écoliers pouffaient de rire, à l'exception de ce gros benêt de Caius qui contenait difficilement sa fureur.

Henry WINTERFELD, *L'Affaire Caius*, trad. O. Séchan, Hachette, 1955.

1. Des fouilles à Pompéi ont permis de mettre au jour le mur d'un temple sur lequel une main enfantine avait tracé ces mots : Caius asinus est. C'est cette inscription qui a donné à l'auteur l'idée de ce roman.

De douze à seize ans, les garçons vont chez le grammaticus, *qui leur fait apprendre par cœur des textes grecs et latins. Il leur enseigne aussi à commenter les textes.*

Pour quel motif avais-je en horreur le grec, que tout enfant on m'inculquait déjà ? Aujourd'hui même, je ne m'en rends pas bien compte. Car j'aimais beaucoup le latin, tel que l'enseignent, non pas les tout premiers maîtres, mais les « grammairiens », comme on les appelle. En effet les premiers éléments, lecture, écriture, calcul, ne me paraissaient pas moins accablants et pénibles que le grec.

AUGUSTIN (354-430), *Confessions*, livre I, XIII, trad. P. de Labriollle, Les Belles Lettres, 1990.

De seize à dix-huit ans, c'est le rhetoricus, *professeur d'éloquence, qui apprend aux élèves à composer et à déclamer, exclusivement en grec.*

Ce qui fait de nos écoliers autant de maîtres sots, c'est que, de tout ce qu'ils voient et entendent dans les classes, rien ne leur offre l'image de la vie. Ne vous en déplaise, ô rhéteurs, c'est vous les premiers qui avez tué l'éloquence. En la réduisant à une musique vaine et creuse, à des jeux de mots ridicules, vous avez fait du discours un corps sans force et sans vie.

PÉTRONE (mort en 65), *Satiricon*, 2 (extraits), trad A. Ernout, Les Belles Lettres, 1967.

1. *Montrez que les élèves du premier texte ont les mêmes réactions que ceux d'aujourd'hui.*

2. *À quel détail du deuxième texte voit-on, comme dans le précédent du même auteur (➨ p. 70), que saint Augustin n'aime pas l'école ? Pensez-vous qu'il déteste réellement les études ?*

3. *Relevez les deux critiques de Pétrone. Expliquez l'expression « une musique vaine et creuse ».*

8. La femme

Buste d'une romaine (coiffure typique de la période des Flaviens) (Rome, Musée de la civilisation romaine).

Satyricon (1969), film de Federico Fellini (1920-1993), avec Magali Noël dans le rôle de Fortunata.

Lire les images

1. *Quels types de documents sont présentés ci-dessus ? De quelle époque datent-ils ?*

2. *Quels points communs présentent ces deux images féminines ?*

3. *En quoi ces images illustrent-elles bien les propos de Juvénal dans le texte ci-contre ?*

La beauté féminine

Les soins de beauté étaient déjà très sophistiqués dans l'Antiquité. Les belles Égyptiennes aimaient prendre des bains de lait. Les Romaines, quant à elles, s'épilaient abondamment, avec un mélange de résine et de poix. Leur maquillage n'était pas du tout semblable au nôtre ; sur le visage, elles mettaient de la céruse, sorte de fond de teint très blanc. Un rouge à joues carmin rehaussait fortement les pommettes. Les yeux étaient fardés, à la manière des Arabes, avec de la mine de plomb. Comme nos belles dames d'antan, les Romaines aimaient se faire des mouches.

Juvénal consacre une satire de 661 vers aux femmes mariées : aucune ne trouve grâce à ses yeux...

Miroir en argent romain de la maison de Ménandre à Pompéi (Naples, Musée archéologique).

Rien de plus intolérable qu'une femme riche. Risible et hideuse à voir, sa face est gonflée d'une couche épaisse de mie de pain : c'est à cette glu que se prennent les lèvres du pauvre mari. Pour l'amant, on se lave la peau ! Mais la voici qui débarrasse son visage et met de côté la première couche : on commence à la reconnaître. Je le demande, ce visage sur lequel il faut appliquer tous ces ingrédients, ces cataplasmes humides de farine cuite, doit-on appeler ça un visage ou un ulcère ?

Elle a pris un rendez-vous. Elle veut être plus belle que d'ordinaire. Elle se dépêche, car déjà on l'attend aux jardins. La pauvre Psecas est en train de la coiffer : « Cette boucle est trop haute. Pourquoi cela ? » Le nerf de bœuf punit sans délai ce crime. Qu'a donc fait Psecas ? Est-ce sa faute, à cette fille, si ton nez te déplaît ? Une autre, du côté gauche, brosse les cheveux, les peigne, les roule en anneaux. Assiste à la délibération une vieille esclave de famille. Que d'étages superposés, quelle architecture dans cet édifice dont elle charge et surélève sa tête ! Vue de face, on la prendrait pour une Andromaque[1]. Vue de dos, sa taille diminue, on dirait une autre femme. Que sera-ce si, n'ayant reçu en partage qu'une taille minuscule, elle ne paraît pas plus haute, sans ses cothurnes[2], qu'une pygmée et doit se dresser agilement sur la pointe des pieds pour se faire embrasser ?

De son mari, dans tout cela, elle ne se préoccupe pas, non plus que des dépenses qu'elle lui cause.

JUVÉNAL (env. 60-env. 130), *Satires*, 6 (extraits),
trad. P. de Labriolle et F. Villeneuve, Les Belles Lettres, 1921 (1983).

1. *Andromaque*, épouse d'Hector, aurait été, paraît-il, une grande femme. **2.** *Cothurnes* : chaussures à hautes semelles de bois, portées notamment par les acteurs.

Lire les textes

1. *En quoi le maquillage des Romaines est-il différent de celui que nous connaissons actuellement ?*

2. *Quel type de femme Juvénal attaque-t-il en particulier ?*

3. *Quels sont les défauts que Juvénal dénonce chez la femme ? Comment en fait-il la satire ?*

Une femme exemplaire

C. Plinius Macro suo S.

Navigabam per **Larium nostrum**[1] cum senior[2] amicus ostendit mihi villam atque etiam cubiculum, quod **in lacum** prominet[3] : « **Ex hoc**, inquit, aliquando, municeps nostra[4] cum marito se praecipitavit. » Causam requisii. « Maritus ex diutino morbo[5] ulceribus putrescebat[6]. Uxor vidit, desperavit ; hortata est ut moreretur[7], comesque ipsa[8] mortis, dux immo et exemplum[9] fuit. Nam se cum marito ligavit, abjecitque **in lacum**. »

PLINE LE JEUNE (61-114), *Lettres*, VI, 24 (extraits).

1. per Larium nostrum : à travers notre lac Larius (le lac de Côme).
2. senior : assez âgé.
3. prominet : surplombe.
4. municeps nostra : une femme de notre ville.
5. ex diutino morbo : à la suite d'une longue maladie.
6. ulceribus putrescebat : était infesté d'ulcères.
7. hortata est ut moreretur : l'encouragea à mourir.
8. ipsa : elle-même.
9. dux immo et exemplum : ou plutôt son guide et son exemple.

Lire le texte

1. **a.** *À quel moment se situe l'anecdote rapportée entre guillemets, par rapport au début de la première phrase ?*
b. *Comment appelle-t-on ce procédé au cinéma ?*

2. ex <u>hoc</u> : de là
se abjecit in <u>lacum</u> : elle se jeta dans le lac
a. *À quel cas sont les mots soulignés ?*
b. *Quelle est leur fonction en français ?*
c. *Quelles sont les prépositions qui les introduisent ?*

3. in <u>lacum</u> se abjecit *(accusatif)*
in <u>curia</u> fuerat *(➡ p. 66)* : il avait été dans la curie *(ablatif)*
Pourquoi les mots soulignés ne sont-ils pas au même cas ?

4. per Larium nostrum
a. *Quelle préposition introduit ce complément de lieu ?*
b. *À quel cas se met le nom placé derrière le complément ?*

5. in lacum : dans le lac
a. *À quel cas se trouve* lacum *?*
b. *Quel nominatif et quel génitif s'attend-on à trouver pour ce nom ? Comparez votre réponse avec le vocabulaire* ➡ *p. 76.*

Grammaire

Le verbe eo ➞ tableaux p. 180-184

Eo, is, ire, i(v)i, itum : *je vais* est un verbe irrégulier et fréquent.

ire : aller	
indicatif présent	
eo is it imus itis eunt	
indicatif imparfait	ibam, ibas…
indicatif parfait	i(v)i, i(v)isti…
participe présent	iens, euntis

La quatrième déclinaison

On reconnaît les mots de la 4e déclinaison à leur **génitif** en **-us**. La plupart des mots de cette déclinaison sont masculins, mais **manus**, le plus fréquent, est féminin.

manus, us, f : la main		
	singulier	**pluriel**
N.	manus	manus
V.	manus	manus
Acc.	manum	manus
G.	manus	manuum
D.	manui	manibus
Abl.	manu	manibus

Les compléments circonstanciels de lieu

À chaque complément circonstanciel de lieu correspondent une **préposition** et un **cas** spécifiques.

Lieu…	Question	Réponse	Exceptions
où l'on est	**Ubi es ?** **Où** *es-tu ?*	**in + ablatif** **In Italia sum.** *Je suis en Italie.*	**Romae[1] sum.** *Je suis à Rome.* **domi[1], ruri[1]** *à la maison, à la campagne*
où l'on va	**Quo is ?** **Où** *vas-tu ?*	**in + accusatif** **In Italiam eo.** *Je vais en Italie.*	**Romam eo.** *Je vais à Rome.* **domum, rus** *dans la maison, à la campagne.*
d'où l'on vient	**Unde venis ?** **D'où** *viens-tu ?*	**e(x)[2] + ablatif** **Ex Italia venio.** *Je viens d'Italie.*	**Roma venio.** *Je viens de Rome.* **domo, rure** *de la maison, de la campagne*
par où l'on passe	**Qua iter facis ?** **Par où** *passes-tu ?*	**per + accusatif** **Per Italiam iter facio.** *Je passe par l'Italie.*	

1. Ces noms ne sont pas à l'ablatif mais à un cas disparu, le locatif. Le locatif est, en général, identique au génitif.
2. Ex devant une voyelle, e devant une consonne.

Exercices

Vocabulaire

Noms

comes, itis, m/f : compagnon, compagne
cubiculum, i, n : chambre à coucher
domus, us, f (locatif domi, ablatif domo) : maison
exercitus, us, m : armée
iter, itineris, n : route, voyage
lacus, us, m : lac
manus, us, f : main, troupe
maritus, i, m : mari
rus, ruris, n (locatif ruri) : campagne
senatus, us, m : sénat

Mots invariables

aliquando : un jour
etiam : même, encore, en plus

Verbes

abjicio, is, ere, jeci, jectum : jeter, rejeter
iter facio, is, ere, feci, factum : voyager, faire route, passer
requiro, is, ere, requisi(v)i, itum : demander
spero, as are, avi, atum : espérer

Verbes composés de eo et de même conjugaison

exeo, is, ire, ivi (ii : rare), itum : sortir
redeo, is, ire, ivi (ii : rare), itum : revenir
transeo, is, ire, ivi (ii : rare), itum : traverser

Appliquer

Exercice 1 : traduire les compléments de lieu

Traduisez en français les phrases suivantes.

1. Domi est matrona. **2.** In civitatem it imperator. **3.** Romam imus. **4.** Ex urbe redimus. **5.** Hostes per Italiam transeunt. **6.** In senatum cives eunt. **7.** Rure redimus.

Exercice 2 : répondre en latin

Trouvez des réponses en latin à ces questions.

1. Ubi servi laborant ? **2.** Quo ibat Papirii mater ? **3.** Quo eunt Romani cives ? **4.** Unde veniunt hostes ? **5.** Qua transit flumen ?

Exercice 3 : associer

Associez questions et réponses.

Ubi vivebat Caesar ?	Domum.
Quo eunt milites ?	Per Graeciam.
Ubi est flumen Sequana ?	E foro.
Unde veniunt cives ?	In Gallia.
Quo it puer ?	In Italia.
Qua it juvenis ?	In Galliam.

Exercice 4 : retenir le texte

Retrouvez les mots manquants dans le texte.

Navigabam ... Larium nostrum, cum ... amicus ostendit mihi ... atque etiam ... quod in lacum prominet.
« ..., inquit, aliquando, municeps nostra cum ... se praecipitavit. Causam requisii. Maritus ... diutino ... ulceribus putrescebat. Uxor..., desperavit. Nam se ... marito ligavit ...que in lacum. »

Exercice 5 : retenir la 4e déclinaison

Complétez les phrases suivantes au singulier et au cas qui convient.

1. Magnum lac... videmus. **2.** In lac... natamus. **3.** Lac... aqua clara est. **4.** In lac... mulier se praecipitavit. **5.** Lac... magnus est.

Exercice 6 : transposer au pluriel

Mettez au pluriel les phrases précédentes, en effectuant toutes les modifications nécessaires.

Exercice 7 : lire en latin

Traduisez ce texte en français.

Une sévère coutume

Viri in uxores sicuti[1] in liberos vitae necisque[2] habent potestatem; et cum pater familiae illustriore loco[3] natus decessit, ejus propinqui[4] conveniunt et, de morte si res[5] in suspicionem venit, de uxoribus in servilem modum[6] quaestionem habent[7] et, si compertum est[8] igne atque omnibus tormentis excruciatas[9] interficiunt.

CÉSAR, *Guerre des Gaules*, VI, 19.

1. sicuti : comme. 2. necisque : et de mort. 3. illustriore loco : de famille assez illustre. 4. ejus propinqui : ses proches. 5. res : quelque chose. 6. in servilem modum : à la manière des esclaves. 7. quaestionem habent : soumettent à la torture. 8. si compertum est : si leur culpabilité est reconnue. 9. excruciatas : après les avoir torturées.

Jouer avec la langue

Exercice 8 : eo, is, ire, i(v)i, itum

Le verbe eo *et ses composés sont à l'origine de nombreuses expressions passées dans notre langue.*

1. *Où trouve-t-on l'inscription* exit ?

2. *Donnez la définition des mots soulignés.*

1. un transit. 2. un verbe transitif. 3. un itinéraire. 4. un circuit (circum : autour).

Exercice 9 : domus, us, f

Complétez avec des mots dérivés de domus.

1. Les travaux … sont souvent très ennuyeux. 2. Cet agriculteur est à la tête d'un vaste … . 3. Certains animaux refusent de se laisser … . 4. Nous traversons une superbe forêt … . 5. Les oiseaux ont élu … dans ce grand chêne.

Exercice 10 : LE LATIN & LE GREC

1. Manus, us, f, *désigne* la main *en latin.*

a. *Expliquez le rapport entre ce mot latin et la signification des mots soulignés suivants.*

1. le manche d'une charrue. 2. prêter main-forte. 3. un métier manuel. 4. un manœuvre habile. 5. un ouvrage manuscrit. 6. manipuler des colis. 7. des boutons de manchette. 8. passer les menottes. 9. maintenir l'ordre. 10. tourner la manivelle.

b. *Que signifie l'expression* expulser les perturbateurs manu militari ?

2. *En grec, c'est le mot* cheir *qui désigne la main.*

a. *Comment s'appelle* la personne qui lit dans les lignes de la main ?

b. *Et* le médecin qui opère (erg- : travailler) *avec ses mains ?*

c. *Quel est le nom savant des* chauves-souris ?

Exercice 11 : récréation

Retrouvez les couples de l'Antiquité.

Hélène — Hécube — Amphitryon — Eurydice — Pénélope — Alcmène — Priam — Cléopâtre — Énée — Pâris — Ulysse — César — Orphée — Junon — Hercule — Terentia — Jupiter — Cicéron — Didon — Déjanire

Linguistes en herbe

Omnia vincit amor.

L'amour triomphe de tout.

Cette expression est extraite d'un vers de Virgile (*Églogues*, X, 69). Elle désigne l'Amour personnifié, qui triomphe des hommes et des dieux.

Prolongements

Être femme à Rome

Trône Ludovisi : femme posant des grains d'encens dans un brûle-parfum (Ve siècle av. J.-C.), marbre de Thassos (Rome, Musée national romain, palais Altemps).

La littérature nous livre des portraits féminins très variés : des femmes coquettes comme celles décrites par Juvénal (➡ p. 73) ou fidèles comme l'épouse présentée par Pline (➡ p. 74).

Domum servavit, lanam fecit : *Elle a tenu sa maison, elle a filé la laine,* telle est le type d'inscription que l'on pouvait lire sur une tombe romaine. Certaines femmes eurent une destinée plus aventureuse, même si le mariage semble être à l'époque l'objectif le plus louable…

Femmes scandaleuses, femmes vertueuses…

Très longtemps le divorce demeura exceptionnel. On citait le cas d'un certain P. Sempronius Rufus qui avait répudié sa femme parce qu'elle était allée aux jeux sans sa permission, et celui de Sp. Carvilius Ruga, un sénateur qui avait répudié la sienne parce qu'elle était stérile. À partir de la seconde moitié du IIe siècle av. J.-C., les mœurs se transformèrent au point que, vers la fin de la république, le divorce était devenu extrêmement fréquent et constituait une sérieuse menace à la stabilité des familles.

Les auteurs anciens nous ont conservé le souvenir de certains divorces particulièrement scandaleux. On connaît le mot de Sénèque sur certaine femme « qui comptait les années non par le nombre de consuls, mais par le nombre de ses maris » et l'anecdote rapportée par saint Jérôme d'une femme qui, à Rome, avait eu vingt-deux maris avant de se remarier une fois encore – et avec un homme qui avait eu déjà vingt épouses !

Il est possible d'évoquer d'autres portraits de femmes bien différents, et aussi vrais. Tacite célèbre dans les *Annales* toute une galerie d'épouses héroïques, telle cette Arria, femme de Caecina Paetus, qui voulut mourir en même temps que son mari, condamné à mort par Claude, ou encore Paulina, la femme de Sénèque, qui dans les mêmes circonstances, s'ouvrit les veines et ne dut son salut qu'à l'intervention des soldats.

Pierre GRIMAL, *La Civilisation romaine,* Arthaud (extraits), 1995.

Jeune fille dansant, relief romain du IIe siècle (Rome, Musée de la civilisation romaine).

Observez les illustrations de cette double page : quels aspects de la femme évoquent-elles ?

Un célibataire endurci

Moins élogieux, Plaute donne la parole à un farouche célibataire qui justifie ainsi son choix de vie.

Car, sans doute, c'est une douce chose que d'avoir chez soi une bonne épouse, s'il y avait un endroit au monde où l'on puisse découvrir ce trésor. Mais moi, j'irais m'embarrasser d'une femme qui jamais ne me dirait : « Achète-moi de la laine, mon cher mari, pour que je te fasse faire un manteau moelleux et chaud, de bonnes tuniques épaisses qui te protègent du froid cet hiver » (jamais on n'entend un mot pareil tomber de la bouche d'une épouse), mais, avant même que les coqs ne chantent, qui me réveillerait pour me dire : « Mon cher mari, donne-moi de quoi faire un cadeau à ma mère pour les calendes, donne-moi de quoi faire des confitures ; donne-moi de quoi donner, le jour des Quinquatries[1], à la conjureuse de sorts, à l'interprète des songes, à la devineresse, à l'haruspice. Ce sera un scandale si l'on n'envoie rien à la voyante qui lit dans les sourcils. Et la plieuse de vêtements, il serait inhumain de ne pas lui payer ses services. Il y a longtemps que la cirière[2] se plaint de n'avoir rien reçu ; et puis la sage-femme est venue me réclamer, parce qu'on lui avait envoyé trop peu. Ah ! Est-ce que tu n'enverras pas quelque chose à la nourrice de tes petits esclaves ? » Ce sont toutes ces exigences de femmes, et mille autres ruines semblables, qui me détournent du mariage, où m'attendraient de pareils entretiens.

PLAUTE (254-184 av. J.-C.), *Miles Gloriosus*, v. 685-701,
trad. A. Ernout, Les Belles Lettres, 1956.

La Primavera, peinture murale romaine provenant de Stabies, Pompéi (Naples, Musée national d'archéologie).

1. *Quinquatries :* fête célébrée, en l'honneur de Minerve, cinq jours avant les ides. 2. *Cirière :* sans doute la repasseuse.

1. *Quel reproche essentiel cet homme adresse-t-il aux femmes ?*

2. *Expliquez les expressions suivantes : « conjureuse de sorts », « interprète des songes », « devineresse », « haruspice », « voyante qui lit dans les sourcils » (l. 15-18).*

3. *Que pense le personnage de ce genre de personnes ? En conséquence, que reproche-t-il à la femme qui pourrait être son épouse ?*

9. L'esclave

Esclave noir, les mains liées dans le dos (IIe/Ier siècle av. J.-C.), trouvé à Memphis (Égypte), bronze, ht : 13,2 cm (Paris, musée du Louvre).

Préparatifs d'une fête dionysiaque (détail : esclave portant un plat), mosaïque romaine fragmentaire trouvée à Carthage (IIe siècle) (Paris, musée du Louvre).

Cueillette de coton dans un champ en Géorgie (1860-1870) (États-Unis).

Lire les images

1. *À quoi voit-on que les personnages représentés sont des esclaves ?*
2. *En quoi la photographie des esclaves nord-américains fait-elle écho à la représentation de l'esclave noir enchaîné ?*

Un esclave dévoué

Dans l'Aulularia, pièce de Plaute qui a inspiré à Molière L'Avare, *l'esclave Strobile (La Flèche chez Molière) réfléchit sur sa condition d'esclave...*

N'est-ce pas le fait d'un bon esclave d'agir comme je fais et d'exécuter sans retard ni mauvaise humeur les ordres de son maître ? L'esclave qui veut que le maître soit content de son service doit d'abord penser à son maître et ne songer à soi qu'après. A-t-il sommeil, il ne lui faut pas, en dormant, oublier qu'il est esclave. Quand on est au service d'un maître amoureux, comme c'est mon cas, si on le voit dominé par la passion, le devoir d'un bon esclave, selon moi, c'est de le retenir pour essayer de le sauver, et non pas de le pousser sur la pente où son penchant l'entraîne. Qu'il apprenne à connaître les ordres de son maître ; que ses yeux sachent lire sur son front ce qu'il veut. Que plus vite qu'un quadrige au galop, il se hâte d'exécuter ses commandements. Quiconque prendra ce soin n'aura pas à subir la censure des nerfs de bœuf, et ne fera jamais briller à ses dépens le fer des entraves.

PLAUTE (254-184 av. J.-C.), *Aulularia* (extraits), trad. A. Ernout, Les Belles Lettres, 1963.

Au marché des esclaves

Des filles étaient aussi achetées pour servir la maîtresse de maison...

J'allai au marché pour acheter une autre esclave. Mais par les dieux ! elles étaient devenues si chères, et l'argent était si rare, que je me disposais à quitter la place avec un vrai désespoir, lorsqu'un marchand m'attira par la robe. « Maîtresse, dit-il, veux-tu acheter une esclave à bon marché ? J'ai une enfant à vendre ; un marché d'or ! Elle est très petite, toute jeune encore, c'est vrai ; mais elle est vive et douce, docile et adroite ; elle chante bien et elle est de bonne race, je t'assure. – De quelle contrée est-elle ? dis-je. – De Thessalie. » Je savais que les Thessaliennes étaient avisées et gentilles ; je lui demandai à voir la fille. Je la trouvai comme vous la voyez maintenant. Elle avait un air patient et résigné, les mains croisées sur sa poitrine et les yeux baissés. Je m'informai du prix. Il était raisonnable, et je l'achetai sur-le-champ. Le marchand l'amena à la maison et disparut aussitôt. Songez, mes amis, à mon étonnement lorsque je m'aperçus qu'elle était aveugle. Ah ! ah ! un rusé coquin que ce marchand !

Edward BULWER LYTTON, *Les Derniers Jours de Pompéi* (extraits), Gallimard, coll. « Milles Soleils », 1984.

Jeune servante (détail), relief funéraire de Virunum en Carinthie (Allemagne, musée de Klagenfurt).

Lire les textes

1. a. *Quels sont les devoirs d'un bon esclave d'après Strobile dans le premier texte ?*
b. *Que peut-il craindre s'il ne fait pas son travail vite et bien ?*
c. *À quoi voit-on que Strobile éprouve de l'affection pour son maître ?*

2. a. *Quelles qualités le marchand du second texte souligne-t-il chez l'esclave qu'il veut vendre ?*
b. *Justifiez la proposition « et disparut aussitôt ».*

« Tout à coup ses esclaves l'entourent »...

Un jour, Larcius Macedo, un ancien préteur réputé pour sa cruauté, fut victime d'un attentat commis par ses esclaves...

Larcius Macedo **lavabatur in** villa Formiana[1]. Repente eum servi circumsistunt[2], alius fauces invadit[3], alius os verberat, alius pectus et ventrem contundit[4]; et, cum exanimem[5] putarent[6], abjiciunt in fervens[7] pavimentum. Tum quasi aestu solutus[8] **effertur**. Excipiunt servi fideliores, concubinae cum ululatu et clamore concurrunt. Ita et vocibus excitatus et recreatus loci frigore, vivere se confitetur[9]. Diffugiunt servi; quorum magna pars comprehensa est[10], ceteri **requiruntur**. Ipse paucis diebus aegre focilatus[11] decessit. Vides quot[12] periculis, quot contumeliis simus obnoxii[13]. Nec est quod quisquam possit esse securus[14], quia sit remissus[15] et mitis; non enim judicio domini, sed scelere **perimuntur**.

PLINE LE JEUNE (61-114), *Lettres*, III, 14 (extraits).

1. Formiana : de Formies.
2. circumsistunt : entourent.
3. fauces invadit : le saisit à la gorge.
4. contundit : meurtrit.
5. exanimis, e : sans vie.
6. putarent : ils jugeaient.
7. fervens : brûlant.
8. quasi aestu solutus : comme s'il avait été étouffé par la chaleur.
9. confitetur : il avoue.
10. comprehensa est : fut arrêtée.
11. focilatus, a, um : soigné.
12. quot : à quels.
13. simus obnoxii : nous sommes exposés.
14. nec est quod quisquam possit esse securus : et il n'y a pas lieu de se croire en sécurité.
15. remissus, a, um : indulgent.

Lire le texte

1. lavabatur : il se lavait (il était lavé)
effertur : il est emporté
requiruntur : ils sont recherchés

a. *À quelle voix ces verbes sont-ils ?*
b. *Dans ces verbes, quelles sont les désinences de la troisième personne du singulier et de la troisième personne du pluriel ?*

2. scelere perimuntur : ils sont détruits par un crime (ils sont assassinés).

a. *Quel est le cas de* scelere *dans cette phrase ?*
b. *Quelle est la fonction du complément dans la traduction de* scelere *?*

Grammaire

Formation et traduction de la voix passive

- Le latin, comme le français, possède une **voix passive** :
  requiruntur : *ils sont recherchés.*
- Les verbes latins au passif peuvent être traduits en français soit par des verbes au passif, soit par des verbes pronominaux :
  lavabatur : *il était lavé, il se lavait.*
- La voix passive n'utilise **pas les mêmes désinences** que la voix active :

présent, imparfait, futur	
je	-r
tu	-ris
il/elle	-tur
nous	-mur
vous	-mini
ils/elles	-ntur

- **Le présent de l'indicatif au passif**

1re conjugaison	2e conjugaison	3e conjugaison	conjugaison mixte	4e conjugaison
amare : aimer	**habere** : posséder	**dicere** : dire	**capere** : prendre	**audire** : entendre
amor **amaris** **amatur** **amamur** **amamini** **amantur**	**habeor** **haberis** **habetur** **habemur** **habemini** **habentur**	**dicor** **diceris**[1] **dicitur** **dicimur** **dicimini** **dicuntur**	**capior** **caperis**[1] **capitur** **capimur** **capimini** **capiuntur**	**audior** **audiris** **auditur** **audimur** **audimini** **audiuntur**
infinitif : **amari**	infinitif : **haberi**	infinitif : **dici**	infinitif : **capi**	infinitif : **audiri**

1. La voyelle de liaison **-i-** est devenue **-e-** devant **-r** (selon une loi phonétique).

Le complément d'agent

- Le complément d'agent est **à l'ablatif seul** quand il s'agit d'un inanimé (chose) :
  Scelere perimuntur. *Ils sont détruits par un crime. (Ils sont assassinés.)*
- Il se met **à l'ablatif précédé de ab** (a devant une consonne) lorsque le complément est un être animé (personne ou animal) :
  A patre amatur. *Il est aimé par son père.*
  Ab amicis amatur. *Il est aimé de ses amis.*
- Quand le verbe passif n'est pas accompagné d'un complément d'agent, on peut le traduire par *on*. C'est ce qu'on appelle une forme impersonnelle :
  spector : *je suis regardé, on me regarde.*
  crederis : *tu es cru, on te croit.*
  dicitur : *il est dit, on dit.*

Exercices

Vocabulaire

Noms

contumelia, ae, f : outrage, offense, insulte
frigor/frigus, oris, n : froid, fraîcheur
judicium, ii, n : jugement, opinion
os, oris, n : bouche, visage
pavimentum, i, n : pavé
pectus, oris, n : poitrine
scelus, eris, n : crime

Adjectif qualificatif

mitis, e : doux, tendre

Verbes

decedo, is, ere, cessi, cessum : mourir
lavo, as, are (pas de parfait), atum : laver
verbero, as, are, avi, atum : frapper

Mots invariables

a(b) + ablatif : par, de, loin de, depuis
aegre : difficilement, avec peine
quasi : comme, comme si

Appliquer

Exercice 1 : traduire le passif

Traduisez en français les verbes suivants.

diliguntur - feritur - invenitur - laceratur - producitur - verberatur - conditur - appellatur.

Exercice 2 : former le passif

Transposez au passif ces formes actives.

oro - ago - timeo - jacio - spectas - das - habes - mittis - parat - ridet - credit - scit - occidit - ferimus - invenimus - gerimus - ducitis - trahitis - rogant - conficiunt - terrent.

Exercice 3 : transposer à l'actif

Mettez à l'actif ces formes passives.

leguntur - amamur - audimini - occideris - scribuntur - lavantur - capiuntur - duceris - committitur.

Exercice 4 : utiliser la forme impersonnelle

Traduisez en français les verbes suivants.

Ex. : spector : je suis regardé, on me regarde.

vocor - mitteris - vinceris - fugimini - timemini - interficiuntur - creduntur - jaciuntur - verberatur - crederis - spectaris - legitur - ostenditur.

Exercice 5 : ajouter un complément

Traduisez ces groupes de mots, puis intégrez-les aux phrases ci-dessous.

tempore - a servis - ab hostibus - a domino - a magistro

1. Romani cives ... occiduntur. **2.** Pueri in ludum ducuntur ... . **3.** Discipuli in ludo audiuntur ... . **4.** Omnia delentur ... . **5.** Servi verberantur ... .

Exercice 6 : transposer à l'actif

Traduisez ces phrases, puis transposez-les à la voix active.

1. Urbs ab hostibus capitur. **2.** Puer a servo in forum ducitur. **3.** Dux ab hostibus metuitur. **4.** Templum tempore deletur. **5.** Voce matris puer appellatur. **6.** Pavimentum a servis lavatur.

Exercice 7 : retenir le texte

Traduisez ces groupes de mots en latin.

1. Des esclaves l'entourent. 2. Un autre frappe son visage. 3. Ils le jettent sur le pavé brûlant. 4. Les concubines accourent. 5. Réveillé par les voix. 6. Les autres sont recherchés.

Exercice 8 : lire en latin

Traduisez ce texte en français.

Un maître cruel

Augustus cenabat apud Vedium Pollionem[1], cum unus ex servis fregit vas crustallinum[2]. Vedius jussit servum rapi, objici murenis[3] quas in piscina[4] retinebat. Puer evasit[5] et confugit ad Caesaris pedes, petens ne esca fieret[6]. Augustus movetur crudelitate hospitis et jubet servum mitti, crustallina frangi et piscinam compleri[7].

D'après SÉNÈQUE.

1. Vedium Pollionem : Vedius Pollion (nom d'un riche Romain). 2. vas crustallinum : vase en cristal. 3. murena, ae, f : murène (poisson). 4. piscina, ae, f : vivier. 5. evado, es, ere, vasi : s'échapper. 6. ne esca fieret : ne pas devenir une proie. 7. compleo, es ere, plevi : combler.

Jouer avec la langue

Exercice 9 : retrouver l'origine des mots

Complétez ces phrases à l'aide d'un mot dérivé du mot latin indiqué entre parenthèses.

1. Votre explication nous paraît très … . (judicium) 2. Il existe des sirops … qui calment la toux. (pectus) 3. Une armoire … permet de conserver longtemps les aliments. (frigor). 4. Un homme capable de grands crimes est un … . (scelus) 5. Le spectacle ne m'a plu qu'à moitié : mon plaisir a été … . (mitis) 6. Son mari est très âgé : il pourrait … être son père. (quasi)

Exercice 10 : LE LATIN & LE GREC

1. Os, oris *(radical* os-, or-, our-*) en latin désigne la bouche, le visage. Expliquez la signification des expressions suivantes.*

1. passer l'oral d'un examen. 2. boucher un orifice. 3. l'orée d'un bois. 4. osciller entre deux solutions. 5. le port d'Ostie en Italie. 6. ourler un mouchoir.

2. Stoma *en grec désigne* la bouche. *Expliquez :*

a. *ce que fait* un stomatologue ;

b. *ce qu'est* une stomatite ;

c. *à quoi peut servir* un stomatoscope ;

d. *quelle partie du corps touche* un embarras stomacal.

Exercice 11 : récréation

Complétez en suivant le sens des aiguilles d'une montre et en vous aidant des premières lettres.

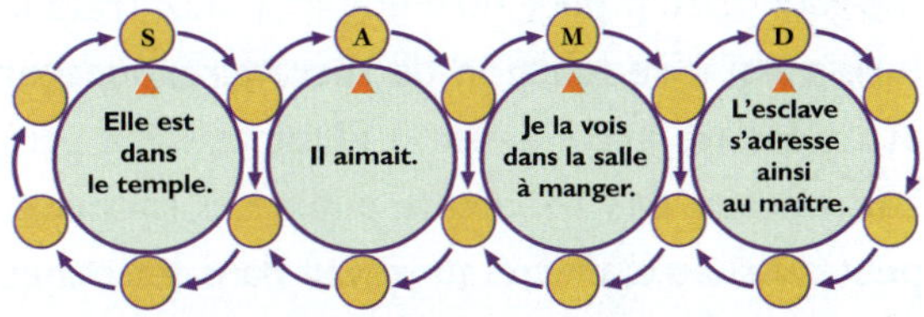

Linguistes en herbe

Similia similibus curantur

Les semblables se guérissent par les semblables.

Telle est la devise de l'homéopathie (du grec homoios, « semblable »), médecine qui s'oppose à l'allopathie (du grec allos, « autre »), la médecine occidentale classique.

Prolongements

Être esclave à Rome

Roue élévatrice destinée à la construction d'un édifice, relief romain d'un tombeau (vers 100-110), marbre (Vatican, musée du Latran).

À Rome, on est esclave par la naissance, si l'on est fils ou fille d'esclave. On le devient si on est prisonnier de guerre, vendu au profit des vainqueurs ou citoyen déchu de ses droits. Les esclaves sont considérés comme des objets (res), mais certains sont autorisés à mettre de l'argent de côté (peculium) pour racheter leur liberté et devenir affranchis (liberti).

À la campagne, l'esclave a une vie généralement très dure dans les domaines agricoles. En ville, il connaît souvent un meilleur sort. Il peut être employé aux travaux domestiques, mais aussi faire fonction de secrétaire, pédagogue (➨ p. 70), etc. L'esclave appartenant à l'État travaille parfois à la voirie, aux travaux des bâtiments publics, à l'administration. Mais il peut aussi être affecté au travail dans les mines, où les conditions de vie sont particulièrement difficiles. Nombreux sont ceux que l'on achète ou capture pour en faire des gladiateurs.

La révolte des esclaves

En 73 av. J.-C., éclata ce que l'on appelle la guerre servile, dirigée par Spartacus...

Parmi les gladiateurs destinés aux spectacles de ce nom, que les Romains faisaient nourrir à Capoue, était un Thrace, nommé Spartacus, qui avait antérieurement servi dans quelque légion, et qui, fait prisonnier de guerre et vendu, se trouvait depuis dans le nombre des gladiateurs. Il persuada à soixante-dix de ses camarades de braver la mort pour recouvrer la liberté, plutôt que de se voir réduits à servir de spectacle dans les arènes des Romains ; et forçant ensemble la garde chargée de veiller sur eux, ils s'échappèrent. Spartacus s'arma, lui et sa bande, avec des gourdins et des épées dont ils dépouillèrent quelques voyageurs, et ils se retirèrent sur le mont Vésuve. Là, de nombreux fugitifs et quelques

Gladiator (2000), film de de Ridley Scott avec Russell Crowe dans le rôle de Maximus et Djimon Hounson dans celui de Juba.

1. *En quoi le relief ci-dessus illustre-t-il la dureté du travail des esclaves ?*

2. *En quoi la photographie ci-contre souligne-t-elle la cruauté des combats de gladiateurs ? Quel aspect des jeux est illustré par l'arrière-plan ?*

hommes libres des campagnes vinrent se joindre à lui. La justice rigoureuse qu'il mit dans la distribution et dans le partage du butin lui attira rapidement beaucoup de monde.

Il y avait déjà trois ans que durait cette guerre, effrayante pour les Romains, dont on s'était moqué d'abord, dont on n'avait parlé qu'avec mépris, comme d'une guerre de gladiateurs.

Après trois ans de lutte, le général romain Crassus met un terme à cette guerre...

Le combat fut long et acharné tant il y avait au combat de milliers d'hommes désespérés. Mais Spartacus fut enfin blessé à la cuisse d'un coup de flèche. Il tomba sur son genou, et, se couvrant de son bouclier, il lutta contre ceux qui le chargèrent jusqu'à ce que lui, et un grand nombre d'hommes autour de lui, encerclés, succombassent. Le reste de son armée, en désordre, fut mis en pièces en masse. Le nombre des morts, du côté des gladiateurs, fut incalculable. Il y périt environ mille Romains. Il fut impossible de retrouver le corps de Spartacus. Les nombreux fuyards qui se sauvèrent de la bataille allèrent chercher un asile dans les montagnes : Crassus les y poursuivit. Ils se distribuèrent en quatre bandes, qui se battirent jusqu'au moment où ils furent totalement exterminés; à l'exception de six mille, qui, faits prisonniers, furent crucifiés tout le long de la route de Capoue à Rome.

APPIEN (env. 95-env. 160) *Les Guerres civiles à Rome*, I, chap. 14 (extraits), trad. J.-I. Combes-Dounous, revue par C. Voisin, Les Belles Lettres, 2004.

Jacques Martin, *Alix. Le fils de Spartacus*, éd. Casterman, 1975.

1. a. *Pourquoi Spartacus s'évade-t-il de l'école de gladiateurs? Comment expliquez-vous le fait que beaucoup d'esclaves se sont joints à lui?*

b. *Quel adverbe du 2e extrait montre qu'Appien approuve la répression menée par Crassus?*

c. *Appien ne nie pas le courage de Spartacus : relevez les éléments qui le montrent.*

d. *À quoi voit-on l'acharnement des généraux romains? D'après vous, pourquoi les Romains décident-ils de crucifier les 6 000 esclaves prisonniers?*

2. a. *Comment l'illustrateur dramatise-t-il la scène de la 1re vignette (composition, couleurs) ?*

b. *En quoi l'attitude des Romains s'oppose-t-elle ensuite à celle des esclaves crucifiés?*

c. *L'illustrateur semble-t-il partager le point de vue d'Appien? Que cherche-t-il à mettre en relief?*

10. Maisons, rues, métiers

Fausto et Felice Niccolini, reconstitution de l'intérieur de la maison de Salluste à Pompéi, lithographie (1854-1896) (Paris, bibliothèque des Arts décoratifs).

Lire l'image

Cette reconstitution permet de voir l'atrium (cœur de la maison), l'impluvium (bassin central qui recueille les eaux de pluie), le péristyle (colonnade autour de l'atrium).

1. *Situez ces différentes parties sur l'illustration.*

2. *Où se trouve l'ouverture dans le toit appelée compluvium ?*

3. *À quel ordre appartiennent les colonnes ?*

4. *De quelles couleurs sont les fresques peintes sur les murs ? Quels thèmes représentent-elles ?*

Vivre en ville

À Rome, seuls les citoyens riches sont agréablement logés ; les autres s'entassent dans des immeubles sans sécurité ni confort, les insulae.

Nous, nous habitons une ville qui n'est en grande partie étayée que par de minces poutres. C'est de cette façon-là que le gérant évite les écroulements ; et, quand il a bouché la fissure d'une vieille crevasse, il invite les gens à dormir en toute sécurité, sous la menace du désastre ! Je veux vivre dans un endroit où il n'y ait pas d'incendie, où les nuits soient paisibles.

Et voilà qu'Ucalégon[1] réclame de l'eau, qu'il déménage sa camelote ; le troisième étage est en feu, et toi tu n'en sais rien encore. Depuis le rez-de-chaussée, c'est la panique : mais celui qui rôtira le dernier, c'est le locataire qui n'est protégé de la pluie que par la tuile où les colombes langoureuses viennent pondre leurs œufs.

Si tu arrives à t'arracher aux jeux du cirque, la plus agréable demeure t'attend à Sora, Fabrateria ou Frusano[2], avec ce que tu consacres en ce moment chaque année à louer un taudis obscur. Là-bas, tu auras un petit jardin, un puits peu profond, d'où tu tireras l'eau à la main pour arroser tes nouvelles plantations.

JUVÉNAL (env. 60-env. 130), *Satires*, III, v. 193-202 et 223-227 (extraits), trad. des auteurs.

1. *Ucalégon* : nom d'un locataire. **2.** *Sora, Fabrateria, Frusano* : villes au sud-est de Rome.

Les fouilles entreprises à Pompéi révèlent une activité intense.

Alignés le long des rues, les boutiques et les ateliers occupent les pièces au rez-de-chaussée, transformées à cet usage au cours des dernières années de la vie de Pompéi, quand la classe marchande connaissait une majeure prospérité.

On peut reconnaître, grâce aux boutiques, toutes les activités de première importance. Le pain était vendu soit dans les fours mêmes, soit dans les boulangeries ; une peinture pleine de vie nous évoque l'une d'elles. Il y avait aussi des maraîchers comme un certain Felix, des cordonniers, des lavandières et des teinturiers ; il y avait encore des menuisiers et des forgerons ; les pâtissiers, certes, ne manquaient pas et ils devaient être particulièrement habiles, si nous en jugeons d'après les moules à gâteaux qui ont été retrouvés.

D'après A. de FRANSCISCIS, *Pompéi* (extraits), trad. C. Albore Livadie, Edizioni d'Arte, 1972.

René Goscinny et Albert Uderzo, *Astérix Gladiateur*, éd. Albert René.

Lire les textes

1. a. *Quels sont les deux types de demeures que Juvénal oppose dans le premier texte ?*
b. *Quels sont les inconvénients du premier logement décrit ?*
c. *Quels sont les agréments du second ? S'agit-il cependant d'une villa luxueuse ?*

2. *Le second texte est documentaire : quels sont les divers métiers évoqués ?*

3. a. *Observez l'illustration. Comment l'impression de foule est-elle donnée ?*
b. *Quelles boutiques reconnaissez-vous ?*
c. *Que remarquez-vous sur la via à l'endroit où traverse un Romain ?*

Lire en latin

Un jardin extraordinaire

Rectus hic hippodromi limes[1] in extrema parte hemicyclio frangitur mutatque faciem[2]. Cupressis ambitur[3] et tegitur **densiore** umbra.

Medium spatium brevioribus utrimque[4] platanis adornatur[5].

In capite stibadium[6] candido marmore vite[7] protegitur : vitem quattuor columellae[8] subeunt. E stibadio aqua effluit, gracili marmore[9] continetur. Gustatorium[10] **gravior**que cena[11] margini[12] imponitur, **levior**[13] navicularum et avium figuris innatans circuit[14].

Sunt locis pluribus disposita sedilia[15] e marmore, quae ambulatione fessos juvant. Fonticuli[16] sedilibus adjacent.

PLINE LE JEUNE (61-114), *Lettres*, livre V, § 6 (extraits).

1. hic hippodromi limes : **l'allée au bord du manège.**
2. mutat faciem : **change d'aspect.**
3. cupressis ambitur : **est entourée de cyprès.**
4. utrimque : **de part et d'autre.**
5. adornatur : **est orné.**
6. stibadium, ii, **n : lit de table.**
7. vitis, is, **f : vigne.**
8. columella, ae, **f : petite colonne.**
9. gracili marmore : **dans un fin bassin de marbre.**
10. gustatorium, ii, **n : hors-d'œuvre.**
11. gravior cena : **le plat plus lourd.**
12. margo, inis, **f : rebord, margelle.**
13. levior (cena) : **le plat plus léger.**
14. navicularum et avium figuris innatans circuit : **flotte dans des coupes représentant des petits bateaux et des oiseaux.**
15. sedile, is, **n : siège.**
16. fonticulus, i, **m : petite source.**

Lire le texte

1. a. *Quel type de texte annonce le titre « Un jardin extraordinaire » ? Comment la lecture du texte lui-même confirme-t-elle ce titre ?*
b. *Quelle classe de mots est souvent utilisée, en français comme en latin, pour décrire un objet, un lieu ou un personnage ?*
c. *Relevez les mots du texte qui qualifient l'ombre, les platanes, le marbre, le repas.*

2. rectus limes : **une allée droite**
gravior cena : **le plat plus lourd**
a. *Quelle différence remarquez-vous entre les deux adjectifs qualificatifs soulignés ?*
b. *Comment s'appelle la deuxième forme ?*

3. densiore umbra : **par une ombre assez épaisse** (densus, a, um)
levior (cena) : **le plat plus léger** (levis, is, e)
a. *Examinez les désinences latines des adjectifs soulignés. À quel cas sont-ils ?*
b. *À quelle déclinaison s'apparentent-ils ?*
c. *Qu'en déduisez-vous au sujet de leur formation ?*

4. *D'après les exemples précédents, quelles sont les deux manières de traduire le comparatif ?*

Grammaire

Formation et déclinaison du comparatif de supériorité

Pour former un comparatif de supériorité, on ajoute :
– le suffixe **-ior**, **-ioris** au radical de l'adjectif qualificatif pour le **masculin** et le **féminin** ;
– le suffixe **-ius**, **-ioris** pour le **neutre**.

gravior, oris : plus lourd	**singulier**		**pluriel**	
	masculin et féminin	**neutre**	**masculin et féminin**	**neutre**
N.	gravior	gravius	graviores	graviora
V.	gravior	gravius	graviores	graviora
Acc.	graviorem	gravius	graviores	graviora
G.	gravioris	gravioris	graviorum	graviorum
D.	graviori	graviori	gravioribus	gravioribus
Abl.	graviore	graviore	gravioribus	gravioribus

Le complément du comparatif de supériorité

Le **complément du comparatif** peut être exprimé :
– par un ablatif seul :
Vir gravior puero est. *L'homme est plus lourd que l'enfant.*
(puero : ablatif)

– par **quam** suivi d'un nom au même cas que le premier :
Vir gravior est quam puer.
(Vir : nominatif ; puer : nominatif)

Le comparatif peut également s'employer **sans complément** :
Vir gravior est. *L'homme est assez/trop gros.*

Villa rustica jucundior est quam villa urbana.

Les comparatifs de supériorité irréguliers

adjectifs	**comparatifs**
bonus, a, um : *bon*	**melior, melius** : *meilleur*
malus, a, um : *mauvais*	**pejor, pejus** : *pire*
parvus, a, um : *petit*	**minor, minus** : *plus petit*
magnus, a, um : *grand*	**major, majus** : *plus grand*
multi, ae, a : *nombreux*	**plures, plura** : *plus nombreux*
propinquus, a, um : *proche*	**propior, propius** : *plus proche*

Exercices

Vocabulaire

Noms

marmor, oris, n : marbre
spatium, ii, n : espace, moment
umbra, ae, f : ombre
urbs, urbis, f : ville

Verbes

ambulo, as, are, avi, atum : se promener
contineo, es, ere, tinui, tentum : contenir, enfermer
frango, is, ere, fregi, fractum : casser, briser
juvo, as, are, juvi, jutum : aider, être utile, être agréable
muto, as, are, avi, atum : changer
tego, is, ere, texi, tectum : couvrir, protéger

Adjectifs qualificatifs

candidus, a, um : blanc
densus, a, um : épais, compact, serré
extremus, a, um : extrême, dernier
fessus, a, um : fatigué
gravis, e : lourd, gros
levis, e : léger
propinquus, a, um : proche, voisin
rectus, a, um : droit, juste

Appliquer

Exercice 1 : former le comparatif de supériorité

Traduisez en latin les comparatifs suivants, en donnant le nominatif et le génitif masculin singulier.

plus haut - plus étroit - plus célèbre - plus savant - plus agréable - plus large - plus triste - plus léger - plus court - plus humain.

Exercice 2 : transposer au comparatif

Mettez au comparatif les expressions suivantes.

fortis consul - longa epistula - latum flumen - magnae urbes - alta templa - jucundi loci - vocem claram - viri prudentes - in alto flumine - in multis urbibus.

Exercice 3 : manier le comparatif

Complétez ces phrases avec les désinences manquantes, puis traduisez-les en français.

1. Scribit uxori tristior... . 2. In villa major... vivimus. 3. Filius minor... est quam pater. 4. Cives in urbibus plur... sunt quam ruri. 5. Flumina altior... sunt.

Exercice 4 : ajouter des compléments du comparatif

Traduisez ces compléments, puis ajoutez-les aux phrases qui conviennent.

quam rus - quam Gallicus exercitus - quam hortus - duce - quam Obelix

1. Urbs jucundior est ... . 2. Silva major est ... . 3. Milites fortiores sunt ... . 4. Romanus exercitus major est ... . 5. Asterix levior est ... .

Exercice 5 : traduire le comparatif

Traduisez en français les groupes de mots suivants.

1. puer stultior. 2. vir prudentior. 3. epistula jucundior. 4. poeta melior. 5. domus minor. 6. miles fortior. 7. mulier miserior. 8. dominus superbior.

Exercice 6 : manier le vocabulaire

Reprenez les groupes de mots de l'exercice précédent et trouvez-leur un complément.

Ex. : puer stultior est quam magister.

Exercice 7 : lire en latin

Traduisez ce texte en français.

Apelle et le cordonnier

Apelles[1] pictor ille egregius, cum tabulam pinxerat[2], eam proponebat transeuntibus ; et post ipsam latens[3], vitia[4] quae a quoque[5] notabantur audiebat ; vulgi[6] enim judicium saepe preferebat suo. Is aliquando a sutore[7] reprehensus[8] in crepidis pictis[9], statim peccatum[10] correxit.
Sed die postero, cum idem[11] sutor cavillabat[12] de crure[13], indignatus Apelles hominem prospexit[14] clamans : « Sutor ! Ne supra[15] crepidam ! »

D'après PLINE L'ANCIEN.

1. Apelles : Apelle (peintre grec). 2. cum pinxerat : chaque fois qu'il avait peint. 3. latens : se cachant. 4. vitium, ii, n : défaut. 5. a quoque : par chacun. 6. vulgus, i, n : foule. 7. sutor, oris, m : cordonnier. 8. reprehensus : critiqué. 9. in crepidis pictis : à propos des sandales peintes. 10. peccatum, i, n : erreur. 11. idem : le même. 12. cavillo, as, are, avi, atum : plaisanter. 13. de crure : à propos de la jambe. 14. prospicio, is, ere, spexi, spectum : regarder. 15. supra : au-dessus.

Jouer avec la langue

Exercice 8 : retrouver l'origine des mots

Cherchez de quels mots latins sont issus les mots soulignés et expliquez leur sens.

1. une avenue rectiligne. 2. une foule dense. 3. une âme candide. 4. une maison spacieuse. 5. obtenir une mutation. 6. être chargé de l'urbanisme.

Exercice 9 : major, minor

1. *Donnez une définition des mots suivants, issus des comparatifs latins* major *et* minor.

1. majorité - majorette - majorer - maire.
2. mineur - minuscule - moindre.

2. *Qui désigne-t-on par l'expression* un minus habens ?

Exercice 10 : LE LATIN & LE GREC

Rectus *en latin et* orthos *en grec signifient* droit, juste.

1. *À partir du latin, expliquez ces expressions.*

1. une allée rectiligne. 2. rectifier un alignement. 3. un triangle rectangle. 4. corriger des erreurs. 5. un correcteur sévère. 6. une tenue correcte.

2. *À partir du grec, trouvez les mots correspondants.*

1. Qui forme un angle droit. 2. Manière correcte d'écrire un mot. 3. Point d'intersection des trois hauteurs d'un triangle. 4. Insecte aux ailes (pteron : aile) droites. 5. Dont l'opinion (doxa : opinion) est conforme à une doctrine.

Exercice 11 : récréation

Ajoutez au premier mot de chaque colonne la lettre indiquée pour former un mot nouveau et ainsi de suite. (Vous pouvez modifier l'ordre des lettres.)

UT	DE	AD
M TUM	S _ _ _	T _ _ _
O _ _ _ _	O _ _ _ _	O _ _ _ _
E _ _ _ _ _	E _ _ _ _ _	R _ _ _ _ _

Linguistes en herbe

Urbs, urbis :
la ville

Le mot urbs a donné les mots français *urbain, urbanisme.* Le mot *ville* vient de villa, qui désigne une ferme aux premiers temps, puis un somptueux domaine comme ceux que nous connaissons grâce aux vestiges de Pompéi et de Tivoli.

Prolongements

Vivre à Rome sous la république

Une villa patricienne (détail), fresque romaine de Stabies (Naples, Musée national d'archéologie).

À la fin de la république, et plus encore sous l'empire, les riches Romains se font construire à la campagne des demeures somptueuses...

Tu me demandes pourquoi ma villa des Laurentes me charme tant? La maison est assez grande pour être pratique, mais son entretien n'est pas onéreux; tout de suite en entrant est un atrium sobre mais sans excessive simplicité, ensuite un portique semi-circulaire en forme de D, qui enferme une cour petite mais très gaie. Ce portique est un merveilleux abri contre le mauvais temps, car il est protégé par des vitres et, plus efficacement encore, par l'avancée des toits. En son milieu s'ouvre un salon à ciel ouvert très riant, suivi d'une salle à manger assez jolie, qui forme une avancée sur le rivage et lorsque la mer est soulevée par le vent du sud, l'extrême frange des vagues déjà brisées vient la baigner.

Pline le Jeune (61-114), *Lettres*, livre II, lettre 17 (extraits), dans P. Grimal, *La Civilisation romaine*, Arthaud, 1984.

Dans cet extrait de roman, Flaminius, jeune avocat de haute naissance, découvre avec l'acteur Florus le quartier le plus pauvre de Rome : Subure.

Flaminius se laissa guider par son compagnon. Ensemble, ils montèrent et descendirent des escaliers, écartèrent des branches d'arbres qui poussaient n'importe où. Ils ne tardèrent pas à arriver à destination. L'immeuble où habitait Florus comptait sept étages. C'était la première fois que Flaminius en voyait un de près : on ne les trouvait que dans les quartiers les plus populaires où il n'avait jamais mis les pieds... Son allure n'avait rien d'engageant. C'était un édifice en torchis[1] et clayonnage[2] de bois, terne, gris et triste, à part les pots de fleurs qui décoraient les fenêtres. On se demandait comment il pouvait tenir debout, vu sa hauteur et la fragilité de ses parois. D'ailleurs, Florus désigna un énorme tas de gravats à proximité.

– Il y en avait un autre ici. Il s'est effondré la semaine dernière.

Jean-François Nahmias, *Titus Flaminius* (extraits), Hachette, coll. « Le livre de poche jeunesse », 2005, © Albin Michel.

1. *Torchis* : mortier composé de terre grasse et de paille ou de foin hachés. **2.** *Clayonnage* : assemblage de pieux et de branches.

1. a. *À quoi voit-on dans le premier texte que Pline répond à une lettre?*
b. *Dégagez les avantages essentiels de cette villa.*

2. a. *Que nous apprend le début du deuxième texte sur ce quartier pauvre?*
b. *Quelle impression se dégage essentiellement de l'immeuble que découvre Flaminius?*
c. *Qu'y a-t-il d'inquiétant dans les propos tenus par Florus?*

Travailler à Rome

Boucher dans sa boutique, fragment d'un sarcophage romain (IIe siècle) (Rome, Ostie antique, Musée archéologique).

Boutique de coutelier, relief romain de la villa Massimo à Rome (Ier siècle) (Rome, Musée de la civilisation romaine).

Menuisier (détail), peinture murale de la maison des Vettii à Pompéi.

Scène de marché, relief romain en pierre (IIe siècle) (Rome, Ostie antique, Musée archéologique).

Vendeur de coussins et d'étoffes, relief romain en pierre (Ier siècle) (Rome, Musée de la civilisation romaine).

1. *Quels sont les métiers représentés ici ? Comparez avec ceux évoqués dans le texte* ➡ *p. 89.*

2. *À quelle catégorie appartiennent-ils ?*

3. *Quelles autres professions ont été évoquées dans votre lecture des autres textes du chapitre ?*

QUIBUS VE
UM AEDE
POLLONIS
VIS IN CA
N EA PARTE
UAM FULM
DEO HARU
DITIT PO

PARTIE 3

La vie quotidienne

11. À table

Romaine allongée sur un lit, mangeant, relief romain (IIe siècle) (Beyrouth, Musée archéologique).

Lire l'image

1. *Étudiez la position de la femme : comment est-elle placée sur le lit ? Quel objet tient-elle à la main ?*
2. *Quelle est l'attitude du petit chien ?*
3. *Quels objets remarque-t-on à côté de la femme ?*

Une invitation boudée

Nature morte (détail), peinture murale romaine découverte à Herculanum (Naples, Musée national d'archéologie).

Pline adresse ici des reproches à l'ami qu'il avait invité à dîner et qui n'est pas venu.

C. Pline à son cher Septicius Clarus, salut.

Eh bien vous ! vous acceptez une invitation à dîner et vous ne venez pas ! On avait préparé pour chaque convive une laitue, trois escargots, deux œufs, un gâteau d'épeautre avec du vin miellé, des olives, des betteraves, des concombres, des oignons et mille autres mets aussi délicats. Vous auriez entendu un comédien, ou un lecteur, ou un joueur de lyre, ou même, admirez ma générosité, tous ces artistes.

Vous avez été cruel : vous avez privé d'un grand plaisir, vous peut-être, moi certainement, mais tout de même vous aussi. Combien nous aurions plaisanté, ri, parlé littérature ! Vous pouvez trouver chez beaucoup d'autres des festins plus magnifiques, nulle part plus de gaîté, plus de franchise, plus d'abandon. Bref, essayez, et si après, vous ne refusez pas les autres invitations, je consens que vous refusiez toujours les miennes. Adieu.

PLINE LE JEUNE (61-114), *Lettres*, livre I, 15 (extraits), trad. C. Sicard, Flammarion, coll. « GF », 2002.

Un modeste repas

Mon modeste repas ne comprendra qu'un service : un chevreau soustrait à la dent d'un loup féroce ; des côtelettes grillées qui n'ont pas besoin du fer du découpeur, des fèves, nourriture d'artisans, et de jeunes choux-verts. À cela s'ajoutera un poulet ainsi que du jambon qui a déjà survécu à trois repas. Quand vous n'aurez plus faim, je vous servirai des fruits mûrs, un flacon de vin. Comptez en outre des plaisanteries sans fiel[1], une franchise qui ne vous effraiera pas au matin suivant et pas une parole que vous voudriez n'avoir point lâchée. Que mes convives parlent à leur aise des Verts et des Bleus ! Les coupes que je fais remplir ne feront d'aucun de mes hôtes un accusé.

MARTIAL (40-104), *Épigrammes*, livre X, XLVIII (extraits), trad. H.-J. Izaac, Les Belles Lettres, 1933.

1. *Fiel* : haine, animosité, mauvaise humeur.

Calice en bronze décoré de femmes, art étrusque (VIIe siècle av. J.-C.) (Rome, Musée national de la villa Giulia).

Lire les textes

1. **a.** *Le repas que Pline avait fait préparer était-il frugal ou riche ? Quels sont les aliments que vous ne connaissez pas ?*
b. *Quel est aux yeux de Pline le principal attrait de ce repas ?*
c. *Sur quel ton Pline adresse-t-il des reproches à son ami ?*

2. **a.** *Martial qualifie son repas non de* cena, *mais de* cenula, *son diminutif : cette modestie vous paraît-elle justifiée ?*
b. *Dans quelle atmosphère se déroule ce repas ?*
c. *De qui Martial parle-t-il lorqu'il évoque les « Verts » et les « Bleus » ?*

Lire en latin

Patinam de rosis : recette du pâté de roses

Accipies rosas et **exfoliabis**, album **tolles**, **mittes**[1] in mortarium, **suffundes**[2] liquamen[3], **fricabis**[4]. Postea mittes liquaminis ciatum unum semis[5] et sucum per colum[6] **colabis**[7]. Accipies cerebella[8] IV, **enervabis**[9] et **teres**[10] piperis scripulos[11] VIII, suffundes ex suco, fricabis. Postea ova VIII frangis, vini ciatum unum semis et passi[12] ciatum I, olei modicum. Postea patinam[13] **perunges**[14] et eam **impones**[15] cineri calido, et sic impensam[16] supra scriptam mittes. Cum cocta fuerit[17] in termospodio[18], piperis pulverem super asparges et **inferes**[19].

APICIUS (né vers 25 av. J.-C.), *Art culinaire*, livre IV, II, 9 (136).

1. mittes : tu mettras.
2. suffundes : tu verseras dessus.
3. liquamen, inis, n : sauce, jus.
4. fricabis : tu frotteras.
5. ciatum unum semis : une mesure et demie (un ciate : 0,0456 litre).
6. per colum : au tamis.
7. colabis : tu passeras.
8. cerebella, ae, f : petite cervelle.
9. enervabis : tu retireras les nerfs.
10. teres : tu broieras.
11. scripulum, i, n : scrupule (1,36 gramme).
12. passum, i, n : vin de raisins séchés au soleil.
13. patina, ae, f : plat creux.
14. perunges : tu enduiras.
15. impones : tu poseras.
16. impensa, ae, f : préparation.
17. cocta fuerit : il aura été cuit.
18. t(h)ermospodium, ii, n : plat à braises.
19. asparges et inferes : tu saupoudreras et serviras.

Lire le texte

1. accipies : **tu prendras** (accipio, is, ere)
exfoliabis : **tu effeuilleras** (exfolio, as, are)
tolles : **tu enlèveras** (tollo, is, ere)

a. *Rappelez l'indicatif présent de ces verbes : à quelle conjugaison appartiennent-ils ?*
b. *À quelle conjugaison appartiennent les autres futurs du texte ?*
c. *Quelle est la valeur du futur dans cette recette ?*

2. a. *Quelles différences remarquez-vous dans la formation du futur des verbes précédents ?*
b. *Que pouvez-vous en déduire sur les deux suffixes utilisés pour former un futur de l'indicatif ?*

3. *À quel temps et à quel mode sont généralement rédigées les recettes françaises ? Proposez une traduction de la recette ci-dessus adaptée à notre époque.*

Grammaire

Le futur simple de l'indicatif

1re conjugaison	2e conjugaison	3e conjugaison	conjugaison mixte	4e conjugaison
amare : aimer	habere : avoir	dicere : dire	capere : prendre	audire : entendre
amabo amabis amabit amabimus amabitis amabunt	habebo habebis habebit habebimus habebitis habebunt	dicam dices dicet dicemus dicetis dicent	capiam capies capiet capiemus capietis capient	audiam audies audiet audiemus audietis audient

esse : être	posse : pouvoir	ire : aller
ero eris erit erimus eritis erunt	potero poteris poterit poterimus poteritis poterunt	ibo ibis ibit ibimus ibitis ibunt

- Comme l'imparfait (➡ tableau, p. 180), le **futur** des verbes latins se forme sur le radical du présent (en noir dans le tableau).
- On ajoute **-bo**, **-bis**, **bit**… au radical des verbes des deux premières conjugaisons et à celui du verbe **eo** : *aller*.
  On ajoute **-am**, **-es**, **-et**… au radical des verbes des autres conjugaisons.

Exercices

Vocabulaire

Noms

caro, carnis, f : chair, viande
cena, ae, f : dîner
cibus, i, m : nourriture, aliment
comissatio, onis, f : souper, fête, orgie
convivium, ii, n : repas, festin
epulae, arum, f : banquet, festin
jentaculum, i, n : petit déjeuner
lac, lactis, n : lait
mel, mellis, n : miel, douceur, charme
olea, ae, f : olivier, olive
oleum, i, n : huile
panis, is, m : pain
prandium, ii, n : déjeuner
sal, salis, m : sel, esprit piquant
uva, ae, f : raisin
vinum, i, n : vin

Adjectifs

dulcis, e : doux, sucré
salsus, a, um : salé

Verbes

alo, is, ere, alui, alitum : nourrir, alimenter
bibo, is, ere, bibi, bibitum : boire
coquo, is, ere, coxi, coctum : cuire, faire cuire
edo, is, ere, edi, esum : manger

Appliquer

Exercice 1 : traduire le futur

Traduisez en français les formes verbales suivantes.

faciam - mittes - condet - bibemus - edetis - gerent - cenabo - ridebis - intrabit - ibimus - sedebitis - verberabunt - potero - eris - aderit - poterimus - aberitis - erunt - alam - franges - teget - curabimus - timebitis - ferient.

Exercice 2 : réviser le présent, l'imparfait et le futur

Complétez par oral ce tableau, puis recopiez-le.

Présent	Imparfait	Futur
video	...	...
...	agebas	...
...	...	accipiet
videmus	...	...
...	agebatis	...
...	...	accipient

Exercice 3 : transposer au futur

Mettez au futur ces verbes au présent.

debes - cogitant - clamamus - potest - vivimus - dicunt - duco - curris - legis - frangis - decedunt - exeunt - lavo - requirit - absum.

Exercice 4 : lire en latin

Traduisez en français ces deux recettes d'Apicius.

1. La cuisson des poireaux

Pugnum[1] salis, aquam et oleum mixtum facies et ibi[2] coques et eximes[3]. Cum oleo, liquamine, mero[4] et inferes.

2. Dulcia : les sucreries

Piper, nucleos[5], mel, rutam[6] et passum teres, cum lacte et tracta[7] coques. Coagulum[8] coque cum modicis[9] ovis. Perfusum[10] melle, piper aspersum[11] inferes.

Apicius, *Art culinaire*, livres III et VII.

1. pugnum : poignée. 2. ibi : y. 3. eximes : tu les retireras. 4. mero : vin pur. 5. nucleos : amandes. 6. rutam : rue (plante aromatique). 7. tracta : pâte. 8. coagulum : mélange. 9. modicis : quelques. 10. perfusum : arrosé. 11. aspersum : saupoudré.

Jouer avec la langue

Exercice 5 : retrouver l'origine des mots

Quel rapport établissez-vous entre les mots français suivants et le mot latin indiqué entre parenthèses ?

1. un charnier - un carnassier - un carnivore. (caro) 2. être dans la panade - un copain - un compagnon. (panis) 3. la laitance - la voie lactée - une laitue. (lac) 4. l'hydromel (le nectar des dieux) - un ton mielleux. (mel)

Exercice 6 : olea, ae, f et oleum, i, n

Donnez la signification des mots suivants, dérivés de olea, ae, f : olivier, olive *et de* oleum, i, n : huile.

1. un oléagineux. 2. un oléoduc. 3. un oléiculteur.

Exercice 7 : LE LATIN & LE GREC

Dulcis *en latin et* glukus *en grec signifient* doux, sucré.

1. *À partir du latin, expliquez ces expressions.*

1. édulcorer une tisane. 2. adoucir une sauce avec de la crème. 3. parler d'un ton doucereux. 4. une saveur douceâtre. 5. un adoucisseur d'eau. 6. des oranges aigres-douces. 7. le redoux. 8. une doudoune bien confortable.

2. *À partir du grec, expliquez les mots suivants.*

1. glucide. 2. glucose. 3. glycémie. 4. glycine. 5. glycérine.

Exercice 8 : lire le « latin de cuisine »

1. *Que signifie l'expression* latin de cuisine ?

2. *Sur quoi repose le comique du texte suivant ?*

– Merdam ! Merdam ! hurla Bénin, exaspéré.
– Salut ! Salut ! cria le traducteur.
– Utinam aves super caput tuum cacent !
– Que les oiseaux répandent leur bénédiction sur votre tête !
Bénin se tut. Broudier fit un signe.

Jules ROMAINS, *Les Copains*,
Le Livre de Poche, 1965.

Exercice 9 : récréation

Quel aliment se cache dans cette énigme antique ?

J'ai une grosse tête, mais point de cervelle :
je ne suis pas un intellectuel.
Je suis tout vert,
au bout d'un très long cou je m'élève de terre.
J'ai tout l'air
d'un ballon au bout d'un long tuyau :
que je suis chou ! que je suis à croquer !

Catherine EUGÈNE,
La Mouche de cuivre, Hatier, 1990.

Linguistes en herbe

In vino veritas.

La vérité (est) dans le vin.

L'homme, après avoir un peu trop bu, dit parfois des vérités qu'il n'aurait sans doute jamais osé dire à jeun.

Nunc est bibendum.

C'est maintenant qu'il faut boire.

Le poète Horace propose par cette expression (*Odes*, I, 37, 1) de fêter la victoire d'Octave sur Antoine à Actium, en 31 av. J.-C.
De nos jours, cette expression familière s'emploie pour dire qu'il faut fêter un succès.

Nunc est edendum ! À table !

Scène de banquet, urne romaine d'Aquilée (IIe siècle) (Rome, Musée de la civilisation romaine).

Le petit déjeuner, appelé jentaculum, est frugal : du pain, un morceau de fromage, des biscuits pour les enfants. Vers la sixième heure, c'est-à-dire vers midi, on prend un déjeuner léger et rapide, le prandium : viande froide, fruits, restes de la veille… Vers la neuvième ou la dixième heure, c'est-à-dire en fin d'après-midi, on sert le repas principal, la cena, qui se compose de hors-d'œuvre (œufs, vin miellé), de plats de résistance, souvent au nombre de trois (sanglier, poularde, turbot, tétine de truie…) et de desserts (fruits, mais aussi coquillages, huîtres, escargots) : tous ces plats sont d'autant plus raffinés et nombreux que l'hôte est plus riche, ou l'occasion plus importante.

La cena est servie dans le triclinium : cette salle à manger comprend trois lits, à trois places, si bien que le nombre des convives était au minimum de trois et au maximum de neuf, chiffres des Grâces et des Muses. Les convives sont allongés sur des lits recouverts de matelas et de coussins, accoudés de manière à pouvoir se servir sur la table située au centre.

Un banquet mémorable

Chez les riches Romains, la cena *devient parfois un long festin accompagné de spectacles et de divertissements de toutes sortes. Trimalcion est un affranchi qui a fait fortune et se plaît à faire étalage de ses richesses...*

Nous n'avions pas encore fini les hors-d'œuvre qu'on nous servit un plateau avec une corbeille sur laquelle se trouvait une poule de bois aux ailes largement étalées, comme le font les poules qui couvent. Deux esclaves s'approchèrent aussitôt et, en musique, se mirent à fouiller dans la paille, d'où ils tirèrent bientôt des œufs de paon qu'ils distribuèrent aux convives. Trimalcion tourna les yeux vers ce spectacle et dit : « J'ai fait couver des œufs de paon à la poule et, par Hercule, j'ai bien peur qu'ils ne soient déjà prêts à éclore. Voyons pourtant s'ils sont encore mangeables. »

Nature morte avec des œufs et des perdrix (détail), peinture murale de la villa di Giulia Felice à Pompéi (Ier siècle apr. J.-C.) (Naples, Musée national d'archéologie).

On nous donne des cuillers qui pesaient une bonne demi-livre chacune, et nous perçons les coquilles des œufs qui étaient en pâte cuite. Quant à moi, je faillis jeter ma part, car il me semblait que le poussin était déjà formé. Mais lorsque j'entendis un vieil habitué de la maison dire : « Il doit y avoir là je ne sais quoi de raffiné », je continuai à explorer la coquille avec la main et trouvai un becfigue[1] gras à souhait, entouré de jaune d'œuf au poivre.

PÉTRONE (mort en 65 apr. J.-C.), *Satiricon*, 33, trad. des auteurs.

1. *Becfigue* : petit oiseau se nourrissant essentiellement de raisins et de figues.

Banquet romain, gravure sur bois, dans W. Zimmermann, *Histoire illustrée du peuple allemand*, vol. 1, Suttgart, 1873.

1. *En quoi peut-on bien parler de spectacle à propos de ce texte ?*

2. *Quels en sont le metteur en scène, les acteurs, les accessoires, les spectateurs, les effets ?*

3. *En quoi la gravure souligne-t-elle le caractère fastueux d'un banquet romain ?*

Triste vie de client

Les moins riches ont faim aussi ! Voici le triste repas d'un client (les citoyens riches sont toujours entourés d'une « clientèle », composée de pauvres et d'oisifs qui vivent en parasites et assurent des voix à leur « patron » au moment des élections)…

Voici qu'un autre esclave te présente, en grognant Dieu sait comme, un pain qu'à peine il daigne rompre, morceaux déjà moisis faits d'une farine compacte sur lesquels la mâchoire travaille sans réussir à les entamer. Au maître, on en réserve du tendre, qui est d'un blanc neigeux et fabriqué avec de la fine fleur de froment. N'oublie pas de retenir ta main ; respect au moule à pain ! Joue un peu à l'effronté et tu verras si le préposé te fera lâcher prise : « Veux-tu bien, impudent convive, te remplir la panse à la corbeille accoutumée, et reconnaître ton pain à sa couleur. »

Regarde le bel effet de cette langouste énorme dans le plat qu'on apporte au maître. Comme elle nargue les convives, de sa queue entourée d'asperges, quand elle apparaît portée solennellement dans les mains d'un grand coquin d'esclave ! Toi, on te sert sur une soucoupe une langoustine encastrée dans une moitié d'œuf. Toi, le chou blafard qu'on t'apporte, pauvre homme, pue l'huile de lampe.

Quelle comédie, quel mime plus réjouissant qu'une gourmandise dépitée ? Ils font tout, sais-tu bien, pour t'obliger à répandre ta bile avec tes larmes et à grincer de tes dents longtemps serrées. Tu te crois un homme libre et le convive de ton « roi ». Lui, il te considère comme le prisonnier de la bonne odeur de sa cuisine ; et ce n'est pas si mal vu.

JUVÉNAL (env. 60-env. 130), *Satires*, V, v. 67-163 (extraits), trad. P. de Labriolle et F. Villeneuve, Les Belles Lettres, 1962.

1. *Établissez une comparaison entre les plats servis au client et ceux qui sont apportés au maître.*

2. *Sur quel ton le client parle-t-il de son maître et des mets qui lui sont servis ?*

3. *Quels reproches Juvénal adresse-t-il au maître ? Et au client qui accepte cette situation ?*

12. Au théâtre

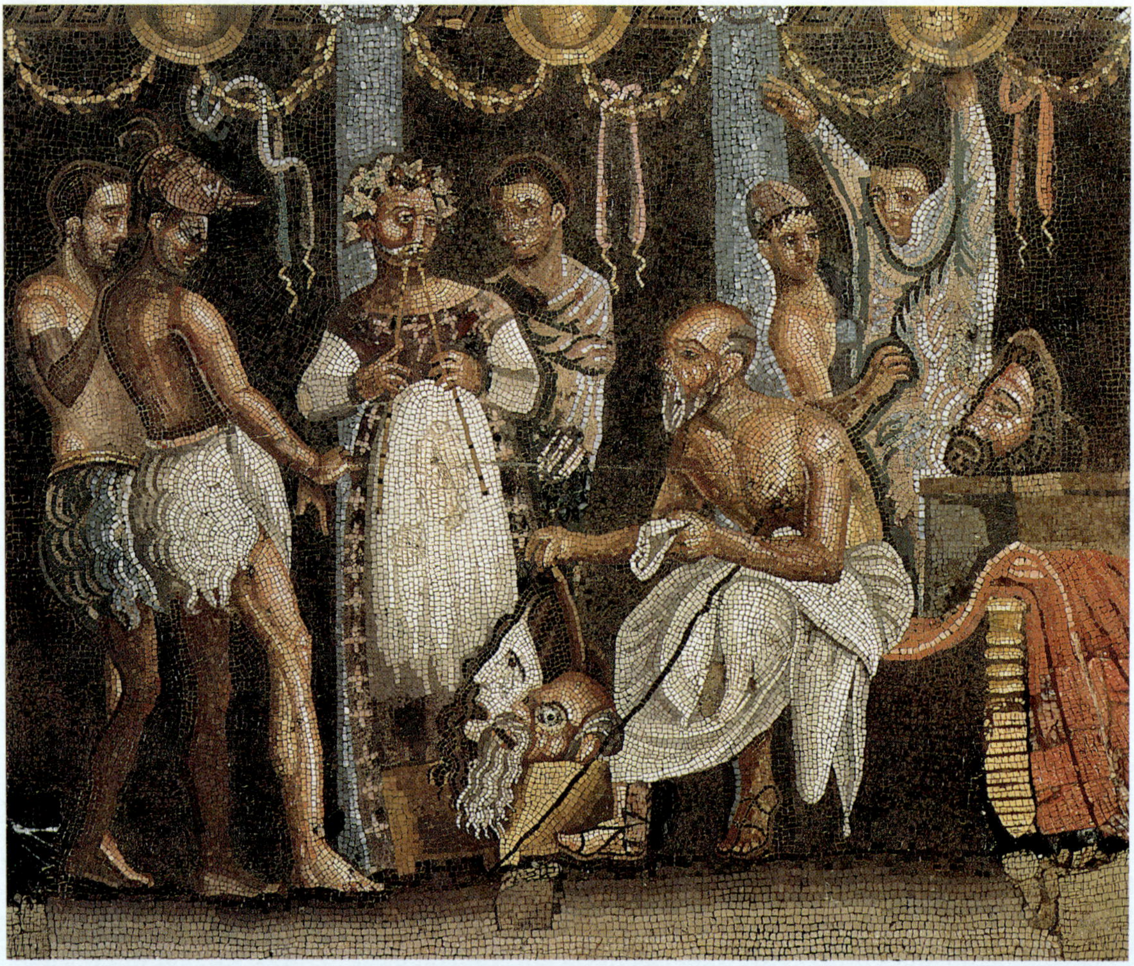

Préparatifs d'une représentation théâtrale avec les acteurs (détail), mosaïque romaine provenant de la maison du Poète tragique à Pompéi (Naples, Musée national d'archéologie).

Lire l'image

1. *Décrivez les personnages debout : leurs attitudes et leurs gestes, leurs costumes, les accessoires utilisés.*

2. *Comment le personnage assis est-il mis en valeur ? D'après vous, quel rôle joue-t-il ?*

3. *Combien de masques voyez-vous ? Que représentent-ils ?*

Alexandrie, théâtre romain (IIIe siècle, reconstruit ultérieurement).

Comment faire des rencontres ?

Les Romains aiment aller au théâtre, pour écouter de la musique, voir des danseurs, regarder une pièce, mais aussi pour d'autres raisons... Voici les « conseils » donnés par Ovide à un jeune spectateur.

C'est surtout dans les théâtres que tu te mettras en chasse : ces lieux t'offriront plus de femmes que tu n'en peux souhaiter. Là, tu rencontreras de quoi aimer, de quoi folâtrer, de quoi séduire pour un soir ou pour une liaison durable.

L'on voit les femmes se presser aux jeux, dans leurs plus belles toilettes. Leur grand nombre m'a souvent retardé dans mon choix. Elles viennent pour regarder, mais elles viennent aussi pour être regardées...

Le cirque et son abondant public présente aussi de nombreux avantages.

Assieds-toi le plus près possible de celle qui te plaît : nul ne t'en empêche. C'est bien, parce que la dimension des places oblige les gens, même s'ils ne le veulent pas, à se serrer. Si, comme cela peut arriver, de la poussière vient à tomber sur la poitrine de la jeune fille, tu l'enlèveras du bout des doigts. Et puis, s'il n'y a aucune poussière, enlève-la quand même...

OVIDE (43 av. J.-C.-17 apr. J.-C), *L'Art d'aimer*, I, v. 89-104 et 136-154 (extraits), trad. des auteurs.

Lire le texte

1. *Quels sont les deux types de spectacles évoqués dans ce texte ?*

2. *Que nous apprend cet extrait sur les conditions matérielles des représentations ?*

3. *Sur quel ton Ovide s'adresse-t-il au jeune homme ? Qu'en concluez-vous sur le ton général du traité* L'Art d'aimer *?*

Lire en latin

Qui a volé la marmite ?

*Euclion, le héros avare de l'*Aulularia*, vient de découvrir que son argent caché dans une marmite a disparu.*

Perii, interii[1], occidi[2] ! Quo **curram** ? Quo non **curram** ? Tene, tene ! Quem ? Quis ?
Nescio, nihil video, caecus eo[3] atque equidem[4] quo **eam**, aut ubi **sim**, aut qui **sim**,
Nequeo[5] cum animo certum investigare[6]. Obsecro ego vos[7], mi auxilio,
Oro, obtestor[8], **sitis**[9] et hominem **demonstretis** quis eam abstulerit.
Quid ais tu ? Tibi credere certum est[10] ; nam esse bonum ex vultu cognosco.
Quid est ? Quid[11] ridetis ? Novi[12] omnes : scio fures esse hic complures[13],
Qui vestitu et creta[14] occultant sese[15] atque sedent quasi[16] **sint** frugi[17].

PLAUTE (254-184 av. J.-C.), *Aulularia*, v. 713-719.

1. interii : je suis anéanti.
2. occidi : je suis mort.
3. caecus eo : je vais en aveugle.
4. equidem : même.
5. nequeo : je ne peux.
6. certum investigo, as, are, avi, atum : chercher de façon certaine.
7. obsecro ego vos : je vous supplie.
8. obtestor : je vous en conjure.
9. mi (= mihi) auxilio sitis : que vous me veniez en aide.
10. certum est : je veux.
11. quid ? : pourquoi ?
12. novi : je vous connais.
13. complures : nombreux.
14. creta, ae, f : craie.
15. occultant sese : se cachent.
16. quasi : comme si.
17. frugi : honnêtes.

Lire le texte

1. **a.** *Dans quel état d'esprit se trouve Euclion quand il découvre le vol ?*
b. *Quels types de phrases utilise-t-il ? Quel sentiment est ainsi traduit ?*

2. curro : je cours
Quo curram ? Où faut-il que je coure ?
a. *À quel temps et à quels modes sont les verbes de la traduction ?*
b. *Comparez* curro et curram *: quel suffixe marque le subjonctif ? Quelle autre traduction est possible ?*

3. demonstratis : vous montrez
oro ut demonstretis : je vous prie de montrer
Observez ces formes verbales. Quel suffixe indique leur mode ?

4. *Quelles différences observez-vous entre* sum, estis, sunt *et* sim, sitis, sint *?*
Quel suffixe marque le subjonctif de esse *?*

Formation du subjonctif présent

1re conjugaison	2e conjugaison	3e conjugaison	conjugaison mixte	4e conjugaison
amare : aimer	**habere** : avoir	**dicere** : dire	**capere** : prendre	**audire** : entendre
amem	**habeam**	**dicam**	**capiam**	**audiam**
ames	**habeas**	**dicas**	**capias**	**audias**
amet	**habeat**	**dicat**	**capiat**	**audiat**
amemus	**habeamus**	**dicamus**	**capiamus**	**audiamus**
ametis	**habeatis**	**dicatis**	**capiatis**	**audiatis**
ament	**habeant**	**dicant**	**capiant**	**audiant**

esse : être	**posse** : pouvoir	**ire** : aller
sim	**possim**	**eam**
sis	**possis**	**eas**
sit	**possit**	**eat**
simus	**possimus**	**eamus**
sitis	**possitis**	**eatis**
sint	**possint**	**eant**

Trois suffixes sont utilisés pour former le subjonctif présent latin (en bleu dans le tableau) :
-**e**- pour la première conjugaison ;
-**a**- pour les autres conjugaisons et le verbe **eo, is, ire** : *aller* ;
-**i**- pour le verbe **esse** et ses composés.

Valeurs du subjonctif présent

Dans une **proposition indépendante**, le subjonctif présent exprime :
- un ordre : **Veniat !** *Qu'il vienne !*
- un souhait : **Utinam veniat !** *Pourvu qu'il vienne !*
- un doute : **Quo curram ?** *Où courir ?*

Le subjonctif peut aussi être utilisé dans une **proposition subordonnée** :
- **complétive** (généralement après les verbes de volonté) :

Rogo ut veniat. *Je demande qu'il vienne.*
- **circonstancielle de but**, introduite par **ut** (*pour que*) ou **ne** (*pour que… ne pas*) :

Venit ut videat actores. *Il vient pour voir les acteurs.*
Fugit ne hostes eum occidant. *Il fuit pour que les ennemis ne le tuent pas.*

Exercices

Vocabulaire

Noms

actor, oris, m : acteur
auxilium, ii, n : secours, aide
fur, furis, m : voleur
spectator, oris, m : spectateur
theatrum, i, n : théâtre
vestitus, us, m : vêtement

Mots invariables

ne + subjonctif : pour que… ne pas
quasi : (+ indicatif) comme,
(+ subjonctif) comme si, sous prétexte que
ut + subjonctif : pour que
utinam + subjonctif : fasse le ciel que, pourvu que

Verbes

aufero, fers, ferre, abstuli, ablatum : emporter, enlever
cognosco, is, ere, cognovi, cognitum : apprendre à connaître, connaître, savoir
nescio, is, ire, i(v)i, itum : ignorer, ne pas savoir
occulto, as, are, avi, atum : cacher
plaudo, is, ere, plausi, plausum : applaudir
teneo, es, ere, tenui, tentum : tenir, retenir

Adjectif qualificatif

certus, a, um : décidé, déterminé, certain

Appliquer

Exercice 1 : former le subjonctif présent

Conjuguez ces verbes au subjonctif présent.

narro - teneo - cognosco - frango - capio - plaudo - transeo - adsum - conspicio - ambulo.

Exercice 2 : traduire le subjonctif présent

Traduisez en français ces verbes au subjonctif présent, qui sont employés dans une proposition indépendante.

1. Spectet ! **2.** Laboret ! **3.** Equum capiat ! **4.** Multi spectatores veniant ! **5.** Spectatores actores plaudant ! **6.** Utinam discipuli audiant ! **7.** Utinam adsit !

Exercice 3 : manier ut et ne

Traduisez ces phrases après les avoir complétées par ut *ou* ne.

1. Spectatores sedent … audiant. **2.** Fur fugit … dominus eum capiat. **3.** Bibimus et edimus … vivamus. **4.** In triclinium eo … cenem. **5.** Dormio … fessus sim.

Exercice 4 : thème

Traduisez ce texte inspiré de celui de Plaute.

Au théâtre, beaucoup de femmes et d'hommes sont là pour voir une pièce[1] de Plaute[2] dans laquelle un voleur prend la marmite[3] d'un vieil homme. Le vieillard[4] court dans le théâtre et demande que les spectateurs (lui) montrent le voleur.

1. pièce : fabula, ae, f. 2. Plaute : Plautus, i, m. 3. marmite : aula, ae, f. 4. vieillard : senex, senis, m.

Exercice 5 : lire en latin

Traduisez cette conclusion donnée au public par un personnage d'une autre pièce de Plaute.

Applaudissez, citoyens !

Ne expectetis, spectatores, dum[1] illi[2] ad vos exeant.
Nemo exibit, omnes intus conficient negotium.
Ubi id erit factum, ornamenta ponent ; postidea loci[3]
Qui deliquit[4] vapulabit[5], qui non deliquit bibet.

Nunc quod ad vos[6], spectatores, relicuum relinquitur[7] :
More majorum[8] date plausum postrema in comoedia.

PLAUTE, *Cistellaria*, v. 782-787.

1. ne expectetis… dum : n'attendez pas que.
2. illi : ceux-ci (les acteurs). 3. postidea loci : ensuite.
4. deliquit : a commis une faute. 5. vapulabit : sera châtié.
6. ad vos : quant à vous. 7. relicuum relinquitur : il vous reste encore ceci à faire. 8. more majorum : selon la coutume des ancêtres.

Jouer avec la langue

Exercice 6 : retrouver l'origine des mots

Complétez les phrases suivantes à l'aide d'un mot dérivé des mots latins indiqués entre parenthèses.

1. Un infirmier est un … médical. (auxilium)
2. Le participe passé employé avec l'… *être* s'accorde avec le sujet. (auxilium)
3. Cet homme est passionné par les sciences … . (occulto)

Exercice 7 : fur, furis, m

Expliquez les mots soulignés, issus du latin.

1. Il court, il court, le furet… 2. Euclion est malheureux parce qu'on lui a volé son argent. On peut le voit fureter partout sur la scène, et jeter des regards furtifs sur les spectateurs.

Exercice 8 : LE LATIN & LE GREC

Dans la deuxième colonne est donné le mot latin, dans la troisième son équivalent grec. Trouvez au moins un mot français dérivé de ces radicaux.

théâtre	theatrum, i, n	scênê
pièce de théâtre	fabula, ae, f	drama
acteur	actor, oris, m	upokritês
regarder	specto, as, are	skopô
costume	vestitus, us, m	esthêtos
troupe théâtrale	grex, gregis, m	plêthos

Exercice 9 : le jeu de l'intrus

Trouvez l'intrus.

1. Romam - puellam - legam - fabulam - pugnam - convivam.
2. amas - putas - rogas - oras - trahas - appellas.
3. sedes - habes - times - credes - tenes - vides.
4. audiant - auferant - occultant - plaudant.
5. auxilium - theatrum - vestitum - negotium.

Exercice 10 : récréation

L'avare n'aime que les chiffres… Trouvez le sens de cette phrase codée.

clé : E - O = 6 - 16

_ _ _   _ _ _ _ _
7 22 19   2 22 13 2 14

_ _ _ _ _ _
19 2 17 22 10 21

Linguistes en herbe

Acta est fabula.
La pièce est terminée.

C'est ainsi qu'on annonçait dans le théâtre antique la fin d'une représentation théâtrale. Telles furent également les dernières paroles de l'empereur Auguste (64 av. J.-C.-14 apr. J.-C.) sur son lit de mort.

Être acteur à Rome

Masque d'acteur de théâtre (détail), mosaïque romaine provenant de la villa Adriana (Rome, Musées capitolins).

Une scène de théâtre (détail), relief romain du Ier siècle (Rome, Musée de la civilisation romaine).

Masque tragique romain (Ier siècle) (Rome, musée du Capitole).

Dans l'Antiquité, la condition d'acteur était considérée comme infamante. Les troupes d'acteurs étaient composées d'esclaves et d'affranchis, mais pas de femmes. Les vêtements permettaient aux spectateurs de reconnaître rapidement les personnages : les esclaves portaient une tunique, les pauvres des vêtements rouges, les vieillards des costumes blancs, les jeunes gens des habits bariolés. Les acteurs tragiques portaient des cothurnes, chaussures à très hautes semelles. Les acteurs comiques avaient des sortes de pantoufles, les socci. À l'époque de Cicéron, les acteurs mirent des masques. Effrayants ou comiques, ils permettaient de repérer un type de personnage.

Les ressorts du comique

- **Le comique de situation :** le **quiproquo** est une situation fréquente dans la comédie (un personnage ou un objet y est pris pour un autre). L'**aparté** permet à un personnage de s'adresser directement au public, en cachette de son interlocuteur.
- **Le comique de gestes :** la bastonnade, la bagarre.
- **Le comique des personnages :** le **physique** de certains provoque le rire, par exemple le bossu, le joufflu (bucco), la vieille (lupa, entremetteuse), la ménagère qui n'a que deux dents, le parasite (qui vit aux crochets des autres), aux oreilles décollées, tant il a reçu de coups.

D'autres personnages sont comiques par leur **caractère** : le vaniteux (gloriosus), le paysan (maccus) berné à cause de sa bêtise, le valet qui trompe son maître, le vieillard grincheux (pappus).

- **Le comique des mots :** le langage est souvent familier et émaillé de jurons ou d'injures, comme Hercule ! *(Par Hercule !)*, Edepol ! *(Par Pollux !)*, Verberabilissime *(Toi qui n'es bon qu'à être mille fois rossé)*, Stolide *(Idiot !)*.

De Plaute à Molière

HARPAGON. *(Il crie au voleur dès le jardin et sort sans chapeau.)* – Au voleur ! au voleur ! à l'assassin ! au meurtrier ! Justice, juste Ciel ! je suis perdu, je suis assassiné, on m'a coupé la gorge, on m'a dérobé mon argent. Qui peut-ce être ? Qu'est-il devenu ? Où est-il ? Où se cache-t-il ? Que ferai-je pour le trouver ? Où courir ? Où ne pas courir ? N'est-il point là ? N'est-il point ici ? Qui est-ce ? Arrête ! Rends-moi mon argent, coquin... *(Il se prend lui-même le bras.)* Ah, c'est moi ! Mon esprit est troublé, et j'ignore où je suis, qui je suis et ce que je fais. Hélas ! mon pauvre argent, mon pauvre argent, mon cher ami ! on m'a privé de toi ; et puisque tu m'es enlevé, j'ai perdu mon support, ma consolation, ma joie ; tout est fini pour moi, et je n'ai plus que faire au monde ! Sans toi, il m'est impossible de vivre. C'en est fait, je n'en puis plus ; je me meurs, je suis mort, je suis enterré. N'y a-t-il personne qui puisse me ressusciter, en me rendant mon cher argent, ou en m'apprenant qui l'a pris ? Euh ? que dites-vous ? Ce n'est personne. Il faut, qui que ce soit qui ait fait le coup, qu'avec beaucoup de soin on ait épié l'heure ; l'on a choisi justement le temps que je parlais à mon traître de fils. Sortons. Je veux aller quérir la justice, et faire donner la question à[1] toute la maison : à servantes, à valets, à fils, à fille, et à moi aussi. Que de gens assemblés ! Je ne jette mes regards sur personne qui ne me donne des soupçons, et tout me semble mon voleur. Eh ! de quoi est-ce qu'on parle là ? De celui qui m'a dérobé ? Quel bruit fait-on là-haut ? Est-ce mon voleur qui y est ? De grâce, si l'on sait des nouvelles de mon voleur, je supplie que l'on m'en dise. N'est-il point caché là parmi vous ? Ils me regardent tous, et se mettent à rire. Vous verrez qu'ils ont part, sans doute, au vol que l'on m'a fait. Allons vite, des commissaires, des archers, des prévôts, des juges, des gênes[2], des potences et des bourreaux. Je veux faire pendre tout le monde ; et si je ne retrouve mon argent, je me pendrai moi-même après.

MOLIÈRE, *L'Avare*, acte IV, scène 7.

1. *Donner la question à* : soumettre à la torture.
2. *Gênes* : tortures, supplices.

L'Avare de Molière, mise en scène de Jérôme Savary, avec Jacques Sereys dans le rôle d'Harpagon (Orléans, théâtre du Cado, 1999).

1. a. *Comparez le monologue d'Euclion (➠ p. 108) avec celui d'Harpagon, l'avare de Molière : comment sont-ils composés ? Quelles sont les formules que Molière a reprises ?*
b. *Étudiez le rythme des phrases du texte de Molière en recherchant les échos, les répétitions, les oppositions. Quel est l'effet produit ?*
c. *Repérez les termes par lesquels l'acteur interpelle le public.*
d. *Quels jeux de scène proposez-vous pour les deux monologues ? Jouez chacun d'eux.*

2. *Observez entre le texte de Plaute, celui de Molière et l'illustration ci-dessus l'évolution de l'objet qui contient l'argent.*

13. Aux jeux

Ci-contre : combat contre les léopards (détail).
Ci-dessous : gladiateurs combattant (détail), mosaïques romaines (Rome, galerie Borghèse).

Lire les images

1. *Deux types de jeux de cirque sont présentés sur ces mosaïques. Lesquels ?*

2. *Observez et décrivez l'équipement des gladiateurs.*

3. *Comment sont suggérés la violence et le danger qui menacent les gladiateurs ?*

Finie la plaisanterie !

Les jeux du cirque rencontraient un tel succès auprès du public qu'on pouvait en voir du matin jusqu'au soir. Plus le spectacle était sanglant, plus les spectateurs étaient contents...

Casque de *secutor* (poursuiveur) (Ier siècle) (Naples, Musée national d'archéologie).

Le hasard m'a fait tomber en plein spectacle de midi : je m'attendais à des jeux, des épisodes amusants, quelque chose de divertissant, qui repose les yeux des spectateurs de la vue du sang humain. C'est le contraire. Finie maintenant la plaisanterie ! Ce sont de véritables massacres. Les combattants n'ont rien pour se protéger. Tout leur corps est exposé aux coups : jamais eux-mêmes ne frappent en vain. Le grand public préfère ce genre de combat à ceux des paires de gladiateurs. Et cela se comprend. Là, pas de casque, pas de bouclier qui arrête le fer. À quoi bon les armes défensives, les combats en règle ? Tout cela ne fait que retarder la mort. Le matin, les hommes sont jetés en pâture aux lions et aux ours ; à midi, ils sont livrés aux spectateurs. Les tueurs sont forcés par la foule à se mesurer à ceux qui les tueront : on garde le vainqueur pour un autre massacre. La seule issue pour les combattants est la mort.

SÉNÈQUE (4 av. J.-C.-65 apr. J.-C.), *Lettres à Lucilius*, livre I, lettre 7, trad. des auteurs.

La course tant attendue...

Nous sommes à Lugdunum (Lyon) : les jeux du cirque rencontrent un succès éclatant...

Deux jambières de gladiateur en bronze (Ier siècle), découvertes dans la Caserne des gladiateurs à Pompéi (Naples, Musée national d'archéologie).

Le cirque dessine un bel ovale sur lequel sont installés les gradins. La piste est en épingle à cheveux. Au centre, la « spina », une sorte de long mur, est ornée de statues et de fontaines. À chacune de ses extrémités se dresse une borne autour de laquelle les chars doivent tourner. Dans le brouhaha général, un homme fait sauter son singe au-dessus d'une échelle.

Le silence se fait dans le cirque lorsque Caius Julius Camulus[1] entre dans la loge d'apparat, suivi par quelques hauts fonctionnaires. Aussitôt chacun se prépare pour la course tant attendue. Des palefreniers, aux tuniques rouges, bleues, vertes ou blanches, selon l'écurie à laquelle ils appartiennent, conduisent les chars derrière les barrières de départs.

Odile WEULERSSE, *Le Serment des catacombes*, Hachette, coll. « Livre de poche jeunesse », 2004.

1. *Caius Julius Camulus* : un des héros du roman, prêtre du temple de Rome.

Lire les textes

1. a. *Pourquoi Sénèque emploie-t-il le mot « massacre » (l. 5) ?*
b. *Quel aspect de ces spectacles révolte le plus l'auteur ?*

2. a. *Quelle est l'atmosphère qui entoure le spectacle décrit dans le second texte ?*
b. *Qu'est-ce qu'une « loge d'apparat » (l. 7) ?*
c. *Faites un croquis de ce cirque en vous aidant des précisions données.*

Lire en latin

« Cet amusement futile, fade, monotone »…

Pline le Jeune écrit à un ami pour lui dire tout le mal qu'il pense des jeux du cirque…

C. Plinius Calvisio suo S.

Omne hoc tempus inter pugillares[1] ac libellos[2] **jucundissima** quiete transmisi[3]. « Quem ad modum », inquis, « in urbe potuisti ? » Circenses erant. Nihil novum, nihil varium, nihil quod non semel spectavisse sufficiat[4]. Miror tot[5] milia virorum tam pueriliter cupere currentes equos, insistentes[6] curribus homines videre. Si tamen aut velocitate equorum aut hominum arte traherentur[7], esset ratio non nulla[8] ; nunc favent panno[9], pannum amant. Tanta gratia[10], tanta auctoritas[11] in una **vilissima** tunica, mitto[12] apud vulgus, quod vilius tunica, sed apud quosdam[13] graves homines ; quos ego cum recordor[14] in re inani, frigida, adsidua[15] tam insatiabiliter desidere[16], capio aliquam[17] voluptatem quod[18] hac voluptate non capior[19]. Ac per hos dies otium meum in litteris colloco[20], quos alii **otiosissimis** occupationibus perdunt. Vale.

Pline le Jeune (61-114), *Lettres*, IX, 6 (extraits).

1. pugillares, ium, m pl : tablettes.
2. libellus, i, m : lettre.
3. transmisi : j'ai passé.
4. nihil quod non semel spectavisse sufficiat : rien qu'il ne suffise d'avoir vu une fois.
5. miror tot : je m'étonne que tant.
6. insistentes : assis.
7. traho, is, ere, traxi, tractum : attirer.
8. esset ratio non nulla : ce goût pourrait s'expliquer.
9. pannus, i, m : habit.
10. tanta gratia : telle est la faveur.
11. tanta auctoritas : telle est l'importance.
12. mitto : je ne dis pas.
13. quosdam : certains.
14. cum recordor : quand je pense.
15. adsiduus, a, um : monotone.
16. desideo, es, ere, sedi, sessum : rester assis.
17. aliquam : quelque.
18. quod : parce que.
19. non capior : je ne suis pas séduit.
20. colloco, as, are, avi, atum : je consacre.

Lire le texte

1. a. *Quelle différence notez-vous entre ce qu'admire l'auteur* (jucundissima quiete) *et ce qu'il méprise* (vilissima tunica, otiosissimis occupationibus) *?*
b. *Comment appelle-t-on ce procédé qui consiste à opposer deux idées (deux situations, deux objets, deux personnes…) ?*

2. jucundissima quiete : dans le plus agréable repos
otiosissimis occupationibus : dans les occupations les plus inutiles
a. *Comparez les adjectifs latins et leur traduction.*
b. *Connaissez-vous une autre façon de traduire le superlatif?*

3. vilissima tunica (vilis, is, e) : une tunique vulgaire
in otiosissimis occupationibus (otiosus, a, um) : dans les occupations les plus inutiles
a. *Observez ces deux adjectifs au superlatif.*
b. *Que concluez-vous sur la formation du superlatif latin ?*

Grammaire

L'expression du superlatif de supériorité

En français, le superlatif de supériorité peut être exprimé :
- par le superlatif **relatif** : *le plus grand* (par rapport aux autres) ;
- par le superlatif **absolu** : *très grand* (sans comparaison : *très grand en soi*).

En latin, ces deux nuances se traduisent par la même forme d'adjectif. Mais, dans le premier cas, le superlatif est suivi d'un complément au génitif; dans le deuxième, il est employé seul :

villa omnium jucundissima : *la maison la plus agréable de toutes*
(omnium : complément au génitif)

villa jucundissima : *une maison très agréable*

Formation du superlatif de supériorité

Pour former un superlatif de supériorité, on ajoute le suffixe **-issimus**, **a**, **um** au radical de l'adjectif :

jucundus, a, um → **jucundissimus, a, um** : *le plus agréable*

L'adjectif ainsi obtenu s'accorde **en cas, genre et nombre** avec le nom qu'il accompagne et se décline sur le modèle de **bonus, a, um.** ➡ tableau, p. 188

Les superlatifs de supériorité irréguliers ➡ p. 91

adjectifs	superlatifs
bonus, a, um : *bon*	**optimus, a, um** : *le meilleur, très bon*
malus, a, um : *mauvais*	**pessimus, a, um** : *le pire, très mauvais*
parvus, a, um : *petit*	**minimus, a, um** : *le plus petit, très petit*
magnus, a, um : *grand*	**maximus, a, um** : *le plus grand, très grand*
multi, ae, a : *nombreux*	**plurimi, ae, a** : *les plus nombreux, très nombreux*
propinquus, a, um : *proche*	**proximus, a, um** : *le plus proche, très proche*

Les adjectifs qui se terminent par **-er** forment leur comparatif en **-errimus** :

miser, misera, miserum → **miserrimus, a, um** : *le plus malheureux*

Exercices

Vocabulaire

Noms

circenses, ium, m : jeux du cirque
currus, us, m : char
gladiator, oris, m : gladiateur
occupatio, onis, f : occupation
otium, ii, n : loisir, inaction
ratio, onis, f : raison, calcul, rôle
tunica, ae, f : tunique
voluptas, atis, f : plaisir

Verbes

cupio, is, ere, cupi(v)i, itum : désirer
faveo, es, ere, favi, fautum + datif : favoriser
perdo, is, ere, perdidi, perditum : perdre

Adjectifs qualificatifs

liber, libera, liberum : libre
miser, misera, miserum : malheureux
novus, a, um : nouveau
otiosus, a, um : indifférent, calme, inutile
pulcher, chra, chrum : beau, joli
saevus, a, um : cruel, sévère
varius, a, um : varié, divers
vilis, e : bon marché, sans valeur, vulgaire

Mots invariables

quemadmodum/quem ad modum : comment ?
semel : une fois, une seule fois

Appliquer

Exercice 1 : former le superlatif de supériorité

Mettez ces adjectifs au superlatif de supériorité.

clarus - falsus - jucundus - quietus - dulcis - frigidus - calidus - novus - miser - pulcher - tristis.

Exercice 2 : manier le superlatif

Ajoutez au superlatif la désinence qui convient. Puis traduisez ces phrases en français.

1. Consul clarissim... est. **2.** Servi saepe miserrim... sunt. **3.** Optim... ducem approbo. **4.** Tunicae pulcherrim... sunt. **5.** Gladiatores fortissim... sunt. **6.** Templum altissim... est.

Exercice 3 : ajouter des compléments du superlatif

Ajoutez un complément à ces phrases et traduisez.

1. Fabula jucundissima ... est. **2.** Ludi optimi ... sunt. **3.** Plautus clarissimus ... est. **4.** Circenses saevissimi ... sunt **5.** Roma pulcherrima ... est.

Exercice 4 : version

Traduisez en français cette lettre écrite par Pline en l'honneur de Trajan alors empereur.

Plinius secundus Minor imperatori suo s. d. « Victoriae tuae, optime imperator, maximae, pulcherrimae, antiquissimae et tuo nomine, et rei publicae gratulor[1]. »

1. gratulor (+ datif) : je (te) félicite pour.

Exercice 5 : réviser les degrés des adjectifs

Complétez le tableau suivant.

Adjectif	Comparatif	Superlatif
clarus		
	fortior	
		miserrimus
		dulcissima
	pulchrior	
multi		
	vilior	

Exercice 6 : réviser les textes

Traduisez les groupes de mots suivants extraits des chapitres précédents.

1. densiore umbra. **2.** scio fures esse hic complures. **3.** tristissimus haec tibi scribo. **4.** qua constantia novissimam valetudinem tulit ! **5.** Non queo plura jam scribere.

Exercice 7 : lire en latin

Traduisez ce texte en français.

Un songe prémonitoire

Haterius Rufus[1], inter quietem retiarii manu se confodi[2] vidit, idque[3] postero die narravit. Incidit[4] deinde ut retiarius cum mirmillone introduceretur[5] : cujus cum faciem vidisset[6], idem dixit ab illo retiario se trucidari putavisse, inde[7] discedere voluit. Tum retiarius, in eum locum compulso mirmillone et abjecto[8], dum jacentem ferire conatur[9], trajectum gladio Haterium interemit[10].

D'après VALÈRE MAXIME.

1. H. Rufus : nom d'un chevalier romain. 2. confodi : transpercé. 3. idque : et cela. 4. incidit : il arriva. 5. introduceretur : soit amené. 6. cujus cum faciem vidisset : quand il eut vu son visage. 7. inde : de là. 8 : compulso abjecto : ayant été poussé et terrassé. 9. dum jacentem conatur : voulant le frapper alors qu'il était à terre. 10. trajectum interemit : transperça et tua.

Jouer avec la langue

Exercice 8 : retrouver l'origine des mots

Expliquez les mots soulignés, à l'aide du vocabulaire.

1. Il habite à proximité de la mairie. **2.** La cupidité de cet homme est sans limites. **3.** Ce chanteur a su gagner les faveurs du public. **4.** Si tu fais un minimum d'efforts, tu réussiras. **5.** Fais le maximum pour réussir ! **6.** Vous êtes trop pessimiste, voyez le bon côté de la situation. **7.** On vient de nous signaler un navire en perdition.

Exercice 9 : LE LATIN & LE GREC

1. *En latin,* novus *signifie* nouveau. *Complétez ces phrases avec le mot juste.*

1. Cet homme pense toujours à tout changer : il fait preuve d'un esprit … . 2. En matière d'art, il faut sans cesse … . 3. Il a peu d'expérience : il est encore … dans le métier. 4. Il faut … la façade de ce vieil immeuble. 5. Cette femme ne sera religieuse qu'après son … .

2. *En grec,* néos *signifie* nouveau. *Expliquez ce que signifient ces mots ou expressions.*

1. un néologisme. 2. la médecine néonatale. 3. néomanie (mania : passion). 4. néophobe (phobe : qui déteste). 5. la période néolithique. 6. l'architecture néoclassique. 7. un tube au néon.

Exercice 10 : récréation

Remplissez la grille.

1. On peut les voir dans les amphithéâtres. 2. Pline aime le faire. 3. La foule l'est, quand elle n'a rien à faire. 4. Vous passez à l'action.

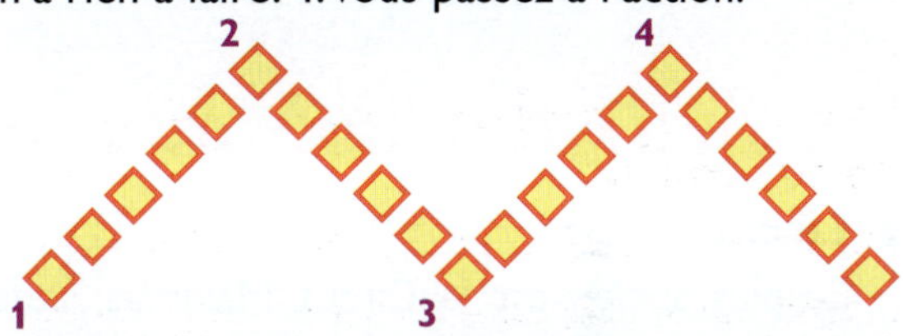

Linguistes en herbe

Panem et circenses.

Du pain et des jeux.

Tels sont les mots méprisants de Juvénal dans ses *Satires* (X, 81) pour les Romains pauvres qu'il juge incapables de s'intéresser à autre chose qu'aux distributions de blé gratuites et aux jeux du cirque qu'on leur offrait pour leur faire oublier leur misère.

Prolongements

L'aurige Eutatus participant à une course de chars (détail), mosaïque romaine du IVe siècle (Rome, Musée national des thermes).

1. *Qu'est-ce qu'un aurige ? Quel est le nom de celui qui est représenté ici ? Quel type de char conduit-il ?*
2. *Quelles sont les couleurs utilisées dans cette mosaïque ? Quel effet produisent-elles ?*

Les lieux destinés aux jeux

- **Le cirque**

Le plus ancien est le Circus Maximus, situé entre le Palatin et l'Aventin. Ses gradins peuvent accueillir près de 200 000 spectateurs, et son tour de piste mesure 1 500 mètres. On pouvait voir dans les cirques de nombreux types de divertissements : chasses, combats de fauves, courses de chars (quadriges, chars à quatre chevaux, ou biges, chars à deux chevaux).

- **L'amphithéâtre**

De forme elliptique ou circulaire, l'amphithéâtre est formé de trois parties : les gradins, l'arène (arena, *sable*) et les coulisses, sous l'arène. Le plus connu est le Colisée, pouvant accueillir jusqu'à 50 000 personnes. C'est là qu'avaient lieu les luttes de gladiateurs, contre des animaux ou entre eux, et les combats navals (naumachies), pour lesquels l'amphithéâtre était alors spécialement aménagé.

Les gladiateurs

Généralement recrutés parmi les prisonniers de guerre, les citoyens condamnés ou les esclaves, les gladiateurs (de gladius, *épée*) étaient entraînés dans des écoles spéciales (ludi gladiatorii). Certains gladiateurs, sous l'empire, étaient devenus de vraies idoles. Le public avait le droit de réclamer la mise à mort d'un combattant en abaissant le pouce vers le sol ou de demander sa grâce en levant le pouce. L'empereur accédait alors aux désirs de la foule.

Le lion d'Androclès

Un jour, au Circus Maximus, se déroule un combat entre fauves et esclaves. On fait entrer un certain Androclès. À la surprise générale, le lion s'approche doucement de lui et lui prodigue de nombreuses marques d'affection. On demande des explications à Androclès ; il prend alors la parole...

« Comme mon maître était proconsul dans la province d'Afrique, je fus contraint de fuir à cause des coups que je recevais injustement chaque jour et, pour trouver des cachettes plus sûres contre mon maître qui était gouverneur de la province, je me retirai dans les plaines sableuses et désertes avec le projet, au cas où la nourriture me ferait défaut, de chercher la mort par n'importe quel moyen. Alors, ayant trouvé à midi, sous un soleil de feu dévorant, une grotte écartée et secrète, j'y pénètre et m'y cache.

Peu de temps après, ce lion pénètre dans la même grotte, la patte malade et sanglante, poussant des gémissements et des rugissements, se plaignant de la douleur causée par sa blessure. Et là, à peine eus-je vu le lion qui arrivait, je fus terrifié et anéanti sous l'effet de la peur. Mais quand le lion, entré dans son repaire, me vit de loin en train de me cacher, il s'approcha, doux et apprivoisé, souleva sa patte et sembla me la tendre comme pour demander secours. Alors, j'arrachai une immense racine fixée à la plante de sa patte, je fis sortir le pus qui s'était formé à l'intérieur de la blessure ; avec grand soin, sans plus de crainte, je séchai à fond et essuyai le sang. Soulagé par mon aide et mes soins, la patte dans ma main, il se reposa et se calma ; à partir de ce jour, pendant trois annnées entières, le lion et moi avons vécu dans la même grotte et avec la même nourriture. »

Le public, ému par ce récit, demanda la grâce d'Androclès. On lui fit en outre cadeau de ce lion. Et les gens disaient en le voyant par les rues de la ville : « Voici le lion qui fut l'hôte de l'homme, voici l'homme qui fut le médecin du lion. »

AULU-GELLE (mort vers 130),
Nuits attiques, t. II, livre V,
trad. des auteurs.

Le Colisée, Rome (Ier siècle).

1. *Quels sont les trois temps utilisés dans ce récit ? Quelles en sont les valeurs ?*

2. *Comment Androclès présente-t-il sa rencontre avec le lion ? En quoi est-elle terrifiante pour lui ?*

3. *Quelles indications nous fournit Androclès sur la condition des esclaves ?*

4. *À quoi voit-on la puissance du peuple dans les jeux du cirque ?*

14. Aux thermes

Intérieur des bains romains de Stabiae à Pompéi (Ier siècle av. J.-C.).

En haut : thermes impériaux construits au IIe siècle à Trèves, en Allemagne.
En bas : bains romains, dessin réalisé d'après une peinture murale romaine.

Lire les images

1. *Qu'y a-t-il de commun dans ces trois documents sur le plan architectural ?*
2. *Déchiffrez le plus grand nombre d'inscriptions qui figurent sur la reconstitution : à quelles réalités correspondent-elles ?*
3. *À quel usage étaient destinés les creux percés dans la pierre de l'intérieur pompéien ?*

« Enduit de parfum »...

Un jeune homme débauché, Encolpe, est invité à dîner chez un affranchi richissime, Trimalcion, qui aime avant tout faire étalage de sa fortune. Avant le dîner (➨ p. 104), ils se rendent aux bains...

Nous pénétrâmes dans le bain, et, après nous être réchauffés dans l'étuve, nous passâmes au bout d'un moment à l'eau froide. Déjà, Trimalcion, enduit de parfum, se faisait essuyer, non avec de la toile, mais avec des serviettes de laine très souple. Cependant, trois masseurs médicaux, sous ses yeux, buvaient du Falerne[1] et, comme, en se disputant, ils en répandaient une grande quantité, Trimalcion disait qu'ils buvaient à sa santé et à ses frais. Puis on l'enroula dans une bure[2] écarlate et on le déposa sur sa litière, que précédaient quatre coureurs couverts de médailles et une voiturette à main.

PÉTRONE (mort en 65), *Satiricon*, 28,
trad. P. Grimal, Gallimard, coll. « Bibliothèque de la Pléiade », 1969.

1. *Falerne* : vin très réputé et cher. 2. Bure : vêtement de grosse laine.

Un « casse-pieds » aux thermes

Échapper, aux thermes et dans les alentours des bains publics, à Ménogénès[1], est chose impossible, même en y employant tous les moyens. Il saisira le ballon brûlant de sa main droite et de sa main gauche, afin de pouvoir inscrire à votre compte ses propres prises. Il ramassera pour vous l'apporter la balle flasque qu'il cueille dans la poussière, même s'il s'est déjà baigné, même s'il s'est déjà chaussé. Si vous prenez votre serviette, il la dira plus blanche que la neige, fût-elle plus sale qu'une bavette d'enfant. Passez-vous un peigne dans vos cheveux clairsemés ? Il dira digne d'Achille la chevelure que vous venez d'arranger. Il essuiera sans se lasser la sueur de votre front. Il vous louera en tout, il vous admirera pour tout, jusqu'à ce que, accablé de tant de prévenances fatigantes, vous lui disiez : « Viens dîner. »

MARTIAL (40-104), *Épigrammes*, t. II livre XII, 82 (extraits),
trad. H.-J. Izaac, Les Belles Lettres, 1933.

1. *Ménogénès* : nom du « casse-pieds ».

Affiche publicitaire (1950-1960).

Lire les textes

1. *Relevez tous les détails qui montrent la richesse de Trimalcion dans le premier texte.*
2. *Quel est l'objectif poursuivi par Ménogénès dans le second texte ? Comment appelle-t-on ce genre de personnage ?*
3. *Quels renseignements ces deux textes vous donnent-ils sur l'atmosphère qui règne dans les thermes ?*

Habiter au-dessus des thermes

Ecce undique[1] me varius clamor circumsonat. Supra enim balneum habito. **Cum fortiores exercentur et manus plumbo graves**[2] **jactant**[3], **cum aut laborant, aut laborantem imitantur**[4], gemitus audio, **quoties retentum spiritum**[5] **remiserunt**[6], sibilos[7] et acerbissimas respirationes. Si vero[8] pilicrepus[9] supervenit et numerare coepit[10] pilas[11], actum est[12]. **Adjice** nunc quos in piscinam cum ingenti impulsae aquae sono saliunt. Alipilum[13] **cogita** tenuem et stridulam vocem exprimentem nec umquam[14] tacentem, nisi **dum vellit alas**[15] et alium pro se[16] clamare cogit[17]. Jam biberarii[18] varias exclamationes et botularium[19] et crustularium[20] et omnes popinarum[21] institores[22] mercem[23] vendentes.

SÉNÈQUE (4-65), *Lettres à Lucilius*, livre VI, lettre 56.

1. ecce undique : voilà que de toutes parts.
2. plumbo graves : alourdies par le plomb.
3. jacto, as, are, avi, atum : agiter.
4. imitantur : imitent.
5. retentum spiritum : leur souffle retenu.
6. remitto, is, ere, misi, missum : relâcher.
7. sibilus, a, um : sifflant.
8. vero : en plus.
9. pilicrepus, i, m : joueur de balle.
10. coepit : commence.
11. pila, ae, f : balle.
12. actum est : c'est le comble.
13. alipilus, a, um : l'arracheur de poils.
14. nec umquam : et jamais.
15. dum vellit alas : pendant qu'il épile les aisselles.
16. pro se : à sa place.
17. cogo, is, ere, coegi, coactum : obliger.
18. biberarius, ii, m : marchand de boissons.
19. botularius, ii, m : fabricant de boudins.
20. crustularius, ii, m : confiseur.
21. popina, ae, f : boutique.
22. institor, oris, m : commerçant.
23. merx, mercis, f : marchandise.

Lire le texte

1. a. *Qui a écrit ce texte ? À qui s'adresse-t-il ?*
b. *Quels sentiments le narrateur éprouve-t-il ? Comment les rend-il vivants et expressifs ?*

2. adjice : ajoute
cogita : pense
a. *Quel est le mode de ces verbes ?*
b. *Quel est leur infinitif ?*

3. cum laborant : quand ils travaillent
quoties retentum spiritum remiserunt : chaque fois qu'ils ont relâché leur souffle retenu
dum vellit alas : pendant qu'il épile des aisselles
a. *Quelle est la fonction de ces propositions ?*
b. *Quel est le mode utilisé dans ces propositions ?*
c. *Comment s'appelle le mot qui les introduit ?*

Grammaire

L'impératif présent

- En français, pour exprimer un ordre, on utilise généralement le **mode impératif** :
Viens ! Venons ! Venez !
- Il n'existe en latin que deux formes à l'impératif, les deuxièmes personnes singulier et pluriel :
veni ! venite !

1re conjugaison	2e conjugaison	3e conjugaison	conjugaison mixte	4e conjugaison
amare : aimer	**habere** : avoir	**legere** : lire	**capere** : prendre	**audire** : entendre
ama **amate**	**habe** **habete**	**lege** **legite**	**cape** **capite**	**audi** **audite**

esse : être	ire : aller
es **este**	**i** **ite**

- La deuxième personne du singulier ne comprend pas de désinence : elle correspond au radical du présent. Pour la retrouver, il faut enlever la syllabe **-re** de l'infinitif.
La deuxième personne du pluriel comprend la désinence **-te** (en rouge dans le tableau).
- À la troisième conjugaison et à la conjugaison mixte, le radical se termine en **-i** au pluriel (en bleu dans le tableau).
- Retenez quatre impératifs irréguliers au singulier :
dic : *dis* **duc** : *conduis* **fac** : *fais* **fer** : *porte, supporte*

L'expression de la défense

Elle s'exprime en latin par **noli**, **nolite** : *ne veuille pas, ne veuillez pas* suivi de l'**infinitif présent** :
Noli ridere. *Ne ris pas.* **Nolite ridere.** *Ne riez pas.*

Les propositions subordonnées circonstancielles de temps

Les propositions subordonnées circonstancielles de temps se construisent pour la plupart avec l'**indicatif** et sont introduites par une **conjonction de subordination** :
cum, **ubi** : *quand* **dum** : *pendant que* **quotie(n)s** : *chaque fois que*

Exercices

Vocabulaire

Verbes

adjicio, is, ere, jeci, jectum : ajouter
habito, as, are, avi, atum : habiter
noli + infinitif : ne veuille pas
salio, is, ire, salui, saltum : sauter
taceo, es, ere, tacui, tacitum : se taire
vendo, is, ere, vendidi, venditum : vendre

Adjectifs qualificatifs

calidus, a, um : chaud
frigidus, a, um : froid

Noms

balneum, i, n : bain, bain public
clamor, oris, m : cri
merx, mercis, f : marchandise
piscina, ae, f : piscine, vivier
thermae, arum, f : thermes, bains

Mots invariables

dum + indicatif : pendant que
nisi : si ce n'est
quotie(n)s + indicatif : chaque fois que

Appliquer

Exercice 1 : exprimer l'ordre

Traduisez ces verbes à l'infinitif, puis transformez-les de façon à exprimer l'ordre.

écoute - demande - dîne - reçois - jette - montre - saute - prie - soignez - espérez - recevez - envoyez - décidez - craignez - prenez - portez.

Exercice 2 : exprimer la défense

Reprenez les verbes précédents et transformez l'ordre en défense.

Exercice 3 : former des subordonnées temporelles

Traduisez en latin.

1. Quand je crie, tu te tais. 2. Chaque fois que je vais à la piscine, je saute dans l'eau. 3. Chaque fois que j'entends des cris, je suis fatigué. 4. Pendant que le maître dort, les esclaves travaillent.

Exercice 4 : retenir le texte

Traduisez de mémoire ces groupes de mots.

1. Me varius clamor circumsonat. 2. Cum fortiores laborant, gemitus audio. 3. Adjice quos in piscinam saliunt. 4. Omnes institores mercem vendentes.

Exercice 5 : lire en latin

Traduisez en français cet extrait du Petit Prince.

Tum ipsum prodiit[1] vulpes[2].
VULPES. – Salve.
REGULUS. – Salve.
Quod[3] cum regulus urbane[4] respondisset[5], se convertit[6] nec quidquam[7] vidit.
Tum vox :
VULPES. – Hic[8] sum... sub malo[9].
REGULUS. – Quae bestia es ? Valde venusta[10] es !
VULPES. – Vulpes sum.
Quam[11] regulus invitavit :
REGULUS. – Veni mecum lusum[12]. Adeo[13] tristis sum.
VULPES. – Tecum ludere non possum. Nam non mansueta[14] sum.
REGULUS. – Hem ! Da mihi veniam[15] !
VULPES. – Quaeso[16]... Mansuesce me, inquit !...
Regulus igitur vulpem mansuevit.

Antonius a SANCTO EXUPERIO, *Regulus* (extraits), trad. A. Haury, Hazan, 1961.

1. ipsum prodiit : s'avança vers lui. 2. vulpes : renard. 3. quod : cela. 4. urbane : poliment. 5. cum regulus respondisset : comme le Petit Prince avait répondu. 6. convertit : tourna. 7. nec quidquam : et ne rien. 8. hic : ici. 9. sub malo : sous le pommier. 10. valde venusta : bien jolie. 11. quam : lui (le renard). 12. lusum : jouer. 13. adeo : tellement. 14. mansueta : apprivoisé. 15. da mihi veniam : pardonne-moi. 16. quaeso : je t'en prie.

Exercice 6 : thème

Traduisez en latin la recette suivante, en utilisant l'impératif.

Prends du sanglier[1], ajoute du sel, attends[2] un jour. Le lendemain, mets[3]-le au four[4]. Quand il est cuit[5], arrose[6] avec du miel et du vin.

D'après APICIUS.

1. sanglier : aper, apri, m. 2. attendre : exspecto, as, are, avi, atum. 3. mettre : impono, is, ere, posui, positum. 4. four : furnus, i, m. 5. il est cuit : coctus est. 6. arroser : aspergo, is, ere, spersi, spersum.

Jouer avec la langue

Exercice 7 : observer des familles de mots

À l'aide du mot latin entre parenthèses, donnez la signification des dérivés suivants.

1. une chaudière - un chaudron - échauder - nonchalant. (calidus) 2. réfrigérateur - frileux - froideur - froidure. (frigidus)

Exercice 8 : retrouver l'origine des mots

Expliquez les mots soulignés à l'aide du vocabulaire.

1. Chaque été, nous allons dans une station balnéaire. 2. Les clameurs de la foule en colère ont retenti dans toute la ville. 3. Frigidus est un adjectif. 4. Mercure est le dieu du commerce. 5. Les HLM sont des habitations à loyer modéré. 6. Ils ont conclu un accord tacite. 7. Cet homme est extrêmement taciturne.

Exercice 9 : LE LATIN & LE GREC

1. *À partir du latin* balneum, i, n : bain, *complétez ces phrases.*

1. Banyuls-sur-mer est une jolie station … . 2. La … soigne certaines affections par les bains. 3. Cette salle de … possède une magnifique … encastrée. 4. À l'heure de la …, il y a beaucoup de monde sur la plage. 5. Jadis les forçats travaillaient au … .

2. *En grec, le radical* therm- *indiquait d'abord une idée de chaleur, puis le sens s'est étendu aux eaux chaudes et au traitement par les eaux. Expliquez les mots ou expressions suivants.*

1. un thermostat. 2. un thermomètre. 3. le thermonucléaire. 4. un moteur thermique. 5. le mois de thermidor. 6. de la ouate thermogène. 7. une bouteille thermos. 8. une ligne isotherme. 9. le thermalisme. 10. un établissement thermal.

Exercice 10 : récréation

Quel mot se cache derrière cette énigme antique ?

Un père, douze fils ; à chacun,

Deux fois trente filles, au visage différent.

Les unes ont le visage noir ; aux autres, il est
tout blanc.

Bien qu'immortelles, elles périssent pourtant.

Catherine Eugène,
La Mouche de cuivre, Hatier, 1990.

Linguistes en herbe

Festina lente.

Hâte-toi lentement.

L'auteur latin Suétone prête à l'empereur Auguste (27 av. J.-C.-14 apr. J.-C.) cette maxime : il faut prendre son temps pour accomplir un travail avec soin et aussi rapidement que possible.

Prolongements

Dame romaine accompagnée de ses serviteurs, se rendant aux thermes (détail), mosaïque du vestibule de la palestre de la villa romaine du Casale (Sicile, Piazza Armerina).

Les thermes étaient pour les Romains une source d'activités multiples : ils s'y rendaient pour se laver, mais aussi pour discuter, rencontrer des amis, faire du sport, se cultiver (il y avait des bibliothèques et des salles de conférence).

Les thermes pour affronter Rome !

Le fils du flamine[1] traverse, sans s'attarder, la salle du bain froid où l'on s'ébat dans une piscine décorée de mosaïques somptueuses. Puis il découvre la salle des bains tièdes. C'est une large salle voûtée, bordée de baignoires creusées dans l'épaisseur des murs. Gédémo plonge dans une baignoire inoccupée et enlève avec soin la poussière de son corps en le grattant avec un strigile qui sert de racloir. Après quoi, se sentant tout propre et ragaillardi, il se met à sautiller d'allégresse.

« Une bonne séance de transpiration, se dit-il, et je serai prêt à affronter Rome ! »

L'étuve est une pièce toute ronde obscurcie par la vapeur qui se dégage des bassins d'eau surchauffée. Dans cette atmosphère nébuleuse, des silhouettes, engourdies par la chaleur, passent lentement comme des fantômes. Gédémo finit par distinguer les banquettes où l'on s'allonge pour laisser le corps s'habituer à l'étouffante chaleur.

Odile Weulersse, *Le Serment des catacombes*, Hachette, coll. « Livre de poche jeunesse », 2004.

1. *Flamine* : au nombre de quinze, les flamines sont les prêtres publics du culte romain.

Strigile en bronze trouvé à Éléonte (Grèce antique), long. : 25,6 cm (Paris, musée du Louvre).

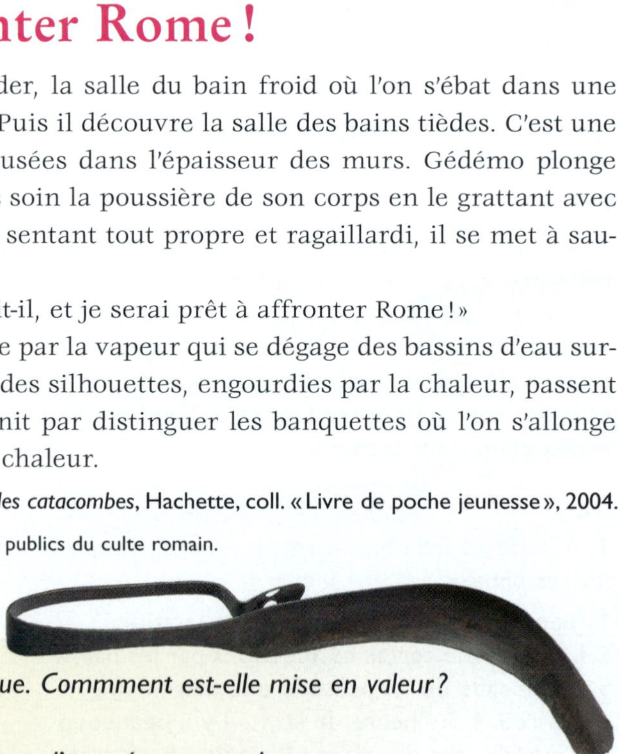

1. a. *Repérez la dame romaine sur la mosaïque. Commment est-elle mise en valeur ?*
b. *Justifiez la légende de cette mosaïque.*

2. *Retrouvez dans ce texte les différentes étapes d'une séance aux thermes.*

Des Gaulois aux thermes

Astérix et Obélix sont venus à Rome pour libérer le barde qui a été offert à César en cadeau, et qui va être livré aux animaux. Ils se rendent aux thermes…

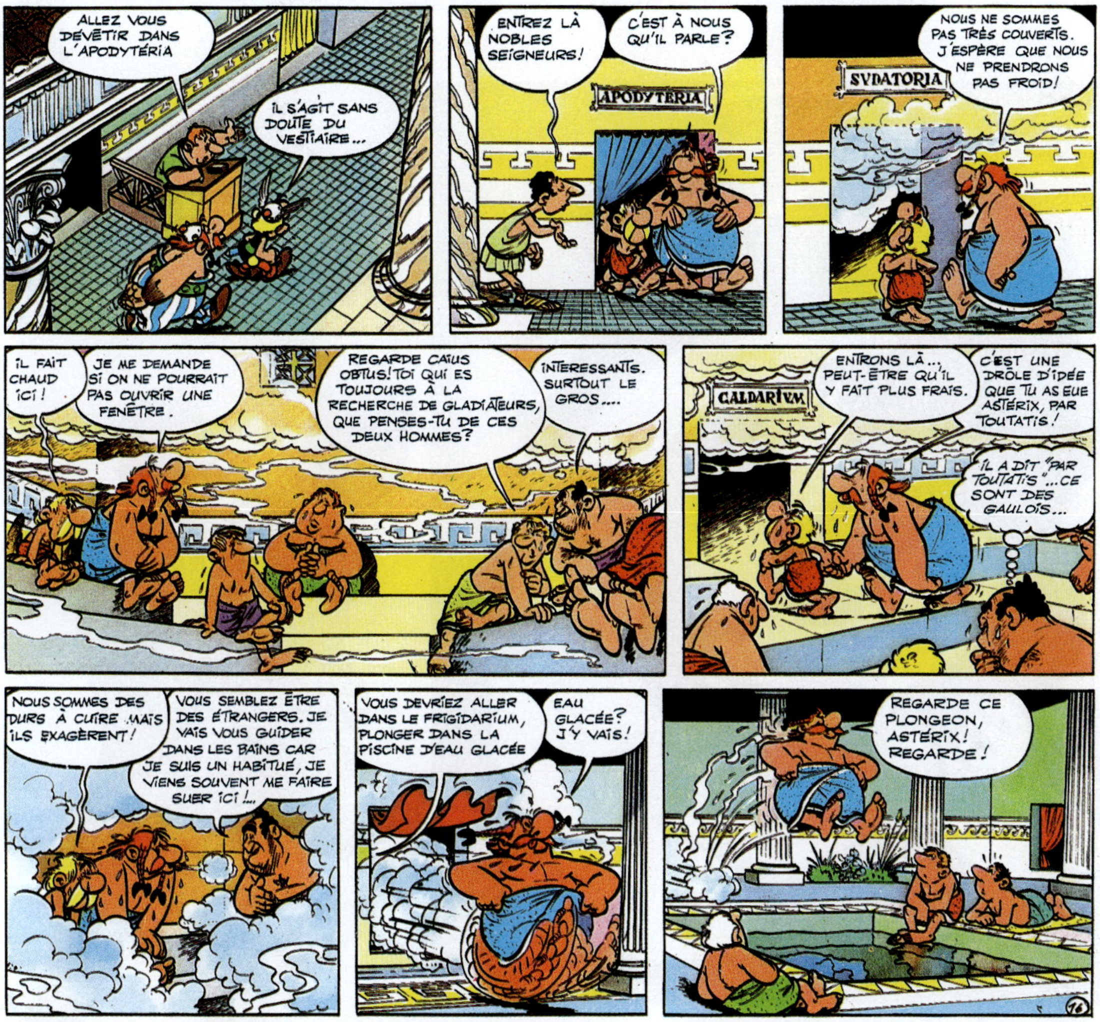

René Goscinny et Albert Uderzo, *Astérix gladiateur*, éd. Albert René.

1. *Quel est l'effet recherché par l'illustrateur dans la première vignette, qu'il dessine avec une vue en plongée, c'est-à-dire d'en haut ?*
2. *Quelles répliques précises montrent qu'Obélix et Astérix sont des étrangers ? D'où vient par conséquent le comique de cette situation ?*
3. *Observez la place occupée par le maître des gladiateurs dans chaque vignette où il apparaît. Qu'en concluez-vous ?*
4. *Décrivez avec précision les éléments du décor : sont-ils, à votre avis, conformes à la réalité ?*

15. Faire du sport

Victor Vasarely (1908-1997), *Les Catcheurs* (1944), huile sur toile, 1,62 × 1,30 m (Gordes, Musée didactique, Fonds Vasarely).

Lutteurs en bronze (IIe-Ier siècle av. J.-C.), fabriqués en Basse-Égypte, ht : 15,5 cm (Paris, musée du Louvre).

Lire les images

1. *À quoi l'artiste moderne est-il sensible dans la lutte qu'il représente ? Par quels procédés artistiques le peintre souligne-t-il la réalité sportive ?*

2. *Quelles impressions se dégagent de la lutte que le sculpteur antique a représentée ?*

Penser ou exercer ses muscles…

Voici l'opinion d'un philosophe de l'Antiquité sur les sportifs…

Il est déraisonnable, mon cher Lucilius, il ne convient nullement à une personne cultivée de passer son temps à faire travailler ses bras, à s'élargir l'encolure, à se fortifier la poitrine. Quand tu auras achevé un bel engraissage, quand tes muscles auront pris du volume, jamais tu n'égaleras la puissance d'un gros bœuf, jamais tu ne pèseras autant. Ajoute ici que le bagage d'un corps épais écrase l'âme, paralyse son agilité.

SÉNÈQUE (4 av. J.-C.-65 apr. J.-C.), *Lettres à Lucilius*, livre II, lettre 15, trad. H. Noblot, Les Belles Lettres, 1985.

Lutteurs étrusques en bronze (Ve siècle av. J.-C.), lg. : 24,5 cm (Darmstadt, Hessisches Landesmuseum).

Mort d'un athlète

Milon de Crotone fut un athlète extrêmement connu et populaire durant l'Antiquité, comme peuvent l'être certains sportifs aujourd'hui.

Milon de Crotone avait vu sur sa route un chêne fendu par des coins enfoncés ; confiant en ses forces, il s'approcha de l'arbre et s'efforça, en y introduisant ses deux mains, d'achever de le fendre. Comme les coins s'étaient détachés sous ses efforts, l'arbre revint à son état premier, serra les mains de l'athlète et, malgré tant de victoires remportées aux jeux gymniques, Milon devint la proie des bêtes féroces.

Cet exemple peut nous apprendre que l'excès de force corporelle affaiblit la vigueur de l'esprit, comme si la nature se refusait à nous donner ces deux qualités : il semble que ce soit un bonheur plus qu'humain d'être à la fois très fort et très sage.

VALÈRE MAXIME (Ier s. av. J.-C.-Ier s. apr. J.-C.), *Actions et Paroles mémorables*, livre IX, 12, trad. des auteurs.

Lire les textes

1. *Sénèque se moque de certains sportifs dans le premier texte : relevez les termes qui le montrent.*

2. **a.** *En quoi a consisté la sottise de Milon de Crotone dans le second texte ?*
b. *En quoi ce texte illustre-t-il bien les propos tenus par Sénèque ?*

Lire en latin

Triste victoire de trois jeunes sportifs

Les Nuits attiques *d'Aulu-Gelle se présentent comme une série de propositions que l'auteur illustre ensuite d'exemples. À propos de l'effet que les joies intenses exercent sur le corps, Aulu-Gelle cite l'exemple de Diagoras de Rhodes.*

De Rhodio etiam Diagora[1] celebrata historia est. Is Diagoras tres filios adulescentes habuit, unum pugilem[2], alterum pancratiasten[3], tertium luctatorem[4]. Eos omnes vidit vincere coronarique[5] Olympiae eodem die[6], et, cum ibi eum tres adulescentes amplexi[7], coronis suis in caput patris positis, saviarentur[8], cum populus gratulabundus[9] flores undique in eum **jaceret**, ibidem[10] in stadio, inspectante populo, in osculis[11] atque in manibus filiorum animam efflavit[12].

AULU-GELLE (mort vers 130), *Nuits attiques*, III, 15.

1. Rhodio Diagora : Diagoras de Rhodes.
2. pugil, ilis, m : pugiliste.
3. pancratiasten : accusatif singulier de pancrastiates, ae, m : pancratiaste (le pancrace est un mélange de lutte et de pugilat).
4. luctator, oris, m : lutteur.
5. coronari : être couronné.
6. eodem die : le même jour.
7. amplexi : l'ayant pris dans leurs bras.
8. saviarentur : l'embrassaient.
9. gratulabundus : avec des félicitations.
10. ibidem : là même.
11. osculum, i, n : baiser.
12. animam efflavit : il rendit l'âme.

Lire le texte

1. cum laborant (➜ *p. 124*) : quand ils travaillent
cum populus flores jaceret : alors que le peuple jetait des fleurs
Quelle différence de sens observez-vous entre ces deux phrases ?

2. Jaceret *est l'imparfait du subjonctif de* jacio, is, ere, jeci, jactum : jeter.
D'après cet exemple, comment forme-t-on un imparfait du subjonctif?
Conjuguez le verbe en entier.

Grammaire

Le subjonctif imparfait

Le subjonctif imparfait présente un suffixe semblable à celui de l'**infinitif présent des verbes**, auquel s'ajoutent les **désinences personnelles** (en rouge dans le tableau) :

amare : **amarem** - **esse** : **essem**

En réalité, il s'agit du suffixe **-se**, que l'on trouve dans **essem**, mais le **-s-** devient **-r-** entre deux voyelles : c'est ce que l'on appelle le rhotacisme.

1re conjugaison	2e conjugaison	3e conjugaison	conjugaison mixte	4e conjugaison	esse
amare : aimer	**habere** : avoir	**dicere** : dire	**capere** : prendre	**audire** : entendre	
amarem **amares** **amaret** **amaremus** **amaretis** **amarent**	**haberem** **haberes** **haberet** **haberemus** **haberetis** **haberent**	**dicerem** **diceres** **diceret** **diceremus** **diceretis** **dicerent**	**caperem** **caperes** **caperet** **caperemus** **caperetis** **caperent**	**audirem** **audires** **audiret** **audiremus** **audiretis** **audirent**	**essem** **esses** **esset** **essemus** **essetis** **essent**

La concordance des temps

Le temps d'une proposition subordonnée au subjonctif (proposition complétive, proposition circonstantielle de but ➤ p. 109) dépend du temps de la proposition principale : c'est ce qu'on appelle la **concordance des temps**.

La proposition subordonnée est au **subjonctif présent**, si le verbe de la proposition principale est au présent de l'indicatif et si les deux actions sont simultanées :

Rogo ut veniat. *Je demande qu'il vienne.*

La proposition subordonnée est au **subjonctif imparfait** si le temps de la proposition principale est au passé (imparfait, parfait, plus-que-parfait) et si les deux actions sont également simultanées :

Rogavi ut veniret. *J'ai demandé qu'il vînt.*

Cum et le subjonctif

Employé après **cum**, le subjonctif traduit :

– une nuance de **temps** et de **cause** :

Cum populus flores jaceret.

Alors que/Comme le peuple jetait des fleurs...

– une nuance d'**opposition** :

Cum cibus bonus esset, conviva eum non amabat.

Alors que la nourriture était bonne, l'invité ne l'aimait pas.

Cum populus flores in eum jaceret, animam efflavit.

Exercices

Vocabulaire

Noms

athleta, ae, m : athlète
certamen, inis, n : compétition, combat
cursus, us, m : course
praemium, ii, n : récompense
pugnus, i, m : poing
velocitas, atis, f : rapidité
vires, virium, f : forces

Verbes

certo, as, are, avi, atum : combattre
exerceo, es, ere, cui, citum : exercer, entraîner
pugno, as, are, avi, atum : combattre, se battre

Adjectifs qualificatifs

patiens, tis : endurant
velox, ocis : rapide

Appliquer

Exercice 1 : former le subjonctif imparfait

Rappelez le sens des verbes suivants puis conjuguez-les au subjonctif imparfait.

pugnare - certare - urgere - ferire - vincere - credere - diligere - adjicere.

Exercice 2 : transposer au subjonctif imparfait

Transposez ces subjonctifs présents au subjonctif imparfait.

verberem - statuas - speret - frangamus - jaciatis - metuant - jubeam - des - sit - statuamus - jubeatis - certet.

Exercice 3 : retenir deux temps du subjonctif

Conjuguez au subjonctif présent puis imparfait les verbes suivants.

certo - exerceo - vendo - habito - possum - perdo - adjicio - teneo - capio - eo.

Exercice 4 : transposer de l'indicatif au subjonctif

Transposez au subjonctif imparfait ces verbes à l'imparfait de l'indicatif.

audiebam - nesciebas - transibat - sedebatis - agebant - habitabamus - curabatis - mittebant - bibebas - plaudebamus.

Exercice 5 : opposer deux valeurs de cum

Traduisez ces phrases en tenant bien compte du mode utilisé.

1. Cum in Italia essem, multa templa videre poteram. **2.** Cum in Italiam veni, multa templa vidi. **3.** Cum spectatores fabulam viderunt, plauserunt. **4.** Cum athletae certarent, omnes spectabant. **5.** Cum athleta vicit, praemium accepit. **6.** Cum in piscina natarem, fortiores in aquam salientes vidi. **7.** Cum uxor maritum diligeret, secum ligavit et in lacum se praecipitavit.

Exercice 6 : respecter la concordance des temps

Complétez les phrases avec le temps du subjonctif qui convient, puis traduisez.

1. Pater orat ut filius (vincere). **2.** Consul rogavit ut legatus (venire). **3.** Milites statuunt ut proelium (committere). **4.** Athletae pugnabant ut (vincere). **5.** Corpus exercemus ut fortiores (esse). **6.** Fur fugit ne dominus eum (capere). **7.** Exercitus dux rogavit ut consul auxilium (ferre).

Exercice 7 : lire en latin

Traduisez ce texte en français.

À la chasse

Ridebis. Ego, ille quem nosti[1], apros[2] tres cepi. Ipse[3] ? inquis. Ipse[4] : non tamen ut omnino ab inertia mea et quiete discederem[5]. Ad retia[6] sedebam : erant in proximo[7], non venabulum aut lancea[8], sed stilus et pugillares[9]. Meditabar aliquid[10] enotabamque[11], ut, si manus vacuas[12], plenas tamen ceras reportarem. Non est quod contemnas[13] hoc studendi genus[14]. Mirum est ut[15] animus agitatione motusque corporis excitetur[16]. Jam undique silvae et solitudo, ipsumque illud silentium, magna cogitationis incitamenta[17] sunt. Proinde cum venaberis[18], licebit, auctore me[19], ut panarium[20] et laguncculam[21], sic etiam pugillares feras[22].

PLINE LE JEUNE, *Lettres*, livre I, 6.

1. ille quem nosti : ce Pline que tu connais. 2. apros : sangliers. 3. ipse : toi-même. 4. ipse : moi-même. 5. non tamen ut omnino (...) discederem : sans cependant renoncer entièrement. 6. ad retia : près des filets. 7. in proximo : à proximité. 8. non venabulum aut lancea : non l'épieu ou la lance. 9. pugillares : tablettes. 10. meditabar aliquid : je méditais quelque chose. 11. enotabam : je prenais des notes. 12. vacuas : vides. 13. non est quod contemnas : tu n'as pas de raison de mépriser. 14. studendi genus : façon d'étudier. 15. mirum est ut : il est étonnant combien. 16. excitetur : est éveillé. 17. cogitationis incitamenta : stimulants de la pensée. 18. proinde cum venaberis : ainsi quand tu chasseras. 19. licebit auctore me : il conviendra sur ma garantie. 20. panarium : panetière. 21. lagunculam : gourde.

Jouer avec la langue

Exercice 8 : curro et cursus

À l'aide des radicaux du verbe curro *et du nom* cursus, *trouvez les mots correspondants.*

1. Se présenter à une compétition. 2. Parler longuement sur un sujet. 3. Entrée soudaine dans un lieu. 4. Personne dont l'action, l'œuvre, les idées ont ouvert une nouvelle voie.

Exercice 9 : LE LATIN & LE GREC

Cursus *en latin et* dromos *en grec désignent* la course.

1. *Complétez ces phrases à partir du latin.*

1. Il ne put se retenir et donna libre ... à sa fureur. 2. Je l'ai rencontré par un étonnant ... de circonstances. 3. Nos soldats ont fait une ... en territoire ennemi. 4. Cette florissante société automobile a créé beaucoup de ... en province.

2. *Expliquez les mots soulignés à l'aide du grec.*

1. Il y a une course à l'hippodrome. 2. Notre appareil s'est posé sur l'aérodrome. 3. Le dromadaire est réputé pour sa rapidité.

Exercice 10 : récréation

Complétez la pyramide suivante.

Vers.	A _
Je fais.	A _ _
Écoute !	A _ _ _
Ils aiment.	A _ _ _ _
Ajoute.	A _ _ _ _ _
Un sportif.	A _ _ _ _ _ _
Il approuve.	A _ _ _ _ _ _ _
Un jour.	A _ _ _ _ _ _ _ _
Ils ont reçu.	A _ _ _ _ _ _ _ _ _
Ils ont enlevé.	A _ _ _ _ _ _ _ _ _ _
Les jeunes gens.	A _ _ _ _ _ _ _ _ _ _ _

Linguistes en herbe

Mens sana in corpore sano.

Un esprit sain dans un corps sain.

Cette phrase de Juvénal (*Satires*, X, 356) signifie que l'homme sage recherche un équilibre entre le corps et l'esprit.

Prolongements

Faire du sport à Rome

Chambre des dix jeunes filles, mosaïque romaine (IIIe/IVe siècle), détail (Sicile, Casale, villa Hercule).

Autant les Grecs accordaient une grande importance à l'athlétisme, autant les Romains s'y sont tardivement intéressés. Ils préféraient aller aux thermes.

Les exercices physiques servaient surtout d'entraînement militaire : sur le Champ de Mars[1], les jeunes gens s'exerçaient à manier les armes, à courir, monter à cheval et nager. En réalité, les jeunes Romains préféraient les jeux du cirque (voltige, carrousel) et ceux de l'amphithéâtre (escrime et combat contre les fauves). Dans la vie privée, ils pratiquaient des jeux de ballon ou la natation dans le Tibre. Les jeux de ballon ou de balle étaient essentiellement le jeu de paume et un autre, de type basket-ball : gros ballon qu'on remplissait de terre ou de farine et sur lequel s'exerçaient les joueurs.

Dans la palestre[2] des thermes, les exercices physiques correspondaient un peu à notre musculation : on les pratiquait plus pour cultiver la beauté du corps que pour le plaisir du sport. On trouve à Pompéi deux palestres, dont la plus grande faisait 141 par 142 mètres et était entourée d'un portique de 118 colonnes. Les garçons y pratiquaient la course, le saut, la lutte, le pugilat et le pancrace.

1. *Champ de Mars* : terrain qui appartenait aux Tarquins et devint ensuite la propriété de l'État. Parc et lieu de loisirs des Romains.
2. *Palestre* : lieu public où l'on s'exerçait à la lutte, à la gymnastique.

- **La lutte :** sport très populaire chez les Grecs. On s'enduisait le corps d'huile avant l'exercice ; les lutteurs se couvraient en plus de poudre pour s'assurer d'une bonne prise. Un match de lutte visait au mieux à trois chutes ; une chute était prise en compte quand les épaules d'un homme, ou peut-être ses genoux, touchaient le sol.
- **Le pugilat, ou boxe :** un match de boxe s'effectuait en continu jusqu'à ce qu'un des combattants soit mis KO ou lève la main pour admettre sa défaite. Les gants étaient en cuir souple, enroulés autour des poignets et des jointures des doigts. Des juges arbitraient avec un bâton dont ils frappaient les contrevenants. À Rome, la mode d'une boxe violente s'est développée : les gants étaient chargés de plomb et même de pointes de fer pour faire couler le sang.
- **Le pancrace :** forme spécialisée de catch, dans laquelle le but était de faire admettre à l'adversaire qu'il était battu quand il risquait d'être étranglé ou d'avoir un membre cassé. Les seules tactiques dont nous savons qu'elles étaient interdites consistaient à mordre ou à faire sauter un œil de l'adversaire.

D'après *Dictionnaire de l'Antiquité*, « Athlétisme », dir. M. C. Howatson, Robert Laffont, coll. « Bouquins », 1996.

« De nombreux coups tombent sur leurs flancs »…

Énée célèbre l'anniversaire de la mort de son père Anchise par des fêtes religieuses et des concours sportifs. Il oppose deux pugilistes, Entelle et Darès…

Deux boxeurs (IIIe siècle), mosaïque de Thuburbo Majus (Tunisie), art romain (Tunis, musée du Bardo).

Les deux athlètes se portent sans s'atteindre de nombreux coups; de nombreux coups tombent sur leurs flancs creux, et leur poitrine en résonne profondément. Leurs mains passent et repassent sans relâche autour de leurs tempes et de leurs oreilles; et leur mâchoire craque sous les dures blessures. Entelle se dresse, tend le bras et le lève très haut; mais l'agile Darès a vu venir le coup suspendu sur sa tête et l'évite d'un rapide écart. Toute la force d'Entelle se perd dans l'air et, entraîné par son vaste poids, le lourd combattant s'abat lourdement sur la terre. Mais sa chute n'arrête ni n'effraie le héros qui revient plus ardent au combat et que la colère stimule. L'humiliation et la conscience de sa valeur attisent ses forces; il fait fuir Darès précipitamment à travers toute l'arène, redoublant ses coups tantôt de la main droite, tantôt de la main gauche. Ni trêve, ni repos : le nuage chargé de grêle ne crépite pas davantage sur nos toits : de ses deux poings, à coups pressés, le héros, qui se multiplie, frappe et culbute Darès.

Des amis fidèles ramènent aux vaisseaux Darès qui se traîne, les genoux douloureux, la tête ballottante, et qui vomit un sang noir et ses dents avec le sang.

VIRGILE (70-19 av. J.-C.), *Énéide*, livre V, v. 433-471 (extraits), trad. A. Bellessort, Les Belles Lettres, 1961.

Jeune homme plongeant d'un récif (520-510 av. J.-C.) (détail), peinture étrusque de la Tombe de la chasse et de la pêche (Italie, nécropole de Tarquinia).

1. *Les deux lutteurs se nomment Entelle et Darès : lequel est le préféré de l'auteur ?*
   À quels termes le voit-on ?
2. *Comment est traduite la violence du combat dans ce texte ?*
3. *Comment est ménagé l'intérêt du spectateur et du lecteur ?*

QUIBUS VE
UM AEDEM
POLLONIS
VIS IN CA
N EA PARTE
UAM FULM
DEO HARU
DITIT PO

PARTIE 4

Rome et le bassin méditerranéen

16. Rome et la Grèce

La pensée et les arts

Edmond Dulac (1882-1953), *Circé* (1911), lithographie (Paris, Bibliothèque des Arts décoratifs).

Lire l'image

1. *Comment l'artiste suggère-t-il les pouvoirs de Circé ?*

2. *Comment est rendue l'atmosphère étrange et poétique de la scène ?*

3. *Comparez cette Circé moderne avec sa représentation classique ci-contre. Qu'est-ce qu'un œnoché ?*

D'Homère à Virgile

*À partir du IIe siècle av. J.-C., les Romains, qui ont soumis la Grèce, découvrent sa culture : littérature, philosophie, arts, tout les fascine et les porte à imiter cette civilisation. S'inspirant de l'*Odyssée *du grec Homère, le romain Virgile veut, avec l'*Énéide*, faire don à Rome d'une belle épopée nationale. Dans cet épisode de l'*Odyssée*, Ulysse raconte l'étrange spectacle qui attend ses hommes en débarquant sur l'île Aiaié, où demeure la magicienne Circé...*

Ils trouvent dans un val, en un lieu découvert, la maison de Circé aux murs de pierres lisses et, tout autour, changés en lions et en loups de montagne, les hommes, qu'en leur donnant sa drogue, avait ensorcelés la perfide déesse. À la vue de mes gens, loin de les assaillir, ces animaux se lèvent et les caressent. Tel le maître, en rentrant du festin, voit venir ses chiens qui le caressent, sachant qu'il a toujours pour eux quelque douceur. C'est ainsi que lions et loups aux fortes griffes fêtaient mes compagnons, qui tremblaient à la vue de ces monstres terribles.

Mais les voici debout, sous le porche de la déesse aux belles boucles. Ils entendent Circé chanter à belle voix et tisser au métier une toile divine, un de ces éclatants et grands et fins ouvrages, dont la grâce trahit la main d'une déesse.

HOMÈRE (VIIIe siècle av. J.-C. ?), *Odyssée*, chant X, v. 210-223 (extraits), trad. V. Bérard, Les Belles Lettres, 1924 (1974).

Dans le texte de Virgile, c'est Énée qui évoque les pouvoirs de Circé...

Les Troyens longent de très près les rivages de la terre circéenne, où l'opulente fille du Soleil fait résonner de son chant assidu les bois inaccessibles. Sous son toit superbe, elle éclaire ses nuits à la flamme du cèdre odorant, pendant que sa sonore navette court dans sa toile légère. On entendait, venant de là, les frémissements et la rage des lions qui secouaient leurs chaînes et rugissaient fort avant dans le soir. Des sangliers et des ours s'agitaient furieusement dans leurs cages ; et des formes de grands loups hurlaient. Tous avaient eu une face humaine, mais Circé, la cruelle déesse aux herbes puissantes, leur avait donné des figures et des croupes de bêtes sauvages.

VIRGILE (70-19 av. J.-C.), *Énéide*, livre VII, v. 10-20, trad. A. Bellesort, Les Belles Lettres, 1970.

Circé, œnoché à figure rouge, céramique grecque (vers 460 av. J.-C.), ht : 20,2 cm (Paris, musée du Louvre).

Lire les textes

1. **a.** *Qu'est-ce qu'une épopée ?*
b. *Rappelez qui est le héros de l'Odyssée.*

2. *Comment apprend-on, dans chaque texte, que Circé est une magicienne ? Quel est son pouvoir ?*

3. *Dans le texte d'Homère, pourquoi les lions et les loups viennent-ils caresser les hommes ? Comparez les animaux tels qu'ils sont présentés dans les deux textes : quelle différence remarquez-vous ?*

4. *Le texte de Virgile est-il une traduction ou une adaptation de celui d'Homère ?*

Lire en latin

Un philosophe à la maison

Xanthippe, Socratis philosophi uxor, morosa admodum[1] fuisse fertur et jurgiosa[2], irarumque et molestiarum[3] muliebrium per **diem** perque noctem scatebat[4]. Has **ejus intemperies**[5] in maritum Alcibiades[6] demiratus[7], interrogavit Socratem quaenam[8] ratio esset cur mulierem tam acerbam domo non exigeret[9]. « Quoniam[10], inquit Socrates, cum illam domi talem perpetior[11], insuesco[12] et exerceor, ut ceterorum quoque foris[13] petulantiam[14] et injuriam facilius[15] feram. »

AULU-GELLE (mort vers 130), *Nuits attiques*, livre I, 22.

1. admodum : tout à fait.
2. jurgiosus, a, um : querelleur.
3. molestia, ae, f : mauvaise humeur.
4. scateo, es, ere + génitif : manifester sans cesse.
5. ejus intemperies : les caprices de celle-ci.
6. Alcibiades : Alcibiade, élève de Socrate, qui deviendra un homme politique célèbre.
7. demiratus : s'étant étonné.
8. quaenam : quelle.
9. exigo, is, ere, egi, actum : chasser.
10. quoniam : parce que.
11. perpetior : je supporte.
12. insuesco, es, ere, suevi, suetum : s'habituer.
13. foris : à l'extérieur.
14. petulantia, ae, f : effronterie.
15. facilius : plus facilement.

La mort de Socrate

Idem, cum Atheniensium scelerata dementia tristem de capite **ejus**[1] sententiam tulisset fortique animo et constanti vultu potionem veneni[2] e manu carnificis[3] accepisset, admoto[4] jam labris[5] poculo, uxore Xanthippe inter fletum[6] et lamentationem vociferante innocentem **eum** periturum[7] : « Quid ergo, inquit, nocenti mihi[8] mori[9] satius[10] esse duxisti[11] ? »

VALÈRE MAXIME (Ier s. av. J.-C.-Ier s. apr. J.-C.), *Actions et Paroles mémorables*, livre VII, chap. 2.

1. ejus : génitif de is, ea, id : son, sa.
2. potionem veneni : la coupe de poison.
3. carnifex, icis, m : bourreau.
4. admoveo, es, ere, movi, motum : approcher.
5. labrum, i, n : lèvre.
6. fletus, us, m : pleurs.
7. eum periturum : il allait mourir.
8. mihi : pour moi.
9. mori : mourir.
10. satius : mieux.
11. duxisti : as-tu pensé ?

Lire les textes

1. per diem perque noctem : pendant le jour et pendant la nuit

a. *À quel cas se trouvent les mots soulignés ?*
b. *À quelle déclinaison vous font penser ces deux mots ? Comparez avec la présentation qui en est donnée dans le vocabulaire :* dies, ei, m - nox, noctis, f. *Quelle différence observez-vous ?*

2. Xanthippe vociferante innocentem eum periturum : Xanthippe criant qu'il mourrait innocent.

Quel est le cas du pronom is, ea, id *dans cet exemple ? À qui renvoie-t-il ?*

3. Idem, cum Atheniensium tristem sententiam tulisset.

a. *Traduisez cette phrase et cherchez la fonction de* idem.
b. *L'accusatif de* idem *au masculin singulier est* eumdem. *Trouvez comment il se décline.*

Grammaire

La cinquième déclinaison

Quelques noms latins, peu nombreux mais très fréquemment employés, ont un génitif en **-ei**. Ils constituent la cinquième déclinaison et sont féminins, sauf **dies**, **ei** : *jour*, en général masculin.

res, **rei**, f: la chose		
	singulier	**pluriel**
N.	res	res
V.	res	res
Acc.	rem	res
G.	rei	rerum
D.	rei	rebus
Abl.	re	rebus

Les pronoms-adjectifs démonstratifs is, ea, id et idem, eadem, idem

is, **ea**, **id** : ce, cette/ celui-ci, celle-ci, cela	**singulier**			**pluriel**		
	masculin	**féminin**	**neutre**	**masculin**	**féminin**	**neutre**
N.	is	ea	id	ei	eae	ea
Acc.	eum	eam	id	eos	eas	ea
G.	ejus	ejus	ejus	eorum	earum	eorum
D.	ei	ei	ei	eis	eis	eis
Abl.	eo	ea	eo	eis	eis	eis

- Le pronom **is**, **ea**, **id** est un **pronom de rappel**, car il sert à rappeler la personne ou la chose dont on vient de parler :
Amat maritum. *Elle aime son mari.* **Eum amat.** *Elle l'aime.*

- **Is**, **ea**, **id** est le plus souvent employé comme **pronom démonstratif** :
Eum amo. *J'aime celui-ci* (l'homme dont on vient de parler).
Il peut aussi être employé comme **adjectif démonstratif** :
Eum virum amo. *J'aime cet homme.*

idem, **eadem**, **idem** : le même	**singulier**			**pluriel**		
	masculin	**féminin**	**neutre**	**masculin**	**féminin**	**neutre**
N.	idem	eadem	idem	eidem	eaedem	eadem
Acc.	eumdem	eamdem	idem	eosdem	easdem	eadem
G.	ejusdem	ejusdem	ejusdem	eorumdem	earumdem	eorumdem
D.	eidem	eidem	eidem	eisdem	eisdem	eisdem
Abl.	eodem	eadem	eodem	eisdem	eisdem	eisdem

- Le pronom-adjectif **idem**, **eadem**, **idem** : *le même* est formé de **is**, **ea**, **id** et du suffixe **-dem** : *précisément*. La première partie du mot se décline sur le modèle de **is**, **ea**, **id**. Le suffixe **-dem** est indéclinable :
eadem mulier : *la même femme* - **eaedem mulieres** : *les mêmes femmes*.

Exercices

Vocabulaire

Noms

acies, ei, f : armée, ligne de bataille
Athenienses, ium, m : Athéniens
dies, ei, m : jour
fides, ei, f (+ datif) : foi, confiance (en)
ira, ae, f : colère
nox, noctis, f : nuit
ratio, onis, f : raison
res, ei, f : chose, fait, affaire, nouvelle
res publica, rei publicae, f : république
sententia, ae, f : avis, sentence
species, ei, f : aspect, apparence
spes, ei, f : espoir
venenum, i, n : poison

Verbe

pereo, is, ire, ii, itum : mourir

Mots invariables

equidem : certes, assurément
ergo : donc
postea : ensuite

Adjectifs qualificatifs

illustris, is, e : illustre, célèbre
innocens, tis : innocent
iratus, a, um (+ datif) : en colère, irrité (contre quelqu'un)
nocens, tis : coupable

Appliquer

Exercice 1 : employer is, ea, id

Complétez ces phrases avec is, ea, id *au cas qui convient, puis traduisez.*

1. Est meus amicus : ... approbo, ... epistulas mitto, cum ... ambulo. 2. Cicero consul fuit : scimus ... multos libros scripsisse. 3. Romani fortes erant : scimus ... cum Gallis bellum gessisse. 4. Socratis uxor morosa fuit : ... tamen tulit.

Exercice 2 : utiliser la 5e déclinaison

Complétez ces phrases avec res *au cas qui convient.*

1. Multas ... agimus. 2. Multos libros legimus de ... Romanis. 3. In ... publica Gallica vivimus. 4. Miram ... vidi. 5. Romani ... novas timebant.

Exercice 3 : retenir les textes

Retrouvez la traduction de ces phrases ou groupes de mots.

1. Socratis philosophi uxor per diem perque noctem irarum scatebat. 2. Quoniam, inquit Socrates, exerceor ut ceterorum injuriam facilius feram. 3. admoto labris poculo. 4. uxore vociferante.

Exercice 4 : manier le vocabulaire

Traduisez en français.

1. Romani in acie pugnabant. 2. Romani consulibus suis magnam fidem habebant. 3. Eae statuae speciem eamdem habent. 4. Socrates veneno periit. 5. Socratis uxor diem noctemque marito irata erat.

Exercice 5 : lire en latin

Traduisez ce texte en français.

Phédon : un esclave devenu philosophe

Phaedon fuit Socrati et Platoni familiaris. Is Phaedon servus fuit sed forma atque ingenio liberali[1]. Cebes Socraticus[2], hortante[3] Socrate, eum emisse[4] dicitur et habuisse in philosophiae disciplinis[5]. Atque is postea philosophus illustris fuit, sermonesque ejus de Socrate elegantes legere possumus.

D'après AULU-GELLE, *Nuits attiques*, livre II, 18.

1. liberalis, e : de condition libre. 2. Cebes Socraticus : Cébès, ami de Socrate. 3. hortante : exhortant. 4. emo, is, ere, emi, emptum : acheter. 4. disciplina, ae, f : enseignement.

Exercice 6 : lire en latin

Traduisez en français cette lettre de Philippe de Macédoine à Aristote, à l'occasion de la naissance de son fils, Alexandre le Grand.

Philippus Aristoteli salutem dicit.
Filium mihi genitum[1] scito[2]. Quod[3] equidem deis habeo gratiam, non proinde quia natus est, quam[4] pro eo, quod eum nasci contigit[5] temporibus vitae tuae. Spero enim ut educatus eruditusque a te, dignus existat[6] et nobis et rerum istarum[7] susceptione[8].

AULU-GELLE, *Nuits attiques*, livre IX, 3.

1. genitum (esse) : est né. 2. scito : sache. 3. quod : le fait que. 4. non proinde... quam : moins que. 5. eo nasci contigit : il lui est arrivé de naître. 6. ex(s)isto, is, ere, titi : se montrer. 7. rerum istarum : des affaires. 8. susceptio, onis, f : prise en main, action de se charger.

Jouer avec la langue

Exercice 7 : retrouver l'origine des mots

Trouvez des mots dérivés de dies, ei, m : le jour *et de* nox, noctis, f : la nuit.

Exercice 8 : trouver le mot juste

Complétez avec un mot dérivé du nom latin indiqué.

1. La femme de Socrate se mettait facilement en colère : elle était … . (ira) 2. Ne respirez pas ce gaz, il est … . (nocens) 3. Il faut savoir choisir les champignons, car certains sont … . (venenum) 4. Avoir l'esprit …, c'est avoir du bon sens. (ratio) 5. Le récit fantastique introduit l'… dans le réel. (ratio)

Exercice 9 LE LATIN & LE GREC

Res *en latin et* pragma *en grec signifient* chose, affaire.

1. *À partir du latin, complétez ces phrases.*

1. C'est un fait non imaginaire mais … . 2. Ce n'est pas un rêve, mais une … . 3. Cette version est trop compliquée : je n'y comprends … . 4. Tous ces dessins composent un … qu'il faut déchiffrer. 5. Une action peut être énoncée sur le mode de la réalité ou de l'… .

2. *À partir du grec, expliquez ces expressions.*

1. une activité pragmatique. 2. en théorie et en pratique. 3. un médecin bon praticien. 4. un chemin praticable.

Exercice 10 : récréation

La paresse est interdite aux jeunes fileuses : le travail les attend. Combien de temps ont-elles fait la grasse matinée, sachant que le jour, qui s'oppose à la nuit, est de 12 heures ?

Levez-vous, le temps passe !

Levez-vous, fileuses !

Un cinquième des trois huitièmes du jour

a passé !

De vous attendre le fuseau se lasse !

Catherine EUGÈNE, *La Mouche de cuivre*, Hatier, 1990.

Linguistes en herbe

Gnôthi seauton.

Connais-toi toi-même.

Cette inscription gravée sur le fronton du temple d'Apollon à Delphes était la devise de Socrate. Elle résume la confiance que Socrate avait en la raison humaine, par laquelle l'homme peut atteindre la connaissance de soi et le bonheur.

Prolongements

L'héritage grec : architecture, art et philosophie

Le Parthénon, Athènes.

Le Palais-Bourbon, Assemblée nationale, Paris.

L'architecture, la statuaire, la peinture des vases grecs ont été très admirés par les Romains, mais aussi par d'autres peuples et à d'autres époques. Au XIXe siècle, cet art fut très en vogue en France. De nombreux monuments témoignent de cette admiration.

1. **a.** *Observez le temple ci-dessus à gauche : quel est son nom ? À quelle déesse est-il consacré ?*
b. *Rappelez les trois ordres possibles de colonnes. De quel ordre sont celles de ce temple ?*

2. *Qu'est-ce que l'Assemblée nationale ? En quoi son architecture rappelle-t-elle l'art grec ?*

Aux Ve et IVe siècles av. J.-C., les philosophes grecs occupent une place importante à Athènes. La pensée de Socrate est reprise à l'écrit par deux disciples : Xénophon et Platon.

Socrate, un philosophe raisonnable…

Socrate vécut sans cesse au grand jour : le matin, il allait sur les promenades et dans les gymnases, se montrait sur l'agora à l'heure où la foule bat son plein. Il ne prenait de nourriture qu'autant qu'il avait plaisir à manger. Toute boisson lui semblait un délice, parce qu'il ne buvait jamais sans avoir soif. Si, se trouvant par hasard convié à un festin, il voulait bien s'y rendre, il n'avait aucune peine à ne pas s'empiffrer outre mesure. Il engageait ceux qui ne pouvaient faire comme lui à s'abstenir des mets qui excitent à manger encore lorsqu'on n'a plus faim, à boire encore lorsqu'on n'a plus soif. « C'est, disait-il, ce qui fait mal à l'estomac, à la tête et à l'âme. » À l'en croire, c'était par plaisanterie, en les nourrissant de semblables mets, que Circé avait changé tant d'hommes en pourceaux, tandis qu'Ulysse devait aux conseils d'Hermès, à sa propre sobriété, et à son abstention de mets servis avec une extrême abondance, d'avoir échappé à cette métamorphose.

XÉNOPHON (vers 430-355 av. J.-C.), *Mémorables* dans *Les Beaux Textes de l'Antiquité*, dir. trad. M. Rat, Nathan, 1941.

... et endurant

Personne au monde n'a jamais vu Socrate ivre. Quant aux rigueurs de l'hiver – on connaît là-bas de terribles hivers – il les supportait de manière extraordinaire ; une fois, où il gelait à pierre fendre, et que tout le monde restait dedans, ou ne sortait que lourdement couvert, cet homme-là se montra dehors, avec le même vieux manteau qu'il traînait depuis toujours, et marcha pieds nus sur le sol glacé, plus vite que les autres dans leurs chaussures si bien que les soldats crurent qu'il faisait cela pour se moquer d'eux.

PLATON (vers 428-347 av. J.-C.), *Le Banquet* (extraits), trad. P. Boutang, Hermann, 1972.

1. a. *Quel était le mode de vie de Socrate, selon Xénophon ?*
b. *Quelle interprétation donne-t-il de la célèbre légende de Circé ?*

2. *De quelles qualités Socrate fait-il preuve d'après le texte de Platon ?*

Un philosophe marginal : Diogène « le Cynique »

Diogène (vers 410-323 av. J.-C.) méprisait la richesse et les conventions sociales au point de préférer vivre dans un tonneau, pieds nus et vêtu d'un seul manteau. Dans ce texte, les Grecs ont nommé Alexandre chef de l'expédition contre les Perses. Tous les chefs d'État viennent le féliciter...

Mais lorsqu'Alexandre vit que Diogène ne faisait pas le moindre cas de lui et restait paisiblement au Cranéion[1], il se déplaça en personne. Diogène était justement allongé au soleil et se souleva un peu à l'approche d'une foule si nombreuse, puis fixa Alexandre, qui le salua et s'adressa à lui pour lui demander s'il avait besoin de quelque chose. « Oui, répondit Diogène, ôte-toi un peu de mon soleil. » Le mépris que lui témoignait Diogène lui inspira une telle admiration pour la fierté et la grandeur de cet homme qu'aux gens de sa suite qui, en s'en retournant, se moquaient et riaient de Diogène, il répliqua : « Eh bien, moi, si je n'étais pas Alexandre, je voudrais être Diogène. »

D'après PLUTARQUE (50-125), *Vies parallèles*, t. 1, trad. J. Alexis Pierron et F. Frazier, Flammarion, coll. « GF », 1995.

1. *Cranéion :* gymnase de Corinthe.

1. a. *Que signifie le mot « cynique » ?*
b. *D'après cette anecdote, que déduisez-vous sur la personnalité de Diogène ?*

2. a. *Pourquoi peut-on dire que Diogène se montre insolent ?*
b. *Justifiez la réaction d'Alexandre.*

Diogène et Cratès de Thèbes, enluminure sur manuscrit français (XVe siècle) (Chantilly, musée Condé).

17. Rome et la Grèce

La pensée en harmonie avec le corps

Oculiste examinant un patient, relief romain en pierre (IIe siècle) (Rome, Musée de la civilisation romaine).

Lire l'image

1. *Étudiez la composition de ce relief : place des personnages, attitudes.*
2. *Qu'est-ce qui permet d'identifier dans cette représentation le soignant et le patient ?*

Hippocrate, le père de la médecine

Instruments chirurgicaux, relief romain en pierre (Ier siècle) (Rome, Musée de la civilisation romaine).

Selon la légende, Hippocrate (Ve siècle av. J.-C.) aurait été descendant du héros Esculape (ou Asclépios), fils du dieu guérisseur Apollon. Il conseilla entre autres d'allumer de grands bûchers à Athènes lors de l'épidémie de peste (ou de variole) qui éclata en 430 av. J.-C., pendant la guerre entre Sparte et Athènes. Le roi de Perse Artaxerxès le convoqua pour mettre fin à une autre épidémie, mais il refusa la récompense en or qu'on lui offrait.

Ses observations semblent parfois un peu étranges, mais Hippocrate est l'un des premiers à avoir distingué la médecine de la magie, à avoir pratiqué l'auscultation et décrit beaucoup de maladies avec minutie et précision. Il est également le premier à avoir compris que la maladie du corps peut trouver son origine dans l'esprit : on parle actuellement de maladie « psychosomatique ».

Le serment d'Hippocrate

Voici le serment prononcé encore aujourd'hui par les médecins au moment où ils obtiennent leur diplôme. Il s'inspire fortement du texte rédigé par Hippocrate.

Je promets et je jure d'être fidèle aux lois de l'honneur et de la probité dans l'Exercice de la Médecine. Je donnerai mes soins gratuits à l'indigent[1] et n'exigerai jamais un salaire au-dessus de mon travail. Admis dans l'intérieur des maisons, mes yeux ne verront pas ce qui s'y passe : ma langue taira les secrets qui me seront confiés, et mon état ne servira pas à corrompre les mœurs ni à favoriser le crime. Respectueux et reconnaissant envers mes Maîtres, je rendrai à leurs enfants l'instruction que j'ai reçue de leurs pères.

Que les hommes m'accordent leur estime si je suis fidèle à mes promesses ! Que je sois couvert d'opprobre et méprisé de mes confrères si j'y manque.

1. *Indigent* : pauvre, privé de ressources.

Lire les textes

1. *Quels sont les apports d'Hippocrate à la médecine d'après le premier texte ?*

2. a. *Relevez les termes du second texte qui montrent qu'il s'agit d'un serment. Quels sont les temps utilisés ?*
b. *À quoi s'engage le médecin, lorsqu'il prête serment ?*
c. *Trouvez quatre termes désignant les qualités essentielles exigées du médecin. Laquelle vous semble la plus importante ?*

Lire en latin

Ex sutore medicus : le médecin-cordonnier

Malus **cum** sutor inopia deperditus[1]
medicinam ignoto facere[2] **coepisset**[3] loco
et **venditaret**[4] falso antidotum nomine,
verbosis adquaesivit sibi[5] famam strophis[6].
Hic **cum jaceret** morbo confectus gravi
rex urbis, ejus experiendi gratia[7]
scyphum[8] poposcit ; fusa dein simulans aqua[9]
illius se miscere antidoto toxicum,
ebibere jussit ipsum posito praemio,
Timore mortis ille tum confessus est[10]
non artis ulla medicae se prudentia,
verum stupore vulgi factum nobilem[11].
Rex advocata contione haec addidit :
« quantae putatis esse vos dementiae[12],
qui capita vestra non dubitatis credere
cui calceandos[13] nemo commisit[14] pedes ? »

PHÈDRE (env. 10-50), *Fables*, I, 14.

1. inopia deperditus : dans la plus grande misère.
2. medicinam facere : exercer la médecine.
3. cum coepisset : comme il avait commencé.
4. venditaret : il cherchait à vendre.
5. adquaesivit sibi : il acquit.
6. verbosis strophis : par des ruses verbeuses.
7. experiendi gratia : pour le mettre à l'épreuve.
8. scyphus, i, m : coupe.
9. fusa aqua : ayant versé de l'eau.
10. confessus est : avoua.
11. factum nobilem : qu'il avait été rendu célèbre.
12. quantae dementiae : quelle immense folie ?
13. calceandos : à chausser.
14. committo, is, ere, misi, missum : confier

Lire le texte

1 *À quoi voyez-vous que ce texte est une fable ? Quel est l'objectif des fables, en général ? De celle-ci, en particulier ?*

2. cum populus flores jaceret (➡ p. 132)
cum jaceret rex

Traduisez ces propositions. À quel mode et à quel temps se trouve, dans chaque cas, le verbe jaceret*?*

3. a. cum coepisset : alors qu'il avait commencé
cum venditaret : alors qu'il vendait

Quelle est la différence entre ces deux temps ?

b. amavissem - habuissem - dixissem - audivissem - fecissem - fuissem

À partir de quel temps primitif ces formes verbales sont-elles construites ?

Grammaire

Formation du plus-que-parfait du subjonctif

1re conjugaison	2e conjugaison	3e conjugaison	conjugaison mixte	4e conjugaison	esse : être
amare : aimer	**habere** : avoir	**dicere** : dire	**capere** : prendre	**audire** : entendre	
amavissem	**habu**issem	**dix**issem	**cep**issem	**audiv**issem	**fu**issem
amavisses	**habu**isses	**dix**isses	**cep**isses	**audiv**isses	**fu**isses
amavisset	**habu**isset	**dix**isset	**cep**isset	**audiv**isset	**fu**isset
amavissemus	**habu**issemus	**dix**issemus	**cep**issemus	**audiv**issemus	**fu**issemus
amavissetis	**habu**issetis	**dix**issetis	**cep**issetis	**audiv**issetis	**fu**issetis
amavissent	**habu**issent	**dix**issent	**cep**issent	**audiv**issent	**fu**issent

Le plus-que-parfait du subjonctif est formé avec :
– le radical du parfait (en noir dans le tableau) :
– le suffixe **-isse-** (en bleu) ;
– les désinences personnelles (en rouge) : **-m**, **-s**, **-t**, **-mus**, **-tis**, **-nt**.

Valeurs du plus-que-parfait du subjonctif

- Le plus-que-parfait du subjonctif, comme l'imparfait du subjonctif (➡ p. 133), utilisé après **cum** indique généralement une nuance de **temps** et de **cause** :
cum sutor coepisset… *alors que le cordonnier avait commencé…*

- On emploie le subjonctif plus-que-parfait dans la **proposition subordonnée** si la proposition principale est au passé et que l'on veut exprimer, dans la subordonnée, une action antérieure à l'action principale. Ce choix des temps est réglé par la **concordance des temps** (➡ p. 133) :
Scibam quid fecisset. *Je savais ce qu'il avait fait.*
ind. imparfait subj. plus-que-parfait
Optavi ut venisset. *J'ai souhaité qu'il soit venu.*
ind. parfait subj. plus-que-parfait

Exercices

Vocabulaire

Verbes

advoco, as, are, avi, atum : appeler, convoquer
coepio, is, ere, coepi, coeptum : commencer
dubito, as, are, avi, atum : douter, hésiter
misceo, es, ere, miscui, mixtum : mélanger
posco, is, ere, poposci : réclamer
simulo, as, are, avi, atum : simuler, feindre

Adjectifs qualificatifs

aeger, gra, grum : malade
ignotus, a, um : inconnu
sanus, a, um : sain, en bonne santé

Mot invariable

verum : mais, mais en vérité

Noms

contio, onis, f : assemblée du peuple
dementia, ae, f : folie, extravagance
inopia, ae, f : dénuement, besoin, misère
medicina, ae, f : médecine
medicus, i, m : médecin
mens, mentis, f : esprit, intelligence
morbus, i, m : maladie
pes, pedis, m : pied
stupor, oris, m : stupidité, stupeur
sutor, oris, m : cordonnier
timor, oris, m : crainte, peur, effroi
vulgus, i, n : foule

Appliquer

Exercice 1 : conjuguer au subjonctif

Conjuguez ces verbes au subjonctif imparfait, puis plus-que-parfait.

boire - manger - dormir - courir - réclamer - périr.

Exercice 2 : transposer au subjonctif plus-que-parfait

Transposez ces subjonctifs imparfaits en subjonctifs plus-que-parfaits.

adderem - essem - posses - sciremus - ageretis - ostenderent - curaret - mitteres - vinceremus - acciperent - crederes.

Exercice 3 : manier le subjonctif plus-que-parfait

Traduisez ces groupes de mots.

1. comme j'avais craint. **2.** comme tu avais pensé. **3.** comme il avait montré. **4.** comme nous avions dit. **5.** comme vous aviez ordonné. **6.** comme il était venu.

Exercice 4 : traduire cum + subjonctif

Traduisez, en faisant attention au temps utilisé.

1. cum sutor vinum bibisset. **2.** cum rex contionem vocavisset. **3.** cum Socratis uxor morosa esset. **4.** cum Romam venissemus.

Exercice 5 : retenir les valeurs de cum

Traduisez ces phrases, en faisant attention aux différents emplois de cum.

1. Cum amico consul in foro erat. **2.** Cum spectatores plaudunt, actores delectantur. **3.** Cum aqua frigida esset, lavabatur. **4.** Cum liberis matrona venit. **5.** Cum servi dominum verberavissent, decessit ille.

Exercice 6 : réviser les textes

1. *Retrouvez la traduction des groupes de mots suivants. De quelle construction s'agit-il ?*

1. fusa aqua. **2.** posito praemio. **3.** advocata contione.

2. *Que signifient ces expressions ?*

1. morbo confectus gravi. **2.** ebibere jussit toxicum. **3.** stupore vulgi. **4.** rex haec addidit.

Exercice 7 : lire en latin

Traduisez en français ce texte.

Dans Le Malade imaginaire, *Molière imagine une cérémonie burlesque en « latin de cuisine » au cours de laquelle le héros reçoit le titre de médecin. Le président du jury fait d'abord l'éloge de la médecine.*

Quam bella chosa et bene trovata,
Medicina illa benedicta,
Quae suo nomine solo,
Surprenanti miraculo,
Depuis si longo tempore,
Facit à gogo vivere
Tant de gens omni genere.

Reçu médecin, le héros est acclamé par le chœur.

Vivat, vivat, vivat, vivat, cent fois vivat
Novus Doctor, qui tam bene parlat !
Mille, mille annis, et manget et bibat,
et seignet et tuat !

MOLIÈRE, *Le Malade imaginaire*, 3e intermède.

Jouer avec la langue

Exercice 8 : retrouver l'origine des mots

1. *À quels mots latins rattachez-vous ces mots ou expressions ?*

1. une mixture. 2. la simulation. 3. la stupeur. 4. la démence.

2. *Hygie est la fille d'Esculape. Expliquez le mot* hygiène.

Exercice 9 : enrichir son vocabulaire

Cherchez dans un dictionnaire le sens et l'origine de ces mots du vocabulaire médical.

un tibia - la clavicule - le fémur - un placebo - le radium - une potion - une opération - un toxique - un anticorps - un état morbide - la débilité - un stupéfiant - la tuberculose - un cancer - une fracture - de l'opium.

Exercice 10 : LE LATIN & LE GREC

Trouvez des mots appartenant au champ lexical de la médecine issus de ces radicaux latins et grecs.

médecin	medicus	iatros
faible	imbecillus	asthenês
sain	sanus	hygiês
douleur	dolor	algos
maladie	morbus	nosos
fièvre	febris	pyrêtos
blessure	vulnus	trauma
médicament	remedium	pharmakon
soigner	curo	therapeuô
veine	vena	phlebs
sang	sanguis	héma

Exercice 11 : récréation

Retrouvez ces mots latins dont les lettres ont été mélangées.

PEROCENUT — SONITONIC — ESCRIME — TAMENIDE — MALUSIRE

Linguistes en herbe

Medice, cura te ipsum.

Médecin, soigne-toi toi-même.

Cette maxime tirée de l'Évangile (Luc IV, 23) s'adresse à ceux qui donnent des conseils alors qu'ils devraient commencer par les pratiquer eux-mêmes.

L'héritage grec : sciences et sports

La Grèce a influencé Rome aussi sur le plan scientifique, notamment avec ses mathématiciens. Parmi eux : Thalès (vers 625-547 av. J.-C.), qui introduisit les fondements de la géométrie, Pythagore (vers 570-480 av. J.-C.), qui trouva la multiplication et le théorème du carré de l'hypothénuse, Euclide (IIIe siècle av. J.-C.), qui travailla sur la géométrie du plan.

Pythagore faisant des expériences, gravure sur bois, extrait de *Theorica Musicae*, Venise, 1492.

Pythagore, dès sa jeunesse et par désir de connaître tout ce qui peut ennoblir l'esprit, avait entrepris de parvenir au comble du savoir. Il se rendit donc en Égypte. Il alla ensuite en Perse. Puis il s'embarqua pour la Crète et pour Lacédémone et, après avoir observé les lois et les mœurs, il se rendit aux jeux Olympiques. Il y donna une idée de l'étendue de ses connaissances et excita au plus haut degré l'admiration de la Grèce entière. Comme on lui demandait de quel nom on devait le qualifier, il répondit qu'il n'était pas un sage, titre qu'avaient déjà pris sept hommes supérieurs à tous, mais un philosophe[1], c'est-à-dire un ami de la sagesse.

VALÈRE MAXIME (Ier siècle av. J.-C.-Ier siècle apr. J.-C.),
Actions et Paroles mémorables, (extraits),
trad. P. Constant, Garnier, 1935.

1. Du grec philos, *ami*, et sophia, *sagesse*.

1. *Pourquoi Pythagore refuse-t-il le titre de sage ?*

2. *Décrivez la gravure. Quel domaine scientifique est ici illustré ?*

Cultiver le corps et l'esprit : les jeux Olympiques

Créés en 776 av. J.-C., les jeux Olympiques sont à la fois une fête religieuse dédiée à Zeus et un événement politique. Les cérémonies avaient lieu en été, tous les quatre ans, et une trêve était alors respectée dans toute la Grèce. Ces jeux symbolisaient l'unité de la culture grecque. Ils avaient donc une très grande importance. L'écrivain Vitruve donne ici son opinion sur les récompenses attribuées aux sportifs.

Les athlètes célèbres, pour prix d'une victoire aux jeux Olympiques, se sont vu décerner de tels honneurs par les anciens Grecs que, sans parler des acclamations qu'ils reçoivent debout dans le stade, avec la palme et la couronne, un quadrige, à leur retour victorieux dans leur cité, les conduit en triomphe à l'intérieur des murs de leur patrie, et que l'État leur accorde, pour le reste de leur vie, la jouissance de rentes d'un montant déterminé. À constater cet usage, je me demande pourquoi alors on n'a pas accordé les mêmes honneurs, et de plus grands encore, aux écrivains qui offrent à toutes les nations, pour le reste des temps, d'immenses avantages. Car les athlètes ne fortifient que leur propre corps, tandis que les écrivains, outre leur intelligence, fortifient aussi celle de tous les hommes.

VITRUVE (Ier siècle av. J.-C.), *De l'architecture*, livre IX, Préambule (extraits), trad. J. Soubiran, Les Belles Lettres, 1969.

1. *Relevez les différents honneurs et avantages que retirent les athlètes de leurs victoires.*

2. *Quelle supériorité Vitruve trouve-t-il aux écrivains sur les athlètes ?*

3. *En quoi ce texte soulève-t-il un problème très actuel ?*

Affiche pour les jeux Olympiques d'été, Rome, 1960.

2026 : le narrateur, réfugié dans un bunker souterrain pour échapper au « Grand Enfouissement nucléaire », a pris la parole pour proposer un moyen d'éviter l'« Ultime Guerre mondiale ».

– Président, la solution tient en deux mots : « jeux Olympiques ».

Le président, qui s'était rassis, se gratta le sommet du crâne.

– Qu'est-ce que c'est ?

– Il serait plus exact de dire « qu'est-ce que c'était ? » car ils n'existent plus. Enfin voilà – je vous passe les détails –, d'après nos bases de données, les cités grecques des origines s'affrontaient tous les quatre ans dans des compétitions sportives – les Jeux – sur le site d'Olympie. Pendant la durée des Jeux, les cités, qui se faisaient habituellement la guerre, observaient une trêve sacrée. Ce système fonctionna pendant quatre siècles. Imaginez maintenant que nous parvenions à remettre les Jeux à l'honneur chez nos ancêtres, que nous détournions leur agressivité grâce au sport. Faisons-les courir, sauter, nager, au lieu de se battre ! Nous changerions le COURS de l'Histoire !

Gilles MASSARDIER, Nicolas THERS, *Contes et Récits des jeux Olympiques* (extraits), Nathan, 2000.

Badge avec l'emblème officiel des trentièmes jeux Olympiques d'Athènes, Grèce, 2004.

1. *Quelle est l'utilité du sport aux yeux du narrateur ?*

2. *En quoi cette position rejoint-elle celle de Juvénal lorsqu'il dit de donner du pain et des jeux aux Romains pour qu'ils oublient leur misère ?* ➤ p. 119

3. *En quoi diffère-t-elle de celle de Sénèque et de celle de Valère Maxime ?* ➤ p. 131

18. Rome et la Sicile

Ruines d'un ancien théâtre gréco-romain (vers IIIe siècle av. J.-C.) (Sicile, Taormine).

Lire l'image

1. *Les Romains, à l'exemple des Grecs, savaient exploiter un cadre naturel pour mettre en valeur une architecture. Montrez en quoi ce théâtre répond parfaitement à ces exigences esthétiques.*

2. *Repérez dans ces vestiges les éléments d'un théâtre de tradition gréco-romaine.*

L'épée de Damoclès

Denys l'Ancien fut tyran de Syracuse de 405 à 367 av. J.-C. Il chassa les Carthaginois de Sicile et fonda des comptoirs en Italie. Il rendit prospère sa ville en en faisant un important centre économique et protégea les lettres. Mais sa renommée ne le rendait ni heureux, ni paisible…

La nymphe Aréthuse, patronne de la ville de Syracuse, décadrachme d'argent, Syracuse (413 av. J.-C.) (Londres, British Museum).

Le tyran s'est prononcé lui-même sur l'étendue de son bonheur. Il causait avec un de ses courtisans, Damoclès, et celui-ci, évoquant les richesses de Denys, sa puissance, son prestige de souverain, l'abondance de ses ressources et la splendeur de son palais, affirmait que personne jamais n'avait été plus heureux. « Eh bien ! dit-il, Damoclès, puisque mon existence te sourit, veux-tu y goûter toi-même et faire l'épreuve de mon bonheur ? » Damoclès ayant dit qu'il ne demandait pas mieux, Denys fit installer notre homme sur un lit d'or, recouvert d'un tapis superbe orné d'une broderie magnifique ; on garnit nombre de buffets de vaisselle d'or et d'argent ciselé ; puis autour de la table vinrent se ranger des esclaves choisis et d'une rare beauté, qui avaient pour consigne de faire le service minutieusement et sur un signe de Damoclès. Il y avait des parfums, des couronnes ; des cassolettes fumaient ; les mets les plus recherchés garnissaient les tables ; Damoclès se voyait au comble du bonheur. Voilà qu'au milieu de la fête, Denys fait suspendre au plafond, attaché à un crin de cheval et de manière qu'il soit juste au-dessus de la tête de notre bienheureux, un glaive étincelant. Dès lors, Damoclès n'avait plus d'yeux ni pour la beauté des serviteurs ni pour la splendeur artistique de l'argenterie ; ses mains ne touchaient plus aux plats, même les couronnes qu'il avait sur la tête en glissaient toutes seules : il finit par supplier le tyran de l'autoriser à se retirer, parce que, disait-il, il ne voulait plus être heureux. Denys pouvait-il faire entendre plus clairement qu'il n'y a point de bonheur pour qui est toujours sous le coup d'une menace terrible ?

CICÉRON (106-43 av. J.-C.), *Tusculanes*, t. II, V, 61-62, trad. J. Humbert, Les Belles Lettres, 1968.

Lire le texte

1. *Relevez les termes choisis pour donner une impression de grande richesse.*

2. *Quels sont les détails qui nous renseignent sur le mode de vie de l'époque ?*

3. *Comment est mise en évidence la richesse du tyran ?*

4. *Quelle est la « menace terrible » qui pèse sur le tyran ?*

5. *L'expression une « épée de Damoclès » est devenue courante dans notre langue. Que signifie-t-elle ?*

Lire en latin

La méfiance d'un tyran

Denys de Syracuse (430-367 av. J.-C.) fut un tyran redouté. Réputé pour son manque de scrupules et sa suspicion, il vivait enfermé derrière les murailles de son château…

Iis quos **delegerat** corporis custodiam committebat. Ita propter[1] injustam dominatus[2] cupiditatem in carcerem quodam modo[3] **ipse** se **incluserat**[4]. Ne tonsori collum committeret, tondere filias suas docuit[5]. Ita regiae virgines ut tonstriculae[6] tondebant barbam et capillum patris. Et tamen ab his **ipsis**, cum jam essent adultae, ferrum removit[7]. Cumque duas uxores haberet, noctu ad eas ventitabat[8]. Et cum fossam[9] latam cubiculari lecto[10] circumdedisset ejusque fossae transitum[11] ponticulo ligneo[12] conjunxisset, eum **ipsum**, cum forem cubiculi **clauserat**, detorquebat[13].

CICÉRON (106-43 av. J.-C.), *Tusculanes*, V, 58-59 (extraits).

1. propter + accusatif : à cause de.
2. dominatus, us, m : pouvoir absolu, tyrannie.
3. quodam modo : en quelque sorte.
4. se incluserat : il s'était enfermé.
5. docuit + double accusatif : il enseigna.
6. ut tonstriculae : comme des coiffeuses.
7. removit : il enleva.
8. ventitabat : il venait souvent.
9. fossa, ae, f : creux, trou, fossé, fosse.
10. cubiculari lecto : lit de chambre à coucher.
11. transitus, us, m : passage.
12. ponticulo ligneo : petit pont de bois.
13. detorqueo, es, ere, torsi, tortum : détourner, lever.

Lire le texte

1. *Qui est le héros du texte ? Quel est le trait dominant de son caractère ?*

2. cum forem cubiculi clauserat

a. *Que signifie* cum *dans cette expression ?*
b. *Quel est, par conséquent, le mode utilisé ?*
c. *À quel temps* clauserat *se traduit-il en français ?*

3. delegerat - incluserat - clauserat

a. *À partir de quel radical sont formés ces trois temps ?*
b. *Quel est leur suffixe commun ?*

4. *En partant du même radical que dans l'exercice précédent, devinez quel suffixe il faut ajouter pour former le futur antérieur.*

5. In carcerem ipse se incluserat : il s'était enfermé lui-même dans une prison
Ab his ipsis ferrum removit : à celles-ci elles-mêmes il enleva le fer

a. *À quoi sert* ipse/ipsis *dans ces exemples ?*
b. *Quelle différence grammaticale constatez-vous entre ces deux emplois de* ipse *?*

Grammaire

Le plus-que-parfait et le futur antérieur de l'indicatif

- Le plus-que-parfait, le futur antérieur et le parfait de l'indicatif latins forment ce qu'on appelle le **perfectum**, en opposition à l'**infectum**, qui regroupe présent, imparfait et futur.
- Le plus-que-parfait et le futur antérieur se forment à partir du **radical du parfait**. ➤ p. 33
- Le plus-que-parfait comprend le suffixe **-era-**, et le futur antérieur le suffixe **-eri** (en bleu dans le tableau).

1re conjugaison	
amare : aimer	
plus-que-parfait	**futur antérieur**
amaveram	**amavero**
amaveras	**amaveris**
amaverat	**amaverit**
amaveramus	**amaverimus**
amaveratis	**amaveritis**
amaverant	**amaverint**

Le pronom-adjectif ipse, ipsa, ipsum

- **Ipse** est un **pronom d'insistance**. Il attire l'attention sur une personne ou une chose :
In carcerem ipse se incluserat. *Lui-même s'était enfermé dans une prison.*
- Il peut être utilisé :
– comme pronom : **Ipse venit.** *Il est venu lui-même.*
– comme adjectif : **ab his ipsis** : *à celles-ci en personne, à celles-ci elles-mêmes.*
Sa déclinaison est celle des adjectifs de la première classe, sauf au génitif et au datif singulier :

ipse, ipsa, ipsum : même, en personne	**singulier**			**pluriel**		
	masculin	**féminin**	**neutre**	**masculin**	**féminin**	**neutre**
N.	**ipse**	**ipsa**	**ipsum**	**ipsi**	**ipsae**	**ipsa**
Acc.	**ipsum**	**ipsam**	**ipsum**	**ipsos**	**ipsas**	**ipsa**
G.	**ipsius**	**ipsius**	**ipsius**	**ipsorum**	**ipsarum**	**ipsorum**
D.	**ipsi**	**ipsi**	**ipsi**	**ipsis**	**ipsis**	**ipsis**
Abl.	**ipso**	**ipsa**	**ipso**	**ipsis**	**ipsis**	**ipsis**

In carcerem ipse se incluserat.

Exercices

Vocabulaire

Noms

capillus, i, m : cheveu, chevelure
carcer, eris, m : prison
cupiditas, atis, f : cupidité, désir, envie
custodia, ae, f : garde
foris, is, f : porte
tonsor, oris, m : barbier, coiffeur
transitus, us, m : passage, transition

Adjectif qualificatif

regius, a, um : royal

Verbes

claudo, is, ere, clausi, clausum : fermer
committo, is, ere, misi, missum : confier
conjungo, is, ere, junxi, junctum : joindre
deligo, is, ere, legi, lectum : choisir, séparer
includo, is, ere, clusi, clusum : enfermer
seco, as, are, secui, sectum : couper

Pronom-adjectif

ipse, a, um : même, en personne

Appliquer

Exercice 1 : former le plus-que parfait et le futur antérieur

Conjuguez ces verbes au plus-que-parfait puis au futur antérieur.

1. seco, as are, secui, sectum. **2.** deligo, is, ere, legi, lectum. **3.** fero, fers, ferre, tuli, latum. **4.** includo, is, ere, clusi, clusum. **5.** possum, potes, posse, potui. **6.** volo, vis velle, volui. **7.** facio, is, ere, feci, factum.

Exercice 2 : manier le plus-que-parfait et le futur antérieur

Traduisez en latin ces formes verbales.

1. il avait appelé - il avait rapporté - ils étaient venus - ils avaient eu - j'avais dit - tu avais cru - il avait vu - nous avions craint. 2. j'aurai péri - tu auras confié - il aura choisi - nous aurons conduit - vous aurez vécu - ils auront fermé.

Exercice 3 : opposer deux valeurs de cum

Traduisez ces phrases, en observant bien le mode.

1. Cum forem clauserat, dormire poterat. **2.** Cum cucurrisset, fessus erat. **3.** Cum multum edisset, Obelix gravis erat. **4.** Cum pulcherrimam vidisset villam, in ea vivere cupiebat. **5.** Cum in balneum iverant, Romani cenabant.

Exercice 4 : distinguer deux temps du perfectum

Complétez ces phrases avec l'indicatif plus-que-parfait ou le futur antérieur, puis traduisez-les.

1. Cum discipuli laborav..., magister eos approbabit. **2.** Cum opus confecer... , servi fessi erunt. **3.** Cum athletae corpus exercu..., fortes erunt. **4.** Cum forem claus..., fures non jam timebat. **5.** Cum milites fortes fu..., laudes accipiebant.

Exercice 5 : manier ipse

*Traduisez ces phrases en français en variant la traduction d'*ipse.

1. Ipse Romam veni. **2.** Ipse Romam venisti. **3.** Ipsi Romam venerunt. **4.** Ipsae Romam venerunt. **5.** Oratorem in ipso foro audiveramus. **6.** Eo ipso die consulem videramus.

Exercice 6 : réviser les pronoms

Retrouvez la traduction de ces phrases.

1. Omne hoc tempus jucundissima quiete transmisi. **2.** Eos omnes vidit vincere Olympiae eodem die. **3.** Cum populus flores in eum jaceret, animam efflavit.

4. Tristissimus haec tibi scribo. 5. Comes ipsa mortis fuit. 6. Ipse paucis diebus decessit.

Exercice 7 : lire en latin

Traduisez en français.

Denys le Tyran et la vieille femme

Tous les Syracusains souhaitent la mort du tyran Denys. Seule une vieille femme prie chaque jour pour lui. Denys la convoque et lui demande pourquoi.

« Certa est, inquit illa[1], ratio propositi mei[2]. Puella enim, cum gravem tyrannum haberemus, carere[3] eo cupiebam. Quo[4] interfecto, aliquanto[5] taetrior[6] arcem occupavit. Ejus quoque finiri dominationem magni aestimabam[7]. Tertium te superioribus importuniorem[8] habere coepimus rectorem. Itaque ne, si tu fueris absumptus[9], deterior in locum tuum succedat, caput meum pro tua salute devoveo[10]. »

Tum facetam[11] audaciam Dionysius punire erubuit[12].

VALÈRE MAXIME, *Actions et Paroles mémorables.*

1. illa : elle. 2. ratio propositi mei : raison de mon attitude. 3. carere (+ ablatif) : être débarrassée. 4. Quo : celui-ci. 5. aliquanto : encore. 6. taetrior : plus terrible. 7. magni aestimabam : je considérerais comme un bonheur. 8. superioribus importuniorem : plus dur que les précédents. 9. Si tu fueris absumptus : si tu devais mourir. 10. devoveo : je consacre. 11. facetam : spirituelle. 12. erubuit : eut honte.

Jouer avec la langue

Exercice 8

Vrai ou faux ? Justifiez vos réponses.

1. Une lotion capillaire soigne les cheveux. 2. Avoir le dos en capilotade signifie avoir les cheveux dans le dos. 3. Un lieu de prédilection est un endroit choisi et aimé. 4. Être incarcéré, c'est être arrêté. 5. Claudiquer signifie être enfermé. 6. Jusqu'au 10 mars inclus signifie jusqu'au 10 mars compris 7. Clore un chapitre, c'est le terminer.

Exercice 9 : LE LATIN & LE GREC

Regius *en latin,* basilikos *en grec signifient* royal.

1. *Complétez ces phrases avec le radical latin* reg-.

1. Le roi n'administre pas, ne gouverne pas, il … . 2. Il est allé en vacances dans la … méditerranéenne. 3. Un verbe transitif … un complément. 4. L'affaire est … ! 5. L'obélisque a été … place de la Concorde. 6. Le chef est venu lui-même … les travaux.

2. *À partir du radical grec, trouvez :*

1. le prénom français qui vient de ce radical. 2. le nom donné à certains édifices religieux. 3. le nom du reptile auquel les anciens accordaient le pouvoir de tuer par son seul regard. 4. le nom d'une plante aromatique employée en cuisine.

Exercice 10 : récréation

Cette phrase prononcée par Denys de Syracuse a été imprimée dans le désordre : retrouvez l'ordre des syllabes.

MIT LO TON COL UM COM TE NO SORI ME LUM RE

Linguistes en herbe

Eurêka !

J'ai trouvé !

Selon la légende, c'est ce qu'aurait dit Archimède. Le roi de Syracuse aurait demandé à Archimède de vérifier si sa couronne était en or pur. Les recherches du savant le conduisirent alors vers la notion de poids spécifique, et c'est en prenant son bain que, fou de joie, il aurait trouvé la solution et se serait précipité dans la rue en criant ce mot célèbre.

Prolongements

La Sicile, carrefour des civilisations

Point de rencontre entre l'Afrique et l'Italie, la Sicile occupe une place importante dans l'histoire du monde méditerranéen. Elle a été l'objet de luttes incessantes entre Carthaginois et Romains. Dès le IXe siècle av. J.-C., les Phéniciens colonisèrent l'île. Au siècle suivant, les Grecs s'y établirent avec leurs comptoirs commerciaux et colonies de peuplement. En 212 av. J.-C., après l'expulsion définitive des Carthaginois lors de la première guerre punique, la conquête de Syracuse par Marcellus livra à Rome la Sicile qui devint l'un de ses greniers à blé. Syracuse fut entièrement romaine pendant sept siècles jusqu'à l'arrivée des Vandales et des Ostrogoths, de 436 à 535.

Tête de déesse en marbre (470-460 av. J.-C.), provenant du temple E de Sélinonte (Sicile, Palerme, Musée archéologique).

Garçon attrapant un canard, mosaïque romaine des appartements privés des enfants (détail) (fin IIIe-début IVe siècle) (Sicile, Piazza Armerina, villa romaine du Casale).

Maupassant, un visiteur de la Sicile au XIXe siècle

Puis nous allons aux Latomies, immenses excavations à ciel ouvert, qui furent d'abord des carrières et devinrent ensuite des prisons où furent enfermés, pendant huit mois, après la défaite de Nicias[1], les Athéniens capturés, torturés par la faim, la soif, l'horrible chaleur de cette cuve et la fange grouillante où ils agonisaient.

Dans l'une d'elles, la Latomie du Paradis, on remarque, au fond d'une grotte, une ouverture bizarre, appelée oreille de Denys, qui venait écouter au bord de ce trou, disait-on, les plaintes de ses victimes.

Guy de MAUPASSANT (1850-1893), *La Vie errante : la Sicile.*

1. *Nicias* : général athénien (470-413 av. J.-C.) qui périt dans l'expédition de Sicile qu'il avait désapprouvée.

1. *Repérez les principales villes de la Sicile sur la carte en couverture intérieure.*

2. *D'après le texte, qu'est-ce que les Latomies ?*
En quoi étaient-elles utiles à Denys de Syracuse ?
Quel aspect du tyran nous révèlent-elles ?

Archimède le Sicilien

Syracuse est la patrie de plusieurs hommes célèbres, notamment du mathématicien Archimède (vers 287-212 av. J.-C.), dont le nom signifie en grec « premier inventeur ».

C'est lui qui, en 215 av. J.-C., dirigea la défense de la ville contre les Romains : il aurait fait incendier les vaisseaux ennemis grâce à un jeu de miroirs qui réfléchissaient le soleil. Il aurait également fait percer dans les remparts de petites meurtrières desquelles on lançait des flèches et des petits scorpions sur l'ennemi.

Le Levier d'Archimède, enluminure extraite de *De architectura de Vitruve*, 1630 (Milan, Bibliothèque Trivulziana).

La mort d'un savant

Syracuse est prise par les Romains en 212 av. J.-C. Les troupes du général romain Marcellus pillent alors la ville...

Après la prise de Syracuse, Marcellus avait compris que c'étaient les inventions d'Archimède qui avaient si longtemps et si puissamment fait obstacle à sa victoire. Néanmoins, il fut tellement ravi de l'intelligence supérieure de ce grand homme qu'il donna ordre d'épargner sa vie, espérant presque autant de gloire de la conservation d'Archimède que de la défaite de Syracuse. Mais, tandis qu'Archimède traçait des figures en fixant son attention et ses regards sur le sol, un soldat se précipite dans sa maison pour la piller et, l'épée nue au-dessus de sa tête, lui demande qui il est. Le géomètre, trop occupé de trouver la solution qu'il cherchait, ne peut dire son nom. Mais il couvre la terre de ses mains et dit seulement : « De grâce, ne dérange pas cette poussière. » Et, comme si cette réponse avait marqué du mépris pour l'ordre du vainqueur, on lui trancha la tête et son sang vint brouiller ses figures de géométrie. C'est ainsi que son travail tantôt lui valut la vie sauve, tantôt fut cause de sa mort.

Le Principe d'Archimède (La poussée des corps dans l'eau), gravure (XVIIe siècle).

VALÈRE MAXIME (Ier siècle av. J.-C.-Ier siècle apr. J.-C.), *Actions et Paroles mémorables*, livre VIII, chap. 7, trad P. Constant, Garnier, 1935.

1. *Pour quelles raisons Marcellus veut-il laisser la vie sauve à Archimède ?*

2. *Quel trait de caractère d'Archimède est mis en relief dans ce texte ?*

3. *Quel aspect des soldats romains nous est montré ?*

19. Rome et Carthage

Jacopo Ripanda (connu entre 1490 et 1530), *Les Guerres puniques : Hannibal en Italie* (vers 1508-1513), fresque (Rome, musée du Capitole).

Lire l'image

1. *Étudiez la composition du tableau (plans, lignes, place des personnages).*
2. *Rappelez ce qu'est une fresque. Quel effet est produit par les couleurs de celle-ci ?*
3. *Comment est suggérée l'idée de force et de puissance d'Hannibal ?*

Les guerres puniques

Trois guerres ont opposé Rome et Carthage : les guerres puniques (➡ p. 36).

– La première (264-241 av. J.-C.) se déroule en Sicile : le Carthaginois Hamilcar Barca (« l'Orage ») est vaincu par les Romains.

– La deuxième (218-201 av. J.-C.) est menée par Hannibal, fils d'Hamilcar, qui écrase les armées des Romains, notamment à Cannes en 216 av. J.-C. Mais il est finalement battu par Scipion l'Africain à Zama en 202 av. J.-C.

– La troisième a lieu entre 149 et 146 av. J.-C. : Carthage est assiégée par les Romains pendant trois ans. Finalement, la ville est entièrement rasée.

Un hardi chef de guerre

Hannibal, buste romain en pierre (Naples, Musée national d'archéologie).

Hannibal n'a rien négligé du rude apprentissage militaire. Il a appris à obéir avant de commander. Son énergie, son endurance ont fait l'admiration de tous, même des vieux soldats à la peau tannée par le soleil et le vent. Combien de fois ne l'a-t-on pas vu, roulé dans un manteau d'étoffe rugueuse, dormir sur le sol, auprès des sentinelles ? Il a supporté sans se plaindre le froid, la chaleur, la faim, les labeurs exténuants.

Toujours au premier rang, il a montré dans les batailles une rare intrépidité. L'armée connaît sa valeur ; elle a en lui une confiance aveugle, totale. Elle retrouve dans ce jeune général de vingt-huit ans le regard aigu, la fougue et la prudence d'Hamilcar. Que Rome prenne garde, l'heure de la vengeance approche !

Maintenant c'est à lui, Hannibal, de mener cette guerre et de conduire les troupes puniques à la victoire. Son plan est simple et hardi : il faut porter la guerre sur la terre italienne. Pour cela, malgré les longueurs et les embûches de la route, il franchira les Alpes, il libérera les peuples de Gaule et d'Italie, il dispersera les légions. Et l'orgueilleuse cité de Romulus, battue, humiliée, dépouillée, redeviendra la modeste bourgade latine qu'elle était autrefois.

Jean DEFRASNE, *Récits tirés de l'histoire de Rome* (extraits), Nathan, 1973.

Lire les textes

1. *Lisez le premier texte puis dites à quelle époque se situe le récit du second texte.*

2. *En quoi est-il important d'apprendre à « obéir avant de commander ? »*

3. *Quelles sont les qualités essentielles d'Hannibal ?*

4. *Quel but s'est-il fixé ?*

5. *Quels éléments montrent que son projet est audacieux et risqué ?*

Lire en latin

La mort d'un illustre ennemi des Romains

Hannibal, devenu roi des Carthaginois, cherche à envahir l'Italie après l'Espagne. Il bat les Romains à Trasimène (217 av. J.-C.) et à Cannes (216). Mais Rome résiste : rappelé à Carthage en 203, Hannibal est vaincu à Zama, dans le nord de l'Afrique, par le général romain Scipion et doit s'exiler en Orient...

Hannibal enim uno loco se tenebat, in castello quod ei a rege datum erat muneri[1], idque **sic aedificaverat[2] ut in omnibus partibus aedificii exitus haberet**, scilicet verens ne usu veniret[3] quod accidit[4]. Huc[5] cum legati Romanorum venissent ac multitudine[6] domum ejus circumdedissent[7], puer[8] a janua[9] prospiciens Hannibali dixit plures praeter consuetudinem[10] armatos apparere[11]. Qui[12] imperavit ei **ut omnes fores aedificii circumiret** ac propere sibi nuntiaret, **num[13] eodem modo[14] undique obsideretur[15]**. Puer cum celeriter[16] quid esset renuntiavisset omnesque exitus occupatos ostendisset, sensit id non fortuito factum, sed se peti[17] neque sibi diutius vitam esse retinendam[18]. Quam ne[19] alieno arbitrio dimitteret, memor pristinarum virtutum[20], venenum quod semper secum habere consueverat sumpsit.

CORNÉLIUS NÉPOS (99-24 av. J.-C.), *Œuvres*, XXIII, 12.

1. datum erat muneri : avait été donné en cadeau.
2. aedificaverat : il avait arrangé.
3. verens ne usu veniret : craignant que n'arrive.
4. quod accidit : ce qui arriva.
5. huc : là.
6. multitudine : d'une troupe.
7. circumdedissent : avaient entouré.
8. puer, i, m : ici, esclave.
9. janua, ae, f : porte.
10. plures praeter consuetudinem : des gens plus nombreux que d'habitude.
11. apparere : apparaissaient.
12. qui : il.
13. num : si.
14. modus, i, m : façon.
15. obsideretur : c'était bloqué.
16. celeriter : rapidement
17. se peti : que c'était à lui qu'on en voulait.
18. neque retinendam : ne devait être retenue.
19. ne : et pour que... ne pas.
20. pristinarum virtutum : ancienne bravoure.

Lire le texte

1. uno loco se tenebat - aedificii exitus - armatos - obsideretur - occupatos

a. *À quel champ lexical appartiennent ces termes ?*
b. *Quel type de récit est ainsi caractérisé ?*

2. Id sic aedificaverat ut exitus haberet : Il l'avait arrangé de telle sorte qu'il se ménageait des sorties.

a. *Quelle est, en français, la fonction de la subordonnée introduite par « de telle sorte que » ?*
b. *À quel mode est-elle exprimée ?*
c. *Quel est le mode du verbe* haberet*? Quel est son temps ?*
d. *Quels sont le mode et le temps du verbe* aedificaverat, *dans la proposition principale ?*

3. a. *Quel mot subordonnant introduit la proposition subordonnée de l'exercice précédent ?*
b. *Par quel autre mot est-il annoncé dans la proposition principale ?*

La proposition subordonnée de conséquence : ut + subjonctif

- La proposition subordonnée de **conséquence** est introduite par les conjonctions **ut** : *de sorte que* et **ut non** : *de sorte que… ne… pas*.
Ces conjonctions sont parfois annoncées dans la proposition principale par :
– un adverbe : **sic, ita, adeo, tam** : *ainsi, tant, tellement* ;
– un adjectif : **talis, is, e** : *tel* ou **tantus, a, um** : *si grand… que* ;
Sic aedificaverat ut exitus haberet. *Il l'avait arrangé de telle sorte qu'il se ménageait des sorties.*

- Le mode utilisé dans la proposition subordonnée de conséquence est le **subjonctif** :
– **présent** si le verbe de la proposition principale est au présent :
Sic domum aedificat ut multos exitus habeat. *Il arrange sa maison de telle sorte qu'il se ménage de nombreuses sorties.*
– **imparfait** si le verbe de la proposition principale est au passé :
Sic domum aedificavit/aedificabat/aedificaverat ut multos exitus haberet.
Il arrangea/arrangeait/avait arrangé sa maison de manière à se ménager de nombreuses sorties.
(Voir les règles de la concordance des temps ➨ p. 133.)
Cependant, il peut arriver que la règle de la concordance des temps ne joue pas si la subordonnée exprime un résultat permanent :
Tanta vi tonuit ut etiam nunc tremam. *Il a tonné avec une telle violence que j'en tremble encore maintenant.*

- La conséquence est souvent exprimée en latin par une proposition subordonnée relative dont le verbe est au subjonctif :
Sunt qui omnia sciant. *Il y a des gens qui savent tout.*

Exercices

Vocabulaire

Noms

aedificium, ii, n : bâtiment
arbitrium, ii, n : jugement, pouvoir
exitus, us, m : sortie
munus, eris, n : fonction, charge, devoir, don

Verbes

consuesco, is, ere, suevi, suetum : s'accoutumer, avoir l'habitude de
impero, as, are, avi, atum : commander
nuntio, as, are, avi, atum : annoncer
prospicio, is, ere, spexi, spectum : regarder au loin, veiller à, prévoir
sumo, is, ere, sumpsi, sumptum : prendre

Adjectifs qualificatifs

memor, oris + génitif : qui se souvient de
talis, e : tel
tantus, a, um : si grand

Mots invariables

adeo... ut : à tel point que
diu : longtemps (comparatif : diutius : plus longtemps)
ita... ut : tellement... que
mecum : avec moi
propere : en hâte
scilicet : bien sûr, évidemment, sans doute
secum : avec soi, avec lui, avec eux
sic... ut : de telle sorte que
tam... ut : tellement... que
tecum : avec toi

Appliquer

Exercice 1 : construire une phrase complexe

Transformez les deux indépendantes en une phrase complexe sur le modèle suivant.

Ex. : fortis est - semper laborat.
→ Tam fortis est ut semper laboret. Il est si courageux qu'il travaille tout le temps.

1. Prudens est - omnia scit. 2. Venenum sumit - perit. 3. Dominum in pavimentum servi jaciunt - decedit. 4. Forem claudit - non metuit. 5. Vetus est - amicorum non memor est. 6. Ingeniosus est - omnia intellegit. 7. Laborat - non valet. 8. Fortis est - mortem non timet.

Exercice 2 : manier la concordance des temps

Reprenez les phrases de l'exercice 1 et transposez-les au passé.

Ex. : Tam fortis erat ut semper laboraret.

Exercice 3 : comparer les divers sens de ut

Traduisez et précisez la fonction des propositions subordonnées dans ces phrases.

1. Rogavi ut veniret. 2. Consul magna voce clamavit ut cives eum audirent. 3. In theatrum eunt ut spectaculum videant. 4. Rex imperavit ut servi furem verberarent. 5. Tanta est admiratio ut omnes plaudant.

Exercice 4 : transposer la cause en conséquence

Traduisez ces phrases, puis inversez les propositions afin de transformer la cause en conséquence.

Ex. : Cum fortis esset, laborabat.
→ Tam fortis erat ut laboraret.

1. Cum hostes timerent, fugerunt omnes. 2. Cum in piscinam irem, clamores audiebam. 3. Cum servus poculum fregisset, dominus eum verberavit. 4. Cum adulescens consilium dixisset, pater eum approbavit.

Exercice 5 : reconnaître la conséquence

Reliez les principales à leurs subordonnées.

Tam stultus est - Milites ita pugnant - Tanta avaritia Euclionis erat - Servus tam laborat

ut dominus eum laudet. - ut vincant. - ut omnes eum contemnerent. - ut nihil intellegat.

Exercice 6 : lire en latin

Traduisez le texte en français.

Guerroyer ou festoyer

Annibali victori cum ceteri gratularentur[1], suaderentque[2] ut quietem ipse sumeret, et fessis militibus daret, unus ex ejus praefectis[3] Maharbal, minime cessandum ratus[4], Annibalem hortabatur[5] ut statim Romam pergeret[6], die quinto victor in Capitolio epulaturus[7]. Cumque Annibali illud consilium non probaretur[8], Maharbal adjecit : « Vincere scis, Annibal, sed victoria uti[9] nescis. »

C.-F. LHOMOND, *De viris illustribus*.

1. gratularentur (+ datif) : félicitaient. 2. suaderent : conseillaient. 3. praefectus, i, m : lieutenant. 4. minime cessandum ratus : pensant qu'il ne fallait absolument pas s'arrêter. 5. hortabatur : exhortait. 6. pergeret : (à) faire route vers. 7. epulaturus : pour festoyer. 8. probaretur : était approuvé. 9. uti : profiter de.

Jouer avec la langue

Exercice 7 : retrouver l'origine des mots

Trouvez l'origine latine des mots soulignés et expliquez leur sens.

Dans ce vaste édifice, un homme était occupé à rédiger un grand nombre de prospectus. Jamais il n'avait travaillé autant. Malgré la maladie et la fièvre qui le consumaient, il devait venir à bout de cette tâche immense. Ce dur travail n'était même pas rémunéré.

Exercice 8 : LE LATIN & LE GREC

Memor *en latin et* mnêmôn *en grec signifient* qui se souvient.

1. *À partir du latin, faites des phrases montrant clairement le sens de chaque mot.*

mémoire - mémorable - mémento - mémoriser - commémorer - se remémorer - mémorial.

2. *Complétez ces phrases à partir du grec.*

1. Pour retenir certaines règles d'orthographe, on a souvent recours à des moyens … . 2. À la suite d'un choc violent, certaines personnes peuvent perdre la mémoire et devenir … . 3. La loi qui prescrit l'oubli officiel de certaines infractions s'appelle … .

Exercice 9 : récréation

Trouvez les trois lettres manquantes qui forment la fin du mot de gauche et le début du mot de droite.

MOR _ _ _ PUS	CLA _ _ _ BUS
SEM _ _ _ DIT	TON _ _ _ ORI
CAR _ _ _ TUS	FLU _ _ _ SAM

Linguistes en herbe

Carthago

Carthage

Vers la fin du IXe siècle av. J.-C., les Phéniciens décidèrent de fonder une cité importante ; ils la nommèrent *Qart Hadasht*, « ville neuve ». Les Grecs transformèrent ce nom en *Karchedon* et la langue latine en fit *Carthago*.

Les éléphants d'Hannibal

Hannibal décide de franchir les Alpes avec des éléphants d'Afrique. L'historien Tite-Live décrit la traversée du Rhône.

Suivant certains, on rassembla les éléphants sur la rive ; le plus fougueux d'entre eux fut excité par son cornac qui s'enfuit ensuite et se jeta à l'eau ; l'animal le suivit et entraîna le troupeau ; à mesure que chaque bête, effrayée de la profondeur, perdait pied, le courant de lui-même la poussait vers l'autre rive.

Mais il paraît mieux établi qu'on les fit passer sur des radeaux. De la terre on fit glisser sur le fleuve un radeau long de deux cents pieds[1], large de cinquante. Pour qu'il ne fût pas déporté par le courant, on l'attacha à la rive en amont par plusieurs câbles solides ; on le couvrit de terre de façon à lui donner l'aspect d'un pont, pour permettre aux animaux d'y prendre pied hardiment comme sur la terre ferme ; un autre radeau, de même largeur, long de cent pieds, capable de traverser le fleuve, lui fut attaché. Alors six éléphants furent poussés, les femelles en tête, sur le radeau fixe, comme sur un chemin ; quand ils furent passés sur le petit radeau attaché au premier, on coupa les faibles liens qui le tirèrent vers l'autre rive. Les premiers éléphants débarqués, on revenait en chercher d'autres et on les traversait.

TITE-LIVE (59 av. J.-C.-17 apr. J.-C.), *Histoire romaine*, livre XXI (extraits), trad. A. Bourgery, Hatier, 1973.

1. Le pied romain mesurait 0, 296 m.

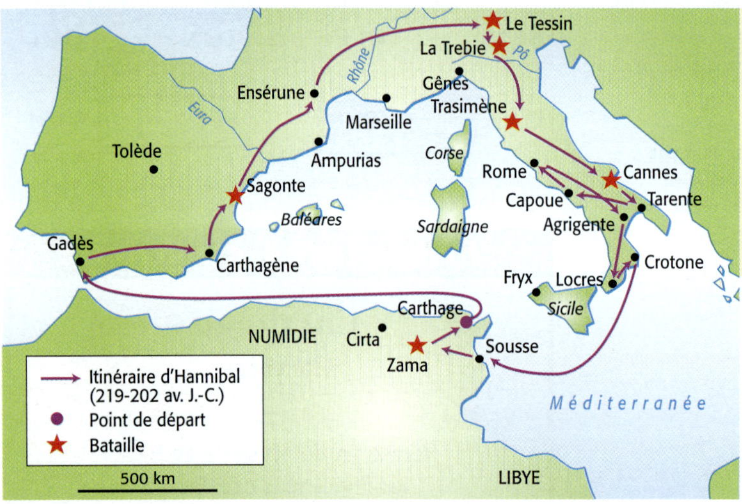

1. *À quoi voit-on que Tite-Live cherche à donner une version exacte de cet épisode ?*

2. *Relevez tous les détails qui montrent le souci de précision de Tite-Live.*

L'expédition dans les montagnes se montre plus périlleuse que prévu…

C'était une lutte affreuse ; la route, rendue glissante par la glace ne retenait plus le pied et se dérobait plus vite sous les pas dans la pente. Parfois les bêtes s'enfonçaient même dans la couche inférieure de neige ; glissant en avant, à force de frapper de leur sabot dans les efforts qu'ils faisaient, ils la brisaient profondément, et la plupart d'entre eux restaient engagés, comme pris au piège.

Enfin, après bien des fatigues, pour les bêtes et pour les gens, on campa au sol, où l'on eut une peine inouïe à déblayer la neige : si grande en était la masse à creuser et à évacuer. Puis il fallut se frayer un passage à travers la roche, le seul chemin possible ; on emmena à cet effet des soldats qui firent un amoncellement énorme d'arbres gigantesques, abattus dans les environs et ébranchés ; puis un vent favorable pour faire du feu s'étant élevé, on alluma un bûcher au pied et on rendit friables les roches surchauffées en y versant du vinaigre. Après quoi, on coupa avec des outils de fer la roche calcinée et on adoucit la pente par de courts lacets de façon à faciliter la descente aux bêtes de somme et même aux éléphants. On perdit quatre jours à creuser cette roche, et les animaux étaient presque morts de faim.

TITE-LIVE (59 av. J.-C.-17 apr. J.-C.), *Histoire romaine*, livre XXI, (extraits), trad A. Bourgery, Hatier, 1973.

1. *Quels éléments accumulés contribuent à faire de ce voyage une véritable épreuve ?*

2. *Relevez les termes qui soulignent l'acharnement et le courage des hommes.*

En 218 av. J.-C., Hannibal a traversé les Alpes avec ses éléphants et a battu les Romains à la Trebbie. Au XIXe siècle, José-Maria de Heredia évoque cette victoire.

La Trebbia

L'aube d'un jour sinistre a blanchi les hauteurs,
Le camp s'éveille. En bas roule et gronde le fleuve
Où l'escadron léger des Numides[1] s'abreuve.
Partout sonne l'appel clair des buccinateurs[2].

Car malgré Scipion[3], les augures menteurs,
La Trebbia débordée, et qu'il vente et qu'il pleuve,
Sempronius[4] Consul, fier de sa gloire neuve,
A fait lever la hache et marcher les licteurs.

Rougissant le ciel noir de flamboîments lugubres,
À l'horizon brûlaient les villages Insubres[5];
On entendait au loin barrir un éléphant.

Et là-bas, sous le pont, adossé contre une arche,
Hannibal écoutait, pensif et triomphant,
Le piétinement sourd des légions en marche.

José-Maria de HEREDIA (1842-1905), *Les Trophées*.

1. *Numides* : autre nom des Carthaginois. **2.** *Buccinateurs* : joueurs de buccin, trompette en usage dans l'armée romaine. **3.** *Scipion* : général romain qui vaincra Hannibal à Zama (202 av. J.-C.). **4.** *Sempronius* : consul romain vers 218 av. J.-C., qui sera vaincu à la Trebbie. **5.** *Insubres* : Gaulois de l'Italie du Nord.

Hannibal traversant les Alpes, gravure sur bois d'après un dessin, par Heinrich Leutemann (1866) (Berlin, Coll. Archiv f.Kunst & Geschichte).

1. *Quels détails donnent au texte son caractère antique ?*

2. *Relevez les termes qui montrent l'horreur de la guerre.*

3. *Comment Hannibal est-il mis en valeur dans le poème ?*

20. Rome et la Gaule

Barbare combattant un légionnaire romain, époque romaine, relief romain en marbre (84 × 88 cm) (Paris, musée du Louvre).

Lire l'image

1. *Comment le relief est-il composé ? Observez la place de chaque combattant et l'importance du décor.*

2. *Décrivez les deux guerriers : comment leurs différences sont-elles soulignées ?*

La fondation de Marseille

En Gaule, les villes les plus importantes étaient Lugdunum (Lyon) – la capitale – et certaines villes du Sud, dont Massilia (Marseille). La fondation de Marseille, relatée ici par un historien, fait cependant penser à un conte...

Sous le règne de Tarquin, de jeunes Phocéens abordèrent à l'embouchure du Tibre, et firent alliance avec les Romains ; puis, dirigeant les vaisseaux vers l'extrémité de la mer des Gaules, ils allèrent fonder Marseille, entre la Ligurie et la terre sauvage des Gaulois. L'expédition eut pour chefs Simos et Protis, qui, voulant fonder une ville sur les frontières de Nannus, roi des Ségobrigiens, vinrent lui demander son amitié. Ce prince préparait alors les noces de sa fille Gyptis, que devait épouser, selon l'usage de ces peuples, celui qu'elle-même choisirait au milieu du festin. Tous les prétendants assistaient au banquet, où furent aussi appelés les Grecs. Nannus appelant alors sa fille, lui ordonne de présenter l'eau à l'époux qu'elle choisissait : la princesse, sans regarder les autres convives, se tourne vers les Grecs, et va présenter l'eau à Protis, qui, d'étranger devenu gendre du roi, reçut de son beau-père le terrain où il voulait fonder une ville. Marseille fut ainsi élevée près de l'embouchure du Rhône, au fond d'un golfe, et comme dans un coin de la mer.

Ces Phocéens adoucirent la barbarie des Gaulois et leur enseignèrent une vie plus douce : ils leur apprirent à cultiver la terre et à entourer les cités de remparts ; à vivre sous l'empire des lois plutôt que sous celui des armes, à tailler la vigne et à planter l'olivier : et tels furent alors les progrès des hommes et des choses, qu'il semblait, non que la Grèce eût passé, dans la Gaule, mais que la Gaule elle-même se fût transportée dans la Grèce.

JUSTIN (IIe siècle), *Histoire universelle*, livre LXIII (extraits), remacle.org, D. R.

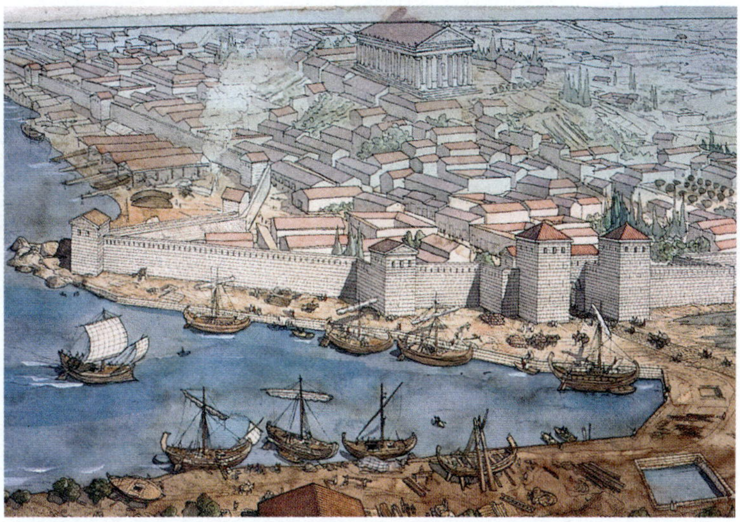

Marseille, époque romaine (IIe siècle), aquarelle de Jean-Claude Golvin.

Lire le texte

1. *En quoi ce récit ressemble-t-il à un conte ?*

2. *Quels avantages les Grecs peuvent-ils trouver à une telle alliance ?*

3. *Pourquoi le roi accepte-t-il si aisément le choix de sa fille ?*

4. *En quels différents domaines les Phocéens ont-ils eu une influence bénéfique sur les Gaulois ?*

Lire en latin

Les différentes parties de la Gaule

Voici un passage de la Guerre des Gaules *qui décrit la Gaule à l'époque de César. En regard, l'introduction donnée dans les albums* Astérix *; la bande dessinée est la parodie du texte de César.*

Gallia est omnis divisa in partes tres, quarum unam incolunt Belgae, aliam Aquitani, tertiam qui ipsorum[1] lingua Celtae, nostra Galli appellantur. Hi omnes lingua, institutis, legibus inter se differunt. Gallos ab Aquitanis Garumna flumen, a Belgis Matrona et Sequana dividit.

CÉSAR (101-44 av. J.-C.), *Guerre des Gaules*, livre I, 1.

1. ipsorum : leur.

Anno a.C.n.L. : **tota Gallia**, quae, ut vides, **est divisa** in partes quinque, **a Romanis occupata est**... Totane ? Minime ! Vicus[1] quidam a Gallis invictis habitatus invasoribus[2] resistere adhuc[3] non desinit[4]. Neque vita facilis legionariis Romanis, quibus **sunt castra**[5] bene **munita**[6] Babaorum, Aquarium, Laudanum, Parvibonumque.

UDERZO et GOSCINNY, *Astérix*, Dargaud.

1. vicus, i, m : village.
2. invasor, oris, m : envahisseur.
3. adhuc : jusqu'à maintenant.
4. desino, is, ere, sii, situm : cesser.
5. castra, orum, n pl : camp.
6. munitus, a, um : défendu.

Lire les textes

1. **a.** *Repérez les ressemblances et les différences entre les deux textes.*
b. *Quelles formules ont été ajoutées au texte de l'album* Astérix *pour le rendre plus vivant que celui de César ? Comment le lecteur est-il impliqué ?*
c. *Les quatre camps cités dans le texte d'*Astérix *sont fantaisistes. Expliquez les jeux de mots.*

2. Tota Gallia a Romanis occupata est : Toute la Gaule a été occupée par les Romains.
À quel temps, mode et voix se trouvent les verbes soulignés, en français et en latin ?

3. **a.** *Rappelez les temps primitifs du verbe* occupo : occuper.
b. *Sur lequel de ces temps est formé* occupata est *?*
c. *Avec quel mot* occupata *est-il accordé ?*
d. *Expliquez de la même façon la formation et l'accord des verbes* est divisa *et* sunt munita.

Grammaire

Formation du parfait passif

1re conjugaison	2e conjugaison	3e conjugaison	conjugaison mixte	4e conjugaison
amare : aimer	habere : avoir	dicere : dire	capere : prendre	audire : entendre
amatus, a, um sum amatus, a, um es amatus, a, um est amati, ae, a sumus amati, ae, a estis amati, ae, a sunt	habitus sum habitus es habitus est habiti sumus habiti estis habiti sunt	dictus sum dictus es dictus est dicti sumus dicti estis dicti sunt	captus sum captus es captus est capti sumus capti estis capti sunt	auditus sum auditus es auditus est auditi sumus auditi estis auditi sunt

- En latin, le parfait passif de l'indicatif est formé à partir du **participe parfait passif** et du présent de esse (en bleu dans le tableau).
Le participe parfait passif s'accorde avec le sujet du verbe :
Provincia occupata est. *La province a été occupée.*
Provinciae occupatae sunt. *Les provinces ont été occupées.*

- Dans la **proposition infinitive**, le participe parfait est à l'accusatif, accordé avec le sujet et suivi de esse. C'est ce qu'on appelle un infinitif parfait passif :
Scimus Galliam occupatam esse. *Nous savons que la Gaule a été occupée.*

Traduction du parfait passif

- Le parfait passif peut se traduire en français soit par le **passé simple**, soit par le **passé composé** du passif :
amatus sum : *je fus aimé, j'ai été aimé.*

- On peut parfois traduire le parfait par un **présent** lorsqu'il marque un état présent résultant d'une action passée achevée :
Gallia est divisa. *La Gaule a été divisée. La Gaule est divisée.*

- Le **parfait passif impersonnel** se met au neutre et se traduit par *on* :
Pugnatum est apud Cannas. *On combattit près de Cannes.*

Exercices

Vocabulaire

Noms

castra, orum, n pl : camp
initium, ii, n : début, commencement, principe
lex, legis, f : loi

Adjectifs qualificatifs

totus, a, um : tout entier
tres, tria : trois

Mots invariables

bene : bien
minime : le moins, pas du tout
quinque : cinq

Verbes

accidit ut + subjonctif (verbe impersonnel) : il arrive que
colo, is, ere, colui, cultum : honorer, cultiver
differo, fers, ferre, distuli, dilatum : différer
incolo, is, ere, ui : habiter
licet + infinitif (verbe impersonnel) : il est permis, possible
munio, is, ire, i(v)i, itum : fortifier, protéger
tollo, is, ere, sustuli, sublatum : soulever, pousser, élever

Appliquer

Exercice 1 : former le parfait passif

À partir de ces supins, conjuguez au parfait passif.

sumptum - clausum - delectum - munitum - cultum - latum - sublatum - dilatum.

Exercice 2 : manier le parfait passif

Traduisez ces verbes.

j'ai été approuvée - tu as été frappé - il a été montré - elle a été trouvée - nous avons été soignées - vous avez été appelés - ils ont été cassés - ils ont été reçus - elles ont été vendues - les paroles ont été rapportées.

Exercice 3 : changer de voix

Traduisez ces phrases, puis transposez-les à la voix passive.

1. Galli proelium commiserunt. 2. Servus fores clausit. 3. Cives auxilium consuli tulerunt. 4. Omnes discipuli magistrum audiverunt. 5. Imperator venenum sumpsit. 6. Oraculum ducem monuit. 7. Legatus rem magnam nuntiavit. 8. Cives urbem muni(v)erunt.

Exercice 4 : transposer en infinitives

Traduisez ces phrases, puis transposez-les en infinitives introduites par narratur : on raconte.

1. Gallia a Romanis victa est. 2. Galli a Romanis victi sunt. 3. Hostes in carcerem missi sunt. 4. Arma a militibus projecta sunt. 5. Ab omnibus amatus est miles.

Exercice 5 : découvrir le vocabulaire géographique

Trouvez la traduction de ces termes géographiques.

1. Athenae, arum, f. 2. Gallia, ae, f. 3. Graecia, ae, f. 4. Garumna, ae, f. 5. Italia, ae, 6. Liger, eris, m. 7. Matrona, ae, f. 8. Rhenus, i, m. 9. Rhodanus, i, m. 10. Roma, ae, f.

Exercice 6 : lire en latin

Traduisez ce texte en français.

La religion des Gaulois

Deum maxime Mercurium colunt : hujus sunt plurima simulacra[1] ; hunc omnium inventorem artium ferunt[2], hunc viarum atque itinerum ducem, hunc ad quaestus[3] pecuniae mercaturasque[4] habere vim[5] maximam arbitrantur. Post hunc, Apollinem et Martem et Jovem et Minervam. De his eamdem fere quam reliquae gentes habent opinionem : Apollinem morbos depellere, Minervam operum atque artificiorum initia tradere[6], Jovem imperium caelestium tenere, Martem bella regere. Huic, cum proelio dimicare[7] constituerunt, ea quae bello ceperint[8] plerumque devovent[9] : cum superaverunt, animalia capta immolant reliquasque res in unum locum conferunt.

César, *Guerre des Gaules*, VI, 17

1. simulacrum, i, n : statue. 2. ferunt : ils considèrent. 3. ad quaestus (+ génitif) : pour gagner. 4. mercatura, ae, f : commerce. 5. vis, vis, f : force. 6. initia tradere : enseigne les principes. 7. proelio dimicare : livrer bataille. 8. ea quae ceperint : ce qu'ils ont pris. 9. devoveo, es, ere, vovi, votum : promettre, dédier.

Jouer avec la langue

Exercice 7 : retrouver l'origine des noms de villes

Associez les noms français des villes à leur appellation latine.

Toulouse
Lugdunum
Marseille
Nîmes
Burdigala
Lyon
Vesontio
Narbonne
Limoges
Narbo
Tolosa
Besançon
Nemosa
Bordeaux
Massilia
Lemovicum

Exercice 8 : LE LATIN & LE GREC

Lex *en latin et* nomos *en grec signifient* loi.

1. *À partir du latin, complétez ces phrases.*

1. Les élections des députés par les citoyens s'appellent les … . 2. Le médecin … est chargé des expertises dans les affaires criminelles. 3. Le responsable… de l'élève signe son carnet de correspondance. 4. Établir des lois, c'est … .

2. *Traduisez et expliquez ce dicton latin.*

Dura lex sed lex.

3. *À partir du grec, trouvez les mots correspondant à ces définitions.*

1. Instrument destiné à mesurer la vitesse à laquelle est exécutée un mouvement musical. 2. Science qui étudie les éléments du ciel. 3. Science de l'agriculture. 4. Fait d'être indépendant. 5. Qui mène une vie non sédentaire. 6. Art de mettre de l'argent de côté.

Exercice 9 : récréation

La dernière lettre de la traduction latine de ces mots est un M. *Retrouvez-les en vous aidant de leur nombre de lettres indiqué entre parenthèses.*

tellement (3)
j'allais (4)
avec moi (5)
poing (6)
bain (7)
talent (8)
danger (9)
pavé (10)
comment (11)
que j'eusse annoncé (12)

Linguistes en herbe

Alea jacta est.
Le sort en est jeté.
(Mot à mot : le dé est jeté.)

Ce sont les paroles que prononça César avant de franchir le Rubicon. Une loi ordonnait en effet au général qui entrait en Italie par le nord de licencier ses troupes avant de passer cette rivière. Actuellement, on prononce cette phrase lorsqu'on prend une décision importante après avoir longtemps hésité.

Prolongements

Ce que pense César des Gaulois…

César, dans ses écrits, relate ses combats, mais observe aussi les mœurs des Gaulois : leur religion, leur caractère…

Fête druidique au Maennelstein, reproduction en couleur d'après un dessin de Jacob Waltz (1873-1951), extraite de *L'histoire d'Alsace racontée aux petits enfants par l'oncle Hansi*, Paris, 1913 (Berlin, Coll. Archiv f. Kunst & Geschichte).

Tout le peuple gaulois est très religieux ; aussi voit-on ceux qui sont atteints de maladies graves, ceux qui risquent leur vie dans les combats ou autrement, immoler ou faire vœu d'immoler des victimes humaines, et se servir pour ces sacrifices du ministère des druides ; ils pensent, en effet, qu'on ne saurait apaiser les dieux immortels qu'en rachetant la vie d'un homme par la vie d'un autre homme, et il y a des sacrifices de ce genre qui sont d'institution publique. Certaines peuplades ont des mannequins de proportions colossales, faits d'osier tressé, qu'on remplit d'hommes vivants : on y met le feu, et les hommes sont la proie des flammes. Le supplice de ceux qui ont été arrêtés en flagrant délit de vol ou de brigandage ou à la suite de quelque crime passe pour plaire davantage aux dieux ; mais lorsqu'on n'a pas assez de victimes de ce genre, on ne craint pas de sacrifier des innocents.

César (101-44 av. J.-C.), *Guerre des Gaules*, livre VI, 16, trad. L. A. Constans, Les Belles Lettres, 1959.

César, redoutant la légèreté des Gaulois, car ils changent facilement d'avis et sont presque toujours séduits par ce qui est nouveau, estima qu'il ne devait se reposer sur eux de rien. Il est, en effet, dans les habitudes des Gaulois d'arrêter les voyageurs, même contre leur gré, et de les interroger sur tout ce que chacun d'eux peut savoir ou avoir entendu dire ; dans les villes, la foule entoure les marchands et les oblige à dire de quels pays ils viennent et ce qu'ils y ont appris. Sous le coup de l'émotion que provoquent ces nouvelles ou ces bavardages, il leur arrive souvent de prendre sur les affaires les plus importantes des décisions dont il faut aussitôt se repentir, car ils accueillent en aveugles des bruits mal fondés et la plupart de leurs informateurs inventent des réponses conformes à ce qu'ils désirent.

D'après César (101-44 av. J.-C.), *Guerre des Gaules*, livre IV, 5, trad. L. A. Constans, Les Belles Lettres, 1961.

1. a. *Quelles sont les caractéristiques des sacrifices décrits dans le premier texte ?*
b. *Que nous révèlent ces croyances sur le caractère des Gaulois ?*

2. a. *Quels défauts César trouve-t-il aux Gaulois dans le second texte ?*
b. *Comment expliquez-vous son opinion ?*
c. *Sur quel ton parle-t-il d'eux ?*

Nos ancêtres les Gallo-Romains

Après huit ans de guerre (58-51 av. J.-C.), les Gaulois, vaincus par César à Alésia, vont connaître deux siècles et demi de paix. Le pays est alors transformé : politique, villes, langue, culture...

Casque (IVe-IIIe siècle av. J.-C.), trouvé dans une rivière d'Amfreville-sous-les-Monts (Eure), calotte en bronze, émail, fer et or (Saint-Germain-en-Laye, Musée des antiquités nationales).

Torque en or (IIIe-Ier siècle av. J.-C.), découvert à Soucy, diam. : 14,5 cm (Paris, Musée national du Moyen Âge, Thermes de Cluny).

Avec son agriculture performante, la Gaule allait devenir l'un des greniers de Rome. Des paysans furent même les inventeurs d'un extraordinaire outil : la première moissonneuse du monde. Avec ses artisanats très divers et remarquablement maîtrisés, la Gaule disposait d'une autre série d'atouts majeurs. Les Gaulois étaient les champions de la construction en bois et les rois du charronnage[1]. Grands buveurs de bière, les Gaulois inventèrent le tonneau (mot gaulois), bientôt ennobli par la conservation du vin et surtout son transport, lui qui est infiniment plus léger que les lourdes amphores. Pour réaliser leurs villes à la romaine, les Gallo-Romains empruntèrent à leurs vainqueurs leurs techniques élaborées du travail de la pierre, du marbre et du stuc. Ils se firent tailleurs de pierre, maçons, stucateurs. Les Gaulois avaient été parmi les premiers en Europe à savoir fondre et travailler le fer un bon millier d'années avant notre ère. Les forgerons gaulois fabriquaient en grandes quantités outils et armes (notamment pendant la guerre des Gaules. Les bronziers, eux, se spécialisaient dans les petits bronzes. Il est un domaine où les Gallo-Romains égalèrent puis éclipsèrent leurs maîtres romains : celui de la poterie sigillée, c'est-à-dire une poterie décorée à l'extérieur – grâce à l'utilisation de moules en creux – de scènes de toute nature : mythologie, fresques végétales, petites scènes de genre, etc. Les Gallo-Romains fabriquaient aussi des tissus réputés, des vêtements, dont le célèbre *cucullus,* cape à capuchon, vrai duffle-coat antique, qui se répandit dans tout l'Empire.

Séduits par la modernité latine – Rome était l'Amérique d'alors –, ne possédant pas de culture écrite, ayant fréquemment besoin de la langue officielle de l'Empire pour toutes les obligations de la vie administrative et municipale, les indigènes, peu à peu mais assez vite, y perdirent leur gaulois au profit d'un latin rustique et populaire d'où naîtront la langue d'oïl (au nord) et la langue d'oc (au sud), sources de notre français.

François GIRON (extraits), dossier *La Gaule romaine*, *Le Point*, n° 1404, 13 août 1999.

1. *Charronnage* : fabrication de chariots et charrettes.

Coq gaulois en bronze (IIe siècle) (Lyon, Musée de la civilisation gallo-romaine).

D'après ce texte, quels bienfaits les Romains ont-ils tirés de leur union avec la Gaule ?

TABLEAUX DE GRAMMAIRE

1 Les conjugaisons

L'indicatif actif : infectum

Le présent ➠ p. 17, 75

1re conjugaison	2e conjugaison	3e conjugaison	conjugaison mixte	4e conjugaison
amare : aimer	habere : avoir	dicere : dire	capere : prendre	audire : entendre
amo	habeo	dico	capio	audio
amas	habes	dicis	capis	audis
amat	habet	dicit	capit	audit
amamus	habemus	dicimus	capimus	audimus
amatis	habetis	dicitis	capitis	auditis
amant	habent	dicunt	capiunt	audiunt
infinitif : amare	infinitif : habere	infinitif : dicere	infinitif : capere	infinitif : audire

esse : être	posse : pouvoir
sum	possum
es	potes
est	potest
sumus	possumus
estis	potestis
sunt	possunt
infinitif : esse	infinitif : posse

ire : aller
eo
is
it
imus
itis
eunt
infinitif : ire

ferre : porter
fero
fers
fert
ferimus
fertis
ferunt
infinitif : ferre

L'imparfait ➠ p. 17

1re conjugaison	2e conjugaison	3e conjugaison	conjugaison mixte	4e conjugaison
amare : aimer	habere : avoir	dicere : dire	capere : prendre	audire : entendre
amabam	habebam	dicebam	capiebam	audiebam
amabas	habebas	dicebas	capiebas	audiebas
amabat	habebat	dicebat	capiebat	audiebat
amabamus	habebamus	dicebamus	capiebamus	audiebamus
amabatis	habebatis	dicebatis	capiebatis	audiebatis
amabant	habebant	dicebant	capiebant	audiebant

esse : être	posse : pouvoir
eram	poteram
eras	poteras
erat	poterat
eramus	poteramus
eratis	poteratis
erant	poterant

ire : aller
ibam
ibas
ibat
ibamus
ibatis
ibant

ferre : porter
ferebam
ferebas
ferebat
ferebamus
ferebatis
ferebant

Le futur ➡ p. 101

1re conjugaison	2e conjugaison	3e conjugaison	conjugaison mixte	4e conjugaison
amare : aimer	habere : avoir	dicere : dire	capere : prendre	audire : entendre
amabo	habebo	dicam	capiam	audiam
amabis	habebis	dices	capies	audies
amabit	habebit	dicet	capiet	audiet
amabimus	habebimus	dicemus	capiemus	audiemus
amabitis	habebitis	dicetis	capietis	audietis
amabunt	habebunt	dicent	capient	audient

esse : être	posse : pouvoir
ero	potero
eris	poteris
erit	poterit
erimus	poterimus
eritis	poteritis
erunt	poterunt

ire : aller
ibo
ibis
ibit
ibimus
ibitis
ibunt

ferre : porter
feram
feres
feret
feremus
feretis
ferent

L'indicatif actif : perfectum

Le parfait ➡ p. 33

1re conjugaison	2e conjugaison	3e conjugaison	conjugaison mixte	4e conjugaison
amare : aimer	habere : avoir	dicere : dire	capere : prendre	audire : entendre
amavi	habui	dixi	cepi	audivi
amavisti	habuisti	dixisti	cepisti	audivisti
amavit	habuit	dixit	cepit	audivit
amavimus	habuimus	diximus	cepimus	audivimus
amavistis	habuistis	dixistis	cepistis	audivistis
amaverunt	habuerunt	dixerunt	ceperunt	audiverunt
infinitif : amavisse	infinitif : habuisse	infinitif : dixisse	infinitif : cepisse	infinitif : audivisse

esse : être	posse : pouvoir
fui	potui
fuisti	potuisti
fuit	potuit
fuimus	potuimus
fuistis	potuistis
fuerunt	potuerunt
infinitif : fuisse	infinitif : potuisse

ire : aller
i(v)i
i(v)isti
i(v)it
i(v)imus
i(v)istis
i(v)erunt
infinitif : i(v)isse

ferre : porter
tuli
tulisti
tulit
tulimus
tulistis
tulerunt
infinitif : ferre

Le plus-que-parfait ➠ p. 159

1re conjugaison	2e conjugaison	3e conjugaison	conjugaison mixte	4e conjugaison
amare : aimer	**habere** : avoir	**dicere** : dire	**capere** : prendre	**audire** : entendre
amaveram	habueram	dixeram	ceperam	audiveram
amaveras	habueras	dixeras	ceperas	audiveras
amaverat	habuerat	dixerat	ceperat	audiverat
amaveramus	habueramus	dixeramus	ceperamus	audiveramus
amaveratis	habueratis	dixeratis	ceperatis	audiveratis
amaverant	habuerant	dixerant	ceperant	audiverant

esse : être	**posse** : pouvoir
fueram	potueram
fueras	potueras
fuerat	potuerat
fueramus	potueramus
fueratis	potueratis
fuerant	potuerant

ire : aller
i(v)eram
i(v)eras
i(v)erat
i(v)eramus
i(v)eratis
i(v)erant

ferre : porter
tuleram
tuleras
tulerat
tuleramus
tuleratis
tulerant

Le futur antérieur ➠ p. 159

1re conjugaison	2e conjugaison	3e conjugaison	conjugaison mixte	4e conjugaison
amare : aimer	**habere** : avoir	**dicere** : dire	**capere** : prendre	**audire** : entendre
amavero	habuero	dixero	cepero	audivero
amaveris	habueris	dixeris	ceperis	audiveris
amaverit	habuerit	dixerit	ceperit	audiverit
amaverimus	habuerimus	dixerimus	ceperimus	audiverimus
amaveritis	habueritis	dixeritis	ceperitis	audiveritis
amaverint	habuerint	dixerint	ceperint	audiverint

esse : être	**posse** : pouvoir
fuero	potuero
fueris	potueris
fuerit	potuerit
fuerimus	potuerimus
fueritis	potueritis
fuerint	potuerint

ire : aller
i(v)ero
i(v)eris
i(v)erit
i(v)erimus
i(v)eritis
i(v)erint

ferre : porter
tulero
tuleris
tulerit
tulerimus
tuleritis
tulerint

Le subjonctif actif : infectum

Le présent ➡ p. 109

1re conjugaison	2e conjugaison	3e conjugaison	conjugaison mixte	4e conjugaison
amare : aimer	habere : avoir	dicere : dire	capere : prendre	audire : entendre
amem	habeam	dicam	capiam	audiam
ames	habeas	dicas	capias	audias
amet	habeat	dicat	capiat	audiat
amemus	habeamus	dicamus	capiamus	audiamus
ametis	habeatis	dicatis	capiatis	audiatis
ament	habeant	dicant	capiant	audiant

esse : être	posse : pouvoir
sim	possim
sis	possis
sit	possit
simus	possimus
sitis	possitis
sint	possint

ire : aller
eam
eas
eat
eamus
eatis
eant

ferre : porter
feram
feras
ferat
feramus
feratis
ferant

L'imparfait ➡ p. 133

1re conjugaison	2e conjugaison	3e conjugaison	conjugaison mixte	4e conjugaison
amare : aimer	habere : avoir	dicere : dire	capere : prendre	audire : entendre
amarem	haberem	dicerem	caperem	audirem
amares	haberes	diceres	caperes	audires
amaret	haberet	diceret	caperet	audiret
amaremus	haberemus	diceremus	caperemus	audiremus
amaretis	haberetis	diceretis	caperetis	audiretis
amarent	haberent	dicerent	caperent	audirent

esse : être	posse : pouvoir
essem	possem
esses	posses
esset	posset
essemus	possemus
essetis	possetis
essent	possent

ire : aller
irem
ires
iret
iremus
iretis
irent

ferre : porter
ferrem
ferres
ferret
ferremus
ferretis
ferrent

Le subjonctif actif : perfectum

Le plus-que-parfait ➠ p. 151

1re conjugaison	2e conjugaison	3e conjugaison	conjugaison mixte	4e conjugaison
amare : aimer	habere : avoir	dicere : dire	capere : prendre	audire : entendre
amavissem	habuissem	dixissem	cepissem	audivissem
amavisses	habuisses	dixisses	cepisses	audivisses
amavisset	habuisset	dixisset	cepisset	audivisset
amavissemus	habuissemus	dixissemus	cepissemus	audivissemus
amavissetis	habuissetis	dixissetis	cepissetis	audivissetis
amavissent	habuissent	dixissent	cepissent	audivissent

esse : être	posse : pouvoir
fuissem	potuissem
fuisses	potuisses
fuisset	potuisset
fuissemus	potuissemus
fuissetis	potuissetis
fuissent	potuissent

ire : aller
i(v)issem
i(v)isses
i(v)isset
i(v)issemus
i(v)issetis
i(v)issent

ferre : porter
tulissem
tulisses
tulisset
tulissemus
tulissetis
tulissent

L'impératif présent actif ➠ p. 125

1re conjugaison	2e conjugaison	3e conjugaison	conjugaison mixte	4e conjugaison
amare : aimer	habere : avoir	legere : lire	capere : prendre	audire : entendre
ama	habe	lege	cape	audi
amate	habete	legite	capite	audite

esse : être	ire : aller
es	i
este	ite

Le participe présent ➡ p. 67

amans, antis : aimant	singulier		pluriel	
	masculin et féminin	neutre	masculin et féminin	neutre
N.	amans	amans	amantes	amantia
Acc.	amantem	amans	amantes	amantia
G.	amantis	amantis	amantium	amantium
D.	amanti	amanti	amantibus	amantibus
Abl.	amante	amanti	amantibus	amantibus

habens, entis, ayant	singulier		pluriel	
	masculin et féminin	neutre	masculin et féminin	neutre
N.	habens	habens	habentes	habentia
Acc.	habentem	habens	habentes	habentia
G.	habentis	habentis	habentium	habentium
D.	habenti	habenti	habentibus	habentibus
Abl.	habente	habenti	habentibus	habentibus

dicens, entis, disant	singulier		pluriel	
	masculin et féminin	neutre	masculin et féminin	neutre
N.	dicens	dicens	dicentes	dicentia
Acc.	dicentem	dicens	dicentes	dicentia
G.	dicentis	dicentis	dicentium	dicentium
D.	dicenti	dicenti	dicentibus	dicentibus
Abl.	dicente	dicenti	dicentibus	dicentibus

capiens, ientis : prenant	singulier		pluriel	
	masculin et féminin	neutre	masculin et féminin	neutre
N.	capiens	capiens	capientes	capientia
Acc.	capientem	capiens	capientes	capientia
G.	capientis	capientis	capientium	capientium
D.	capienti	capienti	capientibus	capientibus
Abl.	capiente	capienti	capientibus	capientibus

audiens, ientis : entendant	singulier		pluriel	
	masculin et féminin	neutre	masculin et féminin	neutre
N.	audiens	audiens	audientes	audientia
Acc.	audientem	audiens	audientes	audientia
G.	audientis	audientis	audientium	audientium
D.	audienti	audienti	audientibus	audientibus
Abl.	audiente	audienti	audientibus	audientibus

L'indicatif passif

Le présent ➠ p. 83

1re conjugaison	2e conjugaison	3e conjugaison	conjugaison mixte	4e conjugaison
amare : aimer	**habere** : posséder	**dicere** : dire	**capere** : prendre	**audire** : entendre
amor **amaris** **amatur** **amamur** **amamini** **amantur**	**habeor** **haberis** **habetur** **habemur** **habemini** **habentur**	**dicor** **diceris** **dicitur** **dicimur** **dicimini** **dicuntur**	**capior** **caperis** **capitur** **capimur** **capimini** **capiuntur**	**audior** **audiris** **auditur** **audimur** **audimini** **audiuntur**
infinitif : **amari**	infinitif : **haberi**	infinitif : **dici**	infinitif : **capi**	infinitif : **audiri**

Le parfait ➠ p. 175

1re conjugaison	2e conjugaison	3e conjugaison	conjugaison mixte	4e conjugaison
amare : aimer	**habere** : avoir	**dicere** : dire	**capere** : prendre	**audire** : entendre
amatus, a, um sum **amatus, a, um es** **amatus, a, um est** **amati, ae, a sumus** **amati, ae, a estis** **amati, ae, a sunt**	**habitus sum** **habitus es** **habitus est** **habiti sumus** **habiti estis** **habiti sunt**	**dictus sum** **dictus es** **dictus est** **dicti sumus** **dicti estis** **dicti sunt**	**captus sum** **captus es** **captus est** **capti sumus** **capti estis** **capti sunt**	**auditus sum** **auditus es** **auditus est** **auditi sumus** **auditi estis** **auditi sunt**
infinitif : sing. **amatum, am, um esse** pl. **amatos, as, a esse**	infinitif : sing. **habitum, am, um esse** pl. **habitos, as, a esse**	infinitif : sing. **dictum, am, um esse** pl. **dictos, as, a esse**	infinitif : sing. **captum, am, um esse** pl. **captos, as, a esse**	infinitif : sing. **auditum, am, um esse** pl. **auditos, as, a esse**

2 Les déclinaisons

Les noms de la première déclinaison ➡ p. 25

vita, ae, f : la vie		
	singulier	pluriel
N.	vita	vitae
V.	vita	vitae
Acc.	vitam	vitas
G.	vitae	vitarum
D.	vitae	vitis
Abl.	vita	vitis

Les noms de la deuxième déclinaison ➡ p. 25

dominus, i, m : le maître			puer, i, m : l'enfant		verbum, i, n : le mot	
	singulier	pluriel	singulier	pluriel	singulier	pluriel
N.	dominus	domini	puer	pueri	verbum	verba
V.	domine	domini	puer	pueri	verbum	verba
Acc.	dominum	dominos	puerum	pueros	verbum	verba
G.	domini	dominorum	pueri	puerorum	verbi	verborum
D.	domino	dominis	puero	pueris	verbo	verbis
Abl.	domino	dominis	puero	pueris	verbo	verbis

Les noms de la troisième déclinaison ➡ p. 25, 59

rex, regis, m : le roi			civis, is, m : le citoyen		corpus, oris, n : le corps	
	singulier	pluriel	singulier	pluriel	singulier	pluriel
N.	rex	reges	civis	cives	corpus	corpora
V.	rex	reges	civis	cives	corpus	corpora
Acc.	regem	reges	civem	cives	corpus	corpora
G.	regis	regum	civis	civium	corporis	corporum
D.	regi	regibus	civi	civibus	corpori	corporibus
Abl.	rege	regibus	cive	civibus	corpore	corporibus

Les noms de la quatrième déclinaison ➡ p. 75

manus, us, f : la main		
	singulier	pluriel
N.	manus	manus
V.	manus	manus
Acc.	manum	manus
G.	manus	manuum
D.	manui	manibus
Abl.	manu	manibus

Les noms de la cinquième déclinaison ➡ p. 143

res, rei, f: la chose		
	singulier	pluriel
N.	res	res
V.	res	res
Acc.	rem	res
G.	rei	rerum
D.	rei	rebus
Abl.	re	rebus

Les adjectifs qualificatifs de la première classe ➡ p. 25

bonus, bona, bonum : bon	singulier			pluriel		
	masculin	féminin	neutre	masculin	féminin	neutre
N.	bonus	bona	bonum	boni	bonae	bona
V.	bone	bona	bonum	boni	bonae	bona
Acc.	bonum	bonam	bonum	bonos	bonas	bona
G	boni	bonae	boni	bonorum	bonarum	bonorum
D.	bono	bonae	bono	bonis	bonis	bonis
Abl.	bono	bona	bono	bonis	bonis	bonis

Les adjectifs qualificatifs de la seconde classe ➡ p. 59

vetus, eris : vieux	singulier		pluriel	
	masculin et féminin	neutre	masculin et féminin	neutre
N.	vetus	vetus	veteres	vetera
V.	vetus	vetus	veteres	vetera
Acc.	veterem	vetus	veteres	vetera
G.	veteris	veteris	veterum	veterum
D.	veteri	veteri	veteribus	veteribus
Abl.	vetere	vetere	veteribus	veteribus

omnis, e : tout, chaque	singulier		pluriel	
	masculin et féminin	neutre	masculin et féminin	neutre
N.	omnis	omne	omnes	omnia
V.	omnis	omne	omnes	omnia
Acc.	omnem	omne	omnes	omnia
G.	omnis	omnis	omnium	omnium
D.	omni	omni	omnibus	omnibus
Abl.	omni	omni	omnibus	omnibus

ingens, tis : immense	singulier		pluriel	
	masculin et féminin	neutre	masculin et féminin	neutre
N.	ingens	ingens	ingentes	ingentia
V.	ingens	ingens	ingentes	ingentia
Acc.	ingentem	ingens	ingentes	ingentia
G.	ingentis	ingentis	ingentium	ingentium
D.	ingenti	ingenti	ingentibus	ingentibus
Abl.	ingenti/e	ingenti	ingentibus	ingentibus

Le pronom relatif

qui, quae, quod : qui	singulier			pluriel		
	masculin	féminin	neutre	masculin	féminin	neutre
N.	qui	quae	quod	qui	quae	quae
Acc.	quem	quam	quod	quos	quas	quae
G	cujus	cujus	cujus	quorum	quarum	quorum
D.	cui	cui	cui	quibus	quibus	quibus
Abl.	quo	qua	quo	quibus	quibus	quibus

Les pronoms-adjectifs démonstratifs ➛ p. 143, 159

hic, haec, hoc : ce, celui-ci, celle-ci, ceci	singulier			pluriel		
	masculin	féminin	neutre	masculin	féminin	neutre
N.	hic	haec	hoc	hi	hae	haec
Acc.	hunc	hanc	hoc	hos	has	haec
G	hujus	hujus	hujus	horum	harum	horum
D.	huic	huic	huic	his	his	his
Abl.	hoc	hac	hoc	his	his	his

iste, ista, istud : ce, celui-ci, celle-ci, ceci	singulier			pluriel		
	masculin	féminin	neutre	masculin	féminin	neutre
N.	iste	ista	istud	isti	istae	ista
Acc.	istum	istam	istud	istos	istas	ista
G	istius	istius	istius	istorum	istarum	istorum
D.	isti	isti	isti	istis	istis	istis
Abl.	isto	ista	isto	istis	istis	istis

ille, illa, illud : ce, celui-là, celle-là, cela	singulier			pluriel		
	masculin	féminin	neutre	masculin	féminin	neutre
N.	ille	illa	illud	illi	illae	illa
Acc.	illum	illam	illud	illos	illas	illa
G	illius	illius	illius	illorum	illarum	illorum
D.	illi	illi	illi	illis	illis	illis
Abl.	illo	illa	illo	illis	illis	illis

ipse, ipsa, ipsum : même, en personne	singulier			pluriel		
	masculin	féminin	neutre	masculin	féminin	neutre
N.	ipse	ipsa	ipsum	ipsi	ipsae	ipsa
Acc.	ipsum	ipsam	ipsum	ipsos	ipsas	ipsa
G.	ipsius	ipsius	ipsius	ipsorum	ipsarum	ipsorum
D.	ipsi	ipsi	ipsi	ipsis	ipsis	ipsis
Abl.	ipso	ipsa	ipso	ipsis	ipsis	ipsis

is, ea, id : ce, cette/ celui-ci, celle-ci, cela	singulier			pluriel		
	masculin	féminin	neutre	masculin	féminin	neutre
N.	is	ea	id	ei	eae	ea
Acc.	eum	eam	id	eos	eas	ea
G.	ejus	ejus	ejus	eorum	earum	eorum
D.	ei	ei	ei	eis	eis	eis
Abl.	eo	ea	eo	eis	eis	eis

idem, eadem, idem : le même	singulier			pluriel		
	masculin	féminin	neutre	masculin	féminin	neutre
N.	idem	eadem	idem	eidem	eaedem	eadem
Acc.	eumdem	eamdem	idem	eosdem	easdem	eadem
G.	ejusdem	ejusdem	ejusdem	eorumdem	earumdem	eorumdem
D.	eidem	eidem	eidem	eisdem	eisdem	eisdem
Abl.	eodem	eadem	eodem	eisdem	eisdem	eisdem

Index grammatical

Les numéros indiqués renvoient aux pages du manuel.

A

C

D

E

F

I

L

M

N

O

P

Lexique

A

a(b) + abl. : par, de, loin de, depuis
abdo, is, ere, didi, ditum : placer loin de, cacher
abeo, is, ire, ii, itum : s'en aller, s'éloigner de
abjicio, is, ere, jeci, jectum : jeter, rejeter
absum, es, esse, afui : être absent, être loin de
absumo, is, ere, sumpsi, sumptum : détruire, faire périr
ac/atque : et
accendo, is, ere, censi, censum : allumer, mettre le feu
accidit ut + subj. (v. impersonnel) : il arrive que
accipio, is, ere, cepi, ceptum : recevoir, prendre
acerbus, a, um : âpre, inachevé, pénible, dur
acies, ei, f : armée, ligne de bataille
actor, oris, m : acteur
ad + acc. : vers, à
addo, is, ere, didi, ditum : ajouter
adduco, is, ere, duxi, ductum : amener
adeo, is, ire, i(v)i, itum : aller vers, se rendre
adeo... ut : à tel point que
adjaceo, es, ere, jeci, jectum : être situé à côté de
adjicio, is, ere, jeci, jectum : ajouter
adjungo, is, ere, junxi, junctum : attacher, joindre
adjuvo, as, are, juvi, jutum : aider
admiratio, onis, f : admiration
admitto, is, ere, misi, missum : admettre, laisser passer
admoveo, es, ere, movi, motum : approcher
adsuesco, is, ere, suevi, suetum : s'habituer, s'accoutumer
adsum, ades, adesse, adfui : être présent
adulescens, tis, m/f : jeune homme/jeune fille
adultus, a, um : adulte
adversus + acc. : contre, en face de
advoco, as, are, avi, atum : appeler, convoquer
aedes, ium, f pl : demeure, maison
aedificatio, onis, f : bâtiment
aedificium, ii, n : bâtiment
aedifico, as, are, avi, atum : construire
aeger, gra, grum : malade
aegre : difficilement, avec peine
aequalis, e : égal
aestimo, as, are, avi, atum : estimer
aestus, us, m : chaleur étouffante
aetas, atis, f : âge, temps, époque
affligo, is, ere, flixi, flictum : abattre, terrasser
ager, agri, m : champ
agitatio, onis, f : agitation, activité
agmen, inis, n : armée (en marche)
agnus, i, m : agneau
ago, is, ere, egi, actum : agir, faire
agricola, ae, m : paysan
aio, ais, ait, aiunt : je dis, tu dis, il dit, ils disent
alacer, cris, e : agile, vif, prompt
albus, a, um : blanc
alea, ae, f : dé, jeu de hasard
alienus, a, um : étranger
aliquando/aliquanto : un jour
alius, alia, aliud : autre
alo, is, ere, alui, alitum : nourrir
alter, era, erum : l'un des deux, l'autre,
altus, a, um : haut, élevé, profond
amanter : avec affection, affectueusement
ambulatio, onis, f : promenade
ambulo, as, are, avi, atum : se promener
amicitia, ae, f : amitié
amicus, i, m : ami
amo, as, are, avi, atum : aimer
amor, oris, m : amour
amplius : davantage, plus longtemps
angustus, a, um : étroit
anilis, e : d'une vieille femme
anima, ae, f : air, souffle vital, âme
animadverto, is, ere, ti, sum : remarquer, reconnaître
animal, alis, n : animal
animus, i, m : esprit, courage
annus, i, m : année
ante : avant, (+ acc.) devant
antidotum, i, n : contre-poison
antiquus, a, um : ancien
aper, apri, m : sanglier
apertus, a, um : ouvert
appareo, es, ere, ui, itum : apparaître
appello, as, are, avi, atum : appeler
approbo, as, are, avi, atum : approuver
apud + acc. : auprès, chez

aqua, ae, f: eau
aquila, ae, f: aigle
ara, ae, f: autel
arbitrium, ii, n: jugement, pouvoir
arbor, oris, f: arbre
arcus, us, m: arc
arma, orum, n pl: armes
armatus, a, um: armé
armo, as, are, avi, atum: armer
ars, artis, f: talent, habileté
artificium, ii, n: art, métier, science
arx, arcis, f: citadelle
aspergo, is, ere, spersi, spersum: arroser
at: mais
Athenae, arum, f pl: Athènes
Athenienses, ium, m pl: Athéniens
athleta, ae, m: athlète
atque : et
auctor, oris, m: auteur, garant
auctoritas, tatis, f: importance, puissance
audacia, ae, f: audace
audax, acis: audacieux
audeo, es, ere, ausus sum: oser
audio, is, ire, i(v)i, itum: écouter, entendre
aufero, fers, ferre, abstuli, ablatum: emporter, enlever
augeo, es, ere, auxi, auctum: accroître, augmenter
augur, uris, m: augure
augustus, a, um: consacré, majestueux, saint, vénérable
auspicium, ii, n: présage, auspice
aut: ou
aut... aut: ou bien... ou bien
autem: or
auxilium, ii, n: secours, aide
avaritia, ae, f: avarice, cupidité
avarus, a, um: avare, cupide
ave: bonjour
avis, is, f: oiseau

B

balneum, i, n: bain, bain public
barba, ae, f: barbe
barbarus, a, um: barbare, étranger
bellum, i, n: guerre
bellum gero, is, ere, gessi, gestum: faire la guerre
bene: bien
beneficium, ii, n: bienfait
bestia, ae, f: bête, animal
bibo, is, ere, bibi, bibitum: boire
bonus, a, um: bon, gentil
bracchium, ii, n: bras
brevis, e: court, bref, petit

C

caecus, a, um: aveugle
caedes, is, f: meurtre
caelestia, ium, n pl: choses célestes
caelum, i, n: ciel
calidus, a, um: chaud
campus, i, m: plaine
candidus, a, um: blanc
capillus, i, m: cheveu, chevelure
capio, is, ere, cepi, captum: prendre
caput, itis, n: tête
carcer, eris, m: prison
careo, es, ere, carui + abl.: manquer de, se passer de
carnifex, icis, m: bourreau
caro, carnis, f: chair, viande
carus, a, um: cher
castellum, i, n: forteresse, citadelle
castra, orum, n pl: camp
casus, us, m: chute, hasard
causa, ae, f: cause
celebro, as, are, avi, atum: répéter, célébrer, fêter
celeriter: rapidement
cena, ae, f: dîner
ceno, as, are, avi, atum: dîner
censor, oris, m: censeur
cera, ae, f: cire, tablette
certamen, inis, n: compétition, combat
certo, as, are, avi, atum: combattre
certus, a, um: décidé, déterminé, certain
cervix, icis, m: cou
ceteri, ae, a: les autres, tous les autres
cibus, i, m: nourriture, aliment
cingo, is, ere, cinxi, cinctum: ceindre, entourer
cinis, eris, m: cendre
circa: autour, (+ acc.) autour de, vers
circenses, ium, m pl: jeux du cirque
circumdo, as, are, dedi, datum: entourer
circumeo, is, ire, i(v)i, itum: entourer, cerner
circumsisto, is, ere, stiti: entourer

circumsono, as, are, avi, atum : retentir de tous côtés
circumvenio, is, ire, veni, ventum : entourer, encercler
cito : vite, rapidement
civis, civis, m : citoyen
civitas, atis, f : cité, État
clamo, as, are, avi, atum : crier
clamor, oris, m : cri
clarus, a, um : célèbre, clair
classis, is, f : flotte
claudo, is, ere, clausi, clausum : fermer
coctus, a, um : cuit
coepio, is, ere (formes archaïques), coepi, coeptum : commencer
cogito, as, are, avi, atum : penser, réfléchir
cognomen, inis, n : surnom
cognosco, is, ere, gnovi, gnitum : apprendre à connaître, connaître, savoir
cogo, is, ere, coegi, coactum : obliger, contraindre
collum, i, n : cou
colo, is, ere, colui, cultum : honorer, cultiver
color, oris, m : couleur
comes, itis, m/f : compagnon/compagne
comissatio, onis, f : souper, fête, orgie
committo, is, ere, misi, missum : confier, commettre
compleo, es, ere, evi, etum : remplir, combler
complexus, us, m : embrassade
complures, a, ium : nombreux, beaucoup de
comprehendo, is, ere, endi, ensum : saisir, arrêter
concubina, ae, f : concubine
concurro, is, ere, curri, cursum : courir, se rencontrer, se rejoindre
condo, is, ere, didi, ditum : fonder
confero, fers, ferre, tuli, latum: rassembler
conficio, is, ere, feci, fectum : achever, accabler, épuiser
confirmo, as, are, avi, atum : consolider, rassurer
confluo, is, ere, fluxi, fluctum : affluer, venir en masse
confugio, is, ere, fugi : se réfugier
conjungo, is, ere, junxi, junctum : joindre
conjuratus, i, m : conjuré
conjux, ugis, m/f : époux, épouse
consilium, ii, n : projet, décision
consisto, is, ere, stiti : se placer, se tenir droit, se tenir immobile
conspicio, is, ere, spexi, spectum : apercevoir
constans, antis : consistant, ferme moralement
constantia, ae, f : permanence, constance
constituo, is, ere, stitui, stitutum : décider
consuesco, is, ere, suevi, suetum : s'accoutumer, avoir l'habitude de
consuetudo, inis, f : habitude
consul, ulis, m : consul
consularis, e : du consul, consulaire
contemno, is, ere, tempsi, temptum : mépriser
contineo, es, ere, tinui, tentum : contenir, enfermer
continuus, a, um : continu, consécutif
contio, onis, f : assemblée du peuple
contumelia, ae, f : outrage, offense, insulte
contundo, is, ere, tudi, tusum : broyer, meurtrir
convenio, is, ere, veni, ventum : se rassembler
converto, is, ere, verti, versum : tourner, retourner
conviva, ae, m : invité
convivium, ii, n : repas, festin
copia, ae, f : abondance, foule
copiae, arum, f pl : richesses, troupes
coquo, is, ere, coxi, coctum : cuire
corona, ae, f : couronne
corono, as, are, avi, atum : couronner
corpus, oris, n : corps
corrigo, is, ere, rexi, rectum : corriger
cras : demain
credo, is, ere, didi, ditum : croire, faire confiance à (+ dat.)
cresco, is, ere, crevi, cretum : grandir, croître
crinis, is, m : cheveu
crudelis, e : cruel
crudelitas, atis, f : cruauté
crudus, a, um : cru, saignant
cruor, oris, m : sang
crus, cruris, n : jambe
cubiculum, i, n : chambre à coucher
cum + abl. : avec
cum : (+ ind) quand, (+ subj.) comme, alors que
cupiditas, atis, f : cupidité, désir, envie
cupidus, a, um + gén. : désireux de
cupio, is, ere, i(v)i, itum : désirer
cur ? : pourquoi ?
cura, ae, f : soin, souci
curia, ae, f : curie (lieu où le Sénat s'assemblait)
curo, as, are, avi, atum : soigner

curro, is, ere, cucurri, cursum : courir
currus, us, m : char
cursus, us, m : course
custodia, ae, f : garde

D

damnatus, a, um : condamné (capitis damnatus : condamné à mort)
de + abl. : du haut de, au sujet de
dea, ae, f : déesse
debeo, es, ere, bui, bitum : devoir
decedo, is, ere, decessi, decessum : mourir
decem : dix
defendo, is, ere, fendi, fensum : défendre
deficio, is, ere, feci, fectum : faire défection, disparaître
defigo, is, ere, fixi, fictum : enfoncer, clouer
deinde : ensuite
dejicio, is, ere, jeci, jectum : jeter à bas, renverser, faire tomber
delecto, as, are, avi, atum : faire plaisir, délecter, charmer
deleo, es, ere, evi, etum : détruire
deligo, is, ere, legi, lectum : choisir, séparer
delinquo, is, ere, liqui, lictum : commettre une faute
delphinus, i, m : dauphin
dementia, ae, f : folie, extravagance
demonstro, as, are, avi, atum : montrer, indiquer
densus, a, um : épais, compact, serré
depello, is, ere, puli, pulsum : chasser, écarter, éloigner
depereo, is, ire, i(v)i : dépérir, aimer éperdument
desino, is, ere, si(v)i, situm : abandonner, cesser
despero, as, are, avi, atum : perdre espoir
destituo, is, ere, tui, tutum : placer debout, à part
desum, dees, deesse, defui (+ dat.) : manquer, faire défaut à
detineo, es, ere, tinui, tentum : retenir
detraho, is, ere, traxi, tractum : enlever, arracher
deus, i, m : dieu
devoveo, es, ere, vovi, votum : dédier, consacrer, promettre
dexter, dext(e)ra, dext(e)rum : droit, à droite
dextra, ae, f : main droite
dico, is, ere, dixi, dictum : dire
dictator, oris, m : dictateur
dies, ei, m : jour
differo, fers, ferre, distuli, dilatum : différer
difficilis, e : difficile, pénible
diffugio, is, ere, fugi : fuir, se disperser en tous sens
dignus, a, um (+ abl.) : digne (de)
diligenter : consciencieusement, attentivement
diligo, is, ere, dilexi, dilectum : aimer, chérir
dimitto, is, ere, misi, missum : abandonner, renvoyer
discedo, is, ere, cessi, cessum : s'en aller, renoncer
disciplina, ae, f : enseignement
discipulus, i, m : élève
disco, is, ere, didici : apprendre, étudier
dispono, is, ere, posui, positum : arranger, disposer
diu : longtemps
diutius (comp. de diu) : plus longtemps
dives, vitis : riche
divido, is, ere, visi, visum : partager, diviser
divitiae, arum, f pl : richesses
divus, a, um : divin
do, as, are, dedi, datum : donner
doceo, es, ere, docui, doctum + deux acc. : enseigner quelque chose à quelqu'un
doctus, a, um : savant
dolor, oris, m : douleur, souffrance
domina, ae, f : maîtresse (de maison)
dominus, i, m : maître (de maison)
domus, us, f (loc. domi, abl. domo) : maison
donum, i, n : cadeau, don
dormio, is, ire, i(v)i, itum : dormir
dubito, as, are, avi, atum : douter, hésiter
duco, is, ere, duxi, ductum : conduire, mener
dulcis, e : doux, sucré
dum + ind. : pendant que
duo, ae, o : deux
duodecim : douze
durus, a, um : ferme, sévère, rigoureux
dux, ducis, m : chef

E

ebibo, is, ere, bibi, bibitum : boire entièrement, vider
ecce : voici

edo, is, ere, edi, esum : manger
edo, is, ere, edidi, editum : faire sortir, produire, publier
educo, as, are, avi, atum : élever (un enfant)
educo, is, ere, duxi, ductum : sortir, tirer de
effero, fers, ferre, extuli, elatum : faire sortir, emporter
effluo, is, ere, fluxi, fluctum : s'écouler, couler hors de
ego, me/mei/mihi/me : moi, je
egregius, a, um : distingué, remarquable
elegans, antis : distingué, soigné
eleganter : avec grâce
eligo, is, ere, elegi, electum : choisir
emo, is, ere, emi, emptum : acheter
enim : en effet
ensis, is, m : épée, glaive
eo (adv.) : là, à cet endroit
eo, is, ire, i(v)i, itum : aller
epistula, ae, f : lettre
epulae, arum, f pl : banquet, festin
eques, itis, m : cavalier, chevalier
equidem : certes, assurément
equus, i, m : cheval
ergo : donc
erudio, is, ire, i(v)i, itum : instruire
et : et
etiam : même, encore, en plus
e(x) + abl. : hors de, venant de, d'après
exanimis, e : inanimé, sans vie
excelsus, a, um : haut, noble
excipio, is, ere, cepi, ceptum : recueillir, recevoir
excito, as, are, avi, atum : faire se lever, exciter, provoquer
exclamatio, onis, f : exclamation
exemplum, i, n : exemple, modèle
exeo, is, ire, ivi (ii : rare), itum : sortir
exerceo, es, ere, cui, citum : exercer, entraîner
exercitus, us, m : armée
exigo, is, ere, egi, actum : mettre dehors, chasser
existimo, as, are, avi, atum : penser, estimer
exitium, ii, n : fin, mort
exitus, us, m : sortie
exoriens, entis : qui se lève
ex(s)pecto, as, are, avi, atum : attendre
exprimo, is, ere, pressi, pressum : faire sortir, dire, prononcer
exsero, is, ere, serui, sertum : faire voir, montrer
extremus, a, um : extrême, dernier

F

fabula, ae, f : fable, légende, pièce de théâtre
facies, ei, f : forme, aspect, figure
facile : facilement
facilis, e : facile
facinus, oris, n : méfait, crime
facio, is, ere, feci, factum : faire
falsus, a, um : faux
fama, ae, f : rumeur, réputation
familia, ae, f : famille
familiaris, is, m : proche, familier
fatum, i, n : destin, fatalité
faveo, es, ere, favi, fautum + dat. : favoriser
febris, is, f : fièvre
fera, ae, f : bête sauvage
fere : presque
ferio, is, ire : frapper
fero, fers, ferre, tuli, latum : porter, supporter, emporter
ferrum, i, n : fer, épée
ferveo, es, ere, ferbui/fervi : bouillir
fessus, a, um : fatigué
festivus, a, um : plaisant, spirituel
fidelis, e : fidèle
fides, ei, f (+ dat.) : foi, confiance (en)
figura, ae, f : figure, forme
filia, ae, f : fille
filius, ii, m : fils
fingo, is, ere, finxi, fictum : façonner, modeler, imaginer
finio, is, ire, ivi, itum : achever, terminer
fio, fis, fieri, factum sum : devenir (sert de passif à facio)
fletus, us, m : pleurs
flos, oris, f : fleur
flumen, inis, n : fleuve
foculus, i, m : petit foyer, bûcher
foedus, a, um : laid, hideux
foris : à l'extérieur, dehors
foris, is, f : porte
forma, ae, f : beauté
formosus, a, um : joli
forte : par hasard
fortis, e : courageux, fort
fortuito : par hasard
fortuna, ae, f : destin, sort
fortunatus, a, um : heureux
forum, i, n : place publique, forum
fossa, ae, f : trou, creux, fossé, fosse
frango, is, ere, fregi, fractum : casser, briser

frater, tris, m : frère
frigidus, a, um : froid
frigus/frigor, oris, n : froid, fraîcheur
fuga, ae, f : fuite
fugio, is, ere, fugi : fuir
fulgeo, es, ere, fulsi : luire, éclairer, briller
fundo, is, ere, fudi, fusum : verser, répandre
funus, eris, n : funérailles, mort
fur, furis, m : voleur
furnus, i, m : fourneau

G

Gallia, ae, f : Gaule
Gallicus, a, um : gaulois
Gallus, i, m : Gaulois
Garumna, ae, f : Garonne
gaudium, ii, n : joie
gemitus, us, m : plainte, gémissement
gens, gentis, f : famille, nation, peuple
genus, eris, n : origine, naissance, espèce, race
gero, is, ere, gessi, gestum : faire, porter
gladiator, oris, m : gladiateur
gladius, ii, m : épée
gloria, ae, f : gloire
Graecia, ae, f : Grèce
Graecus, a, um : grec
Graecus, i, m : Grec
grammaticus, i, m : professeur
gratia, ae, f : grâce, remerciement
gratias ago, is, ere, egi, actum (+ datif) : remercier
gravis, e : lourd, gros
gravitas, tatis, f : sérieux

H

habeo, es, ere, ui, itum : avoir, posséder
habilis, e : facile à manier, qui s'adapte
habito, as, are, avi, atum : habiter
hemicyclium, ii, n : hémicycle
heres, edis, m/f : héritier, héritière
heri : hier
hic (adv.) : ici
hic, haec, hoc : ce, celui-ci, celle-ci, ceci
hodie : aujourd'hui
homo, inis, m : homme (être humain)
honos/honor, oris, m : honneur, hommage
hora, ae, f : heure
hospes, itis, m : hôte
hostis, is, m : ennemi
humanus, a, um : humain

I

ibi : là
ictus, us, m : coup
idem, eadem, idem : le même, la même
ideo : pour cette raison
ideoque : c'est pourquoi
igitur : donc
ignis, is, m : feu
ignotus, a, um : inconnu
ille, illa, illud : ce, celui-là, celle-là, cela
illustris, e : illustre, célèbre
imago, ginis, f : représentation, image
imbecillus, a, um : faible
immolo, as, are, avi, atum : immoler, sacrifier
impedio, is, ire, i(v)i, itum : empêcher, arrêter
impello, is, ere, puli, pulsum : heurter, agiter
imperator, oris, m : général en chef, celui qui commande
imperium, ii, n : commandement
impero, as, are, avi, atum : commander
impiger, gra, grum : actif, infatigable
impleo, es, ere, evi, etum : remplir
impono, is, ere, posui, positum : poser sur
imprimis : avant tout, principalement
in : (+ abl.) à, dans, en, sur (lieu où l'on est), (+ acc.) à, dans, en, sur, vers (lieu où l'on va)
inanis, e : inutile, vain, futile
incendium, ii, n : incendie
incendo, is, ere, cendi, censum : incendier, mettre le feu
incidit ut + subj. : il arrive/arriva que...
incido, is, ere, cidi : tomber dans/sur, arriver
incipio, is, ere, cepi, ceptum : commencer
includo, is, ere, clusi, clusum : enfermer
incolo, is, ere, ui : habiter
inde : de là, à partir de ce moment
indico, as, are, avi, atum : indiquer
indignatus, a, um : indigné
indignus, a, um : indigne
infans, tis : qui ne parle pas, jeune enfant
infero, fers, ferre, intuli, illatum : jeter dans, produire
infra + acc. : en dessous de
ingeniosus, a, um : ingénieux

ingenium, ii, n : talent, intelligence, ingéniosité
ingens, tis : immense
inhaereo, es, ere, haesi, haesum : se pendre, être attaché à
initium, ii, n : début, commencement, principe
injicio, is, ere, jeci, jectum : jeter dans
injuria, ae, f : injustice
injustus, a, um : contraire à la justice, injuste
innocens, tis : innocent
inopia, ae, f : dénuement, besoin, misère
inquit : dit-il (inquam, inquis : v. défectif : dis-je, dis-tu)
insatiabiliter : sans pouvoir être rassasié
insinuo, as, ae, avi, atum : entrer dans (se insinuare : s'insinuer)
inspecto, as, are, avi, atum : examiner, regarder
institutum, i, n : institution, coutume, habitude
intellegenter : avec intelligence
intellego, is, ere, lexi, lectum : comprendre
inter + acc. : entre, parmi
intereo, is, ire, i(v)i, itum : mourir, périr
interficio, is, ere, feci, fectum : tuer
interim : pendant ce temps
interimo, is, ere, emi, emptum : détruire, tuer
interrogo, as, are, avi, atum : interroger
intra + acc. : en dedans, sous
intro, as, are, avi, atum : entrer dans
introduco, is, ere, duxi, ductum : introduire
intus : à l'intérieur
invenio, is, ire, veni, ventum : trouver, inventer
inventor, oris, m : inventeur, auteur
invidia, ae, f : jalousie, envie
invito, as, are, avi, atum : inviter
ipse, ipsa, ipsum : même, en personne
ira, ae, f : colère
iratus, a, um (+ dat.) : en colère, irrité (contre quelqu'un)
irrisus, us, m : moquerie, raillerie
is, ea, id : ce, cet, celui-ci, celle-ci, ceci
iste, ista, istud : ce, cet, cette
ita : ainsi, de la sorte
ita... ut : tellement... que
Italia, ae, f : Italie
itaque : c'est pourquoi
iter, itineris, n : chemin, route, voyage
iter facio, is, ere, feci, factum : voyager, faire route, passer

J

jaceo, es, ere, jacui : être étendu
jacio, is, ere, jeci, jactum : jeter
jam : déjà
janua, ae, f : porte
jentaculum, i, n : petit déjeuner
jubeo, es, ere, jussi, jussum : ordonner
jucundus, a, um : agréable
judicium, ii, n : jugement, opinion
Jupiter, Jovis : Jupiter
jus, juris, n : droit, justice
juvenis, is, m : jeune homme
juvo, as, are, juvi, jutum : aider, être utile, être agréable

L

labor, oris, m : peine, fatigue, travail
laboro, as, are, avi, atum : travailler
labrum, i, n : lèvre
lac, lactis, n : lait
lacero, as, are, avi, atum : déchirer, maltraiter
lacrima, ae, f : larme
lacrimo, as, are, avi, atum : pleurer
lacus, us, m : lac
laetus, a, um : joyeux, content
laevus, a, um : gauche
lamentatio, onis, f : gémissements, plaintes
lateo, es, ere, ui : se cacher
Latinus, a, um : latin
latro, onis, m : brigand, voleur
latus, a, um : large
laudo, as, are, avi, atum : louer, approuver
laus, laudis, f : louange, éloge
lavo, as, are (pas de parfait), atum : laver
laxo, as, are, avi, atum : détendre, desserrer, relâcher
legatus, i, m : légat, lieutenant
legio, onis, f : légion
lego, is, ere, legi, lectum : lire
levis, e : léger
lex, legis, f : loi
liber, bri, m : livre
liber, libera, liberum : libre
liberi, rorum, m pl : enfants (par rapport aux parents)
libero, as, are, avi, atum : libérer
libido, inis, f : désir, caprice

licet + inf. (v. impersonnel) : il est permis, possible de
Liger, eris, m : Loire
ligneus, a, um : en bois
lignum, i, n : bois
ligo, as, are, avi, atum : attacher, lier
limes, itis, m : sentier, bordure, limite
lingua, ae, f : langue
liquamen, inis, n : jus, sauce
littera, ae, f : lettre (caractère d'écriture)
litterae, arum, f pl : lettre, missive
litus, oris, n : rivage, côte
locus, i, m : lieu
longus, a, um : long
ludo, is, ere, lusi, lusum : jouer
ludus, i, m : jeu, école
lupa, ae, f : louve
lupus, i, m : loup
lux, lucis, f : lumière
luxus, us, m : luxe

M

maeror, oris, m : tristesse profonde
maestus, a, um : triste
magister, tri, m : maître d'école
magnitudo, inis, f : grandeur
magnus, a, um : grand
major, us, oris (comp. de magnus, a, um) : plus grand
majores, um, m pl : ancêtres
malum, i, n : pomme
malus, a, um : mauvais
malus, i, f : pommier
maneo, es, ere, mansi, mansum : rester, demeurer
mansuesco, is, ere, suevi, suetum : apprivoiser
mansuetudo, inis, f : douceur, bonté
manus, us, f : main, troupe
mare, is, n : mer
maritus, i, m : mari
marmor, oris, n : marbre
mater, tris, f : mère
matrona, ae, f : femme mariée, mère
Matrona, ae, f : Marne
maxime : surtout, en premier lieu
maximus, a, um (sup. de magnus, a, um) : le plus grand, très grand
me (acc. et abl. de ego) : moi, je
mecum : avec moi
medicina, ae, f : médecine
medicus, a, um : médical, de la médecine
medicus, i, m : médecin
medius, a, um : qui est au milieu, central
mel, mellis, n : miel, douceur, charme
melior, us, oris (comp. de bonus, a, um) : meilleur
memor, oris + gén. : qui se souvient de
mendacium, ii, n : mensonge
mens, mentis, f : esprit, intelligence
mensa, ae, f : table
merx, mercis, f : marchandise
metuo, is, ere, ui, utum : craindre
meus, a, um : mon, ma
mihi (dat. de ego) : pour moi
miles, itis, m : soldat
milia, ium, n pl : des milliers
militaris, e : de militaire, de soldat
mille (inv.) : mille
minime : le moins, pas du tout
minimus, a, um (sup. de parvus, a, um) : le plus petit, très petit
minor, us, oris (comp. de parvus, a, um) : plus petit
minus... quam : moins... que
mirmillo, onis, m : mirmillon, sorte de gladiateur
mirus, a, um : étonnant, admirable
misceo, es, ere, miscui, mixtum : mélanger
miser, era, erum : malheureux
mitis, e : doux, tendre
mitto, is, ere, misi, missum : envoyer
modeste : discrètement, sagement
modestus, a, um : modéré, pudique, modeste
modicum, i, n : peu de choses
modus, i, m : mesure, manière
moenia, ium, n pl : remparts
moneo, es, ere, ui, itum : conseiller, avertir
mons, tis, m : montagne
morbus, i, m : maladie
morosus, a, um : morose, désagréable, difficile
mors, mortis, f : mort
mortarium, ii, n : mortier
mortuus, a, um : mort
mos, moris, m : coutume (au pl : mœurs)
motus, us, m : mouvement, agitation, émotion
moveo, es, ere, movi, motum : mouvoir, agiter, toucher, émouvoir
mox : bientôt
muliebris, e : de femme
mulier, eris, f : femme

multi, ae, a : nombreux, beaucoup de
multitudo, inis, f : foule, multitude
municeps, cipis, m/f : concitoyen, compatriote
munio, is, ire, i(v)i, itum : fortifier, protéger
munitus, a, um : fortifié, défendu
munus, eris, n : fonction, charge, devoir, don
muto, as, are, avi, atum : changer

N

nam : car, en effet
narro, as, are, avi, atum : raconter
nato, as, are, avi, atum : nager
naufragium, ii, n : naufrage
nauta, ae, m : marin
navigo, as, are, avi, atum : naviguer
navis, is, f : bateau
-ne : est-ce que ?
ne + subj. : pour que... ne pas
nec/neque : et... ne pas
nec/neque... nec/neque : ni... ni
necesse est (+ dat.) : il est nécessaire (pour)
neglego, is, ere, neglexi, neglectum : négliger
nego, as, are, avi, atum : dire que... ne pas
negotium, ii, n : affaires, travail
nemo, neminis : personne... ne
nequeo, is, ire, i(v)i, itum : ne pas pouvoir
nescio, is, ire, i(v)i, itum : ignorer, ne pas savoir
niger, gra, grum : noir
nihil : rien... ne
nisi : si ce n'est, si... ne pas
nobilis, e : noble
nocens, tis : coupable
nocte/noctu : de nuit
noli + inf. : veuille ne pas
nolite + inf. : veuillez ne pas
nomen, inis, n : nom
nomino, as, are, avi, atum : nommer, appeler
non : ne... pas
non... jam : ne... plus
nondum : pas encore
nonne : est-ce que... ne... pas ?
nonnulli, ae, a : quelques-uns, plusieurs
nos (nom. et acc.) : nous
noster, tra, trum : notre
noto, as, are, avi, atum : remarquer, noter
novem : neuf
novus, a, um : nouveau, récent
nox, noctis, f : nuit
nubo, is, ere, nupsi, nuptum : épouser (en parlant de la femme)
nullus, a, um : aucun... ne
num : est-ce que ?
numen, inis, n : volonté divine, divinité
numero, as, are, avi, atum : compter
numerus, i, m : nombre
nunc : maintenant
nunc... nunc : tantôt... tantôt
nunquam : ne... jamais
nuntio, as, are, avi, atum : annoncer
nutrix, icis, f : nourrice
nux, nucis, f : noix

O

objicio, is, ere, jeci, jectum : mettre devant, offrir, présenter
obnoxius, a, um : exposé, dépendant
obsecro, as, are, avi, atum : supplier
obsideo, es, ere, sedi, sessum : assiéger, attaquer
obstruo, is, ere, struxi, structum : fermer, boucher
obtrunco, as, are, avi, atum : tailler, massacrer, égorger
obviam + dat. : au-devant de, à la rencontre de
occido, is, ere, cidi, cisum : tuer
occulte : en cachette, en secret
occulto, as, are, avi, atum : cacher
occupatio, onis, f : occupation
occupo, as, are, avi, atum : occuper
octo : huit
oculus, i, m : œil
odium, ii, n : haine
olea, ae, f : olivier, olive
oleum, i, n : huile
olim : autrefois, jadis
omnis, e : tout, chaque
onus, eris, n : poids, charge
opinio, onis, f : opinion, croyance
oportet, ere, uit + inf. : il faut, il convient de
oppidum, i, n : place forte
ops, opis, f : pouvoir (pl opes, um : ressources, richesses)
optimus, a, um (sup. de bonus, a, um) : le meilleur, excellent
opus, eris, n : œuvre, ouvrage, travail
orator, oris, m : orateur
orbis, is, m : cercle, disque

ornamentum, i, n : costume, parure, ornement
ornatus, us, m : costume
oro, as, are, avi, atum : prier
os, oris, n : bouche, visage
osculum, i, n : baiser
ostendo, is, ere, di, sum : montrer
otiosus, a, um : indifférent, calme, inutile
otium, ii, n : loisir, inaction
ovum, i, n : œuf

P

paedagogus, i, m : esclave qui s'occupe des enfants, qui les conduit à l'école, guide
panis, is, m : pain
par, paris : égal, pareil
parce : avec retenue
parco, is, ere, peperci, parsum + dat. : épargner
parens, tis, m/f : père, mère, parent
pareo, es, ere, ui, itum : obéir
paro, as, are, avi, atum : préparer
pars, partis, f : partie, part, portion
parvus, a, um : petit
pater, tris, m : père
pater familiae/familias, m : père de famille
paternus, a, um : paternel, du père
patiens, tis : endurant
patientia, ae, f : endurance, patience
patres, um, m pl : les pères, les sénateurs, les patriciens
patria, ae, f : patrie
pauci, ae, a : peu, peu nombreux
pauper, eris : pauvre
pavimentum, i, n : pavé
pavor, oris, m : épouvante, crainte
pax, pacis, f : paix
peccatum, i, n : erreur
pectus, oris, n : poitrine
pecunia, ae, f : argent
pejor, jus, oris (comp. de malus, a, um) : pire, plus mauvais
penetro, as, are, avi, atum : entrer à l'intérieur, pénétrer dans
penna, ae, f : plume
per + acc. : à travers, grâce à, pendant
percutio, is, ere, cussi, cussum : percer, frapper
perditus, a, um : malheureux, pervers
perdo, is, ere, didi, ditum : perdre, ruiner, détruire
perduco, is, ere, duxi, ductum : mener à
pereo, is, ire, ii, itum : mourir
pergo, is, ere, perrexi, perrectum : se diriger vers, chercher à atteindre, viser
periculum, i, n : danger
perimo, is, ere, emi, emptum : détruire, tuer
perpetuus, a, um : perpétuel, à vie
pervenio, is, ire, veni, ventum : parvenir
pervolo, vis, velle, volui : vouloir ardemment
pes, pedis, m : pied
pessimus, a, um (sup. de malus, a, um) : le pire, le plus mauvais, très mauvais
peto, is, ere, i(v)i , itum : demander, chercher à obtenir
philosophus, i, m : philosophe
pictor, oris, m : peintre
piger, gra, grum : paresseux
pingo, is, ere, pinxi, pictum : peindre, représenter
piper, eris, n : poivre
piscina, ae, f : piscine, vivier
piscis, is, m : poisson
pius, a, um : pieux
placeo, es, ere, ui, itum + dat. : plaire à
plane : très
platanus, i, f : platane
plaudo, is, ere, plausi, plausum : applaudir
plausus, us, m : applaudissement
plebeius, a, um : plébéien, du peuple
plebs, bis, f : peuple, plèbe
plenus, a, um : plein, rempli
plerique, aeque, aque : la plupart
plures, a, gén. pl. plurium (comp. de multi, ae, a) : plus nombreux, plus de, un plus grand nombre de
plurimi, ae, a (sup. de multi, ae, a) : les plus nombreux, très nombreux
poculum, i, n : coupe
poeta, ae, m : poète
pono, is, ere, posui, positum : poser
populus, i, m : peuple
porticus, us, m : portique
posco, is, ere, poposci : réclamer, demander
possum, potes, posse, potui : pouvoir
post : après, (+ acc.) derrière
postea : ensuite
posterus, a, um : suivant, futur
postremo : finalement
postridie : le lendemain

potestas, atis, f : pouvoir, puissance
potio, onis, f : action de boire, boisson
potius quam : plutôt que
pr(a)efero, fers, ferre, tuli, latum : placer devant, préférer
praeceptor, oris, m : maître, enseignant
praecipito, as, are, avi, atum : jeter, faire tomber
praefectus, i, m : gouverneur, intendant, lieutenant
praemium, ii, n : récompense
praesum, es, esse, fui + dat. : commander à
praeter + acc : devant, le long de, excepté, au-delà, plus que
praeterea : de plus, en outre
prandium, ii, n : déjeuner
pratum, i, n : pré, prairie
pretiosus, a, um : de prix
primum : d'abord
primus, a, um : premier
princeps, ipis, m : le premier, empereur
pro + abl. : devant, à la place de
probus, a, um : honnête
procul a(b) + abl. : loin de
produco, is, ere, duxi, ductum : faire avancer, pousser en avant
proelium, ii, n : combat
proelium committo, is, ere, misi, missum : engager le combat
prope + acc. : près de
propere : en hâte
propero, as, are, avi, atum : se hâter
propinquus, a, um : proche, voisin
propior, us, oris (comp. de propinquus, a, um) : plus proche
propono, is, ere, posui, positum : proposer, soumettre
propter : à côté, (+ acc.) près de, à cause de
propterea quod + ind. : parce que
prospecto, as, are, avi, atum : regarder devant soi
prosperus, era, erum : prospère, heureux
prospicio, is, ere, spexi, spectum : regarder au loin, veiller à, prévoir
protego, is, ere, tegi, tectum : protéger, abriter
protinus (adv.) : immédiatement, aussitôt
proximus, a, um (sup. de propinquus, a, um) : le plus proche, très proche
prudens, tis : sage
prudentia, ae, f : sagesse, sérieux, connaissance
puella, ae, f : jeune fille
puellaris, e : de jeune fille
puer, eri, m : enfant
pueriliter : puérilement
pugillares, ium, m pl : tablettes pour écrire
pugio, onis, m : poignard
pugna, ae, f : combat
pugno, as, are, avi, atum : combattre, se battre
pugnus, i, m : poing
pulcher, chra, chrum : beau, joli
pulvis, eris, m : poussière, poudre
punio, is, ire, i(v)i, itum : punir, châtier
puto, as, are, avi, atum : penser

Q

qua ? : par où ? (lieu par où l'on passe)
quaero, is, ere, si(v)i, situm : demander
quaeso, is, ere, i(v)i, itum : demander instamment, supplier
quamdiu ? : combien de temps ?
quando ? : quand ?
quasi : (+ ind.) comme, (+ subj.) comme si, sous prétexte que
quattuor : quatre
-que : et
quem ad modum/quemadmodum : comment
queo, is, ire, ii(v)i, itum : pouvoir
qui, quae, quod : qui, laquelle, lequel
quia : parce que
quidam, quaedam, quiddam : un certain
quies, etis, f : repos
quiesco, is, ere, evi, etum : se reposer
quietus, a, um : tranquille
quinquagesimus, a, um : cinquantième
quinque : cinq
quintus, a, um : cinquième
Quirites, (i)um, m pl : Quirites, citoyens romains
quis, quae, quid ? : qui ? que ? quoi ?
quisquam, quaequam, quicquam/quidquam : quelqu'un, quelque chose
quo ? : où ? (lieu où l'on va)
quod : parce que, (+ subj.) sous prétexte que
quomodo ? : comment ?
quoniam : puisque, parce que
quoque : aussi
quotidie : chaque jour
quotie(n)s + ind. : chaque fois que

R

rado, is, ere, rasi, rasum : tondre, raser
rana, ae, f : grenouille
rapio, is, ere, rapui, raptum : enlever
ratio, onis, f : raison, calcul, rôle
recipio, is, ere, cepi, ceptum : recevoir, accueillir
recreo, as, are, avi, atum : rétablir, relever
rector, oris, m : chef, maître
rectus, a, um : droit, juste
reddo, is, ere, didi, ditum : rendre
redeo, is, ire, ivi (ii : rare), itum : revenir
reditus, us, m : retour
refero, fers, ferre, tuli, latum : reporter, rapporter
regius, a, um : royal
regno, as, are, avi, atum : régner
regnum, i, n : règne
religio, onis, f : religion, sentiment religieux
relinquo, is, ere, liqui, lictum : laisser, abandonner
reliquus, a, um : qui reste
remitto, is, ere, misi, missum : relâcher
renuntio, as, are, avi, atum : rapporter une nouvelle
repente : soudain
reporto, as, are, avi, atum : rapporter
reprehendo, is, ere, endi, ensum : critiquer, retenir
requiro, is, ere, requisi(v)i, itum : demander
res, ei, f : chose, fait, affaire, nouvelle
res publica, rei publicae, f : république
resisto, is, ere, stiti : s'arrêter
respergo, is, ere, spersi, spersum : arroser, asperger
respiratio, onis, f : respiration
respondeo, es, ere, di, sum : répondre
rete, is, n : filet
retendo, is, ere, tendi, tensum : détendre, relâcher
retiarius, ii, m : gladiateur armé d'un filet
retineo, es, ere, tinui, tentum : retenir, conserver, détenir
revoco, as, are, avi, atum : rappeler, ramener
rex, regis, m : roi
Rhenus, i, m : Rhin
Rhodanus, i, m : Rhône
rideo, es, ere, risi, risum : rire
ripa, ae, f : rive
rogo, as, are, avi, atum : demander
Roma, ae, f : Rome
Romanus, a, um : romain
rosa, ae, f : rose
rumpo, is, ere, rupi, ruptum : rompre, briser
rursus : de nouveau
rus, ruris, n (loc. ruri) : campagne
rusticus, a, um : de la campagne

S

sacerdos, otis, m : prêtre
sacrificium, ii, n : sacrifice
saepe : souvent
saevus, a, um : cruel, sévère
sal, salis, m : sel, esprit piquant
salio, is, ire, salui, saltum : sauter
salus, utis, f : salut
salve : salut, bonjour
sanguis, inis, m : sang
sanus, a, um : sain, en bonne santé
scaena, ae, f : scène de théâtre, mise en scène
sceleratus, a, um : criminel, scélérat
scelus, eris, n : crime
scilicet : bien sûr, évidemment, sans doute
scio, is, ire, i(v)i, itum : savoir
scriba, ae, m : scribe, secrétaire
scribo, is, ere, scripsi, scriptum : écrire
scutum, i, n : bouclier
s. d. (salutem dat) : donne, adresse son salut (formule pour commencer une lettre)
se (acc. et abl. de se) : se, lui, il
seco, as, are, secui, sectum : couper
secum : avec soi, avec lui, avec eux
secundus, a, um : second
securis, is, f : hache
sed : mais
sedeo, es, ere, sedi, sessum : être assis
semel : une fois, une seule fois
semper : toujours
senatus, us, m : sénat
senex, is, m : vieillard
senior, ius, oris (comp. de senex, senis) : plus âgé, assez âgé
sententia, ae, f : avis, sentence
sentio, is, ire, sensi, sensum : sentir
septem : sept
sermo, onis, m : conversation, propos
serpo, is, ere, serpsi : ramper, avancer
servilis, e : d'esclave
servo, as, are, avi, atum : conserver, observer

servus, i, m : esclave
sese : = se
severe : sévèrement
severitas, atis, f : sévérité
sex : six
sextus, a, um : sixième
si : si
sibi (dat. de se) : pour lui, à lui
sic : ainsi, de la sorte
sic... ut : de telle sorte que
sicut : comme
signum, i, n : signal
silentium, ii, n : silence
silva, ae, f : forêt
simul : en même temps
simulacrum, i, n : représentation, statue, fantôme
simulo, as, are, avi, atum : simuler, feindre
sin : si au contraire
singuli, ae, a : un par un
sinus, us, m : sein
socius, ii, m : compagnon, associé
solitudo, inis, f : solitude (au pl : désert)
solum : seulement
solus, a, um : seul
somnus, i, m : sommeil
sonitus, us, m : son, bruit, fracas
sonus, i, m : son, bruit
soror, oris, f : sœur
spatium, ii, n : espace, moment
species, ei, f : aspect, apparence
spectaculum, i, n : spectacle
spectator, oris, m : spectateur
specto, as, are, avi, atum : regarder
spero, as are, avi, atum : espérer
spes, ei, f : espoir
spiritus, us, m : souffle
stadium, ii, n : stade
stagnum, i, n : étang
statim : aussitôt
statua, ae, f : statue
statuo, is, ere, ui, utum : décider, fixer
statura, ae, f : taille, hauteur
stella, ae, f : étoile (stella crinita : étoile filante)
stipendium, ii, n : solde militaire
sto, as, are, steti, statum : se tenir debout
stolide : bêtement
stridulus, a, um : aigu, perçant
studiose : avec application
studium, ii, n : zèle, ardeur
stultus, a, um : idiot, stupide, bête
stupor, oris, m : stupidité, stupeur
sua sponte : spontanément, de son propre mouvement, de lui-même
suadeo, es, ere, suasi, suasum : persuader, conseiller
suavitas, atis, f : douceur
sub : sous, (+ abl. : lieu où l'on est) (+ acc. : lieu où l'on va)
subeo, is, ire, i(v)i, itum : aller sous
subigo, is, ere, egi, actum : soumettre, vaincre
subito : soudain
succedo, is, ere, cedi, cessum : succéder à, remplacer
sucus, i, m : jus
suffero, fers, ferre, sustuli, sublatum : supporter, soutenir
suffundo, is, ere, fudi, fusum : verser sur
sum, es, esse, fui : être
sumo, is, ere, sumpsi, sumptum : prendre
superbus, a, um : orgueilleux
supero, as, are, avi, atum : vaincre, l'emporter sur
supervenio, is, ire, veni, ventum : survenir
supervivo, is, ere, vixi : survivre
supra : au-dessus, (+ acc.) sur, au-dessus de
surgo, is, ere, surrexi, surrectum : se lever
susceptio, onis, f : action de se charger de, prise en main
suspicio, onis, f : soupçon
sutor, oris, m : cordonnier
suus, a, um : son, sa, leur

T

tabula, ae, f : tablette, tableau
taceo, es, ere, tacui, tacitum : se taire
talis, e : tel
tam... ut : tellement... que
tamen : cependant
tantum : seulement
tantus, a, um : si grand
taurus, i, m : taureau
te (acc. et abl. de tu) : toi, te
tecum : avec toi
tego, is, ere, texi, tectum : couvrir, protéger
telum, i, n : arme de jet, javelot
temperentia, ae, f : tempérance, modération
templum, i, n : temple
tempus, oris, n : temps, moment
teneo, es, ere, tenui, tentum : tenir, retenir
tensus, a, um : tendu

tenuis, e : fin, ténu
tero, is, ere, tri(v)i, tritum : broyer, écraser
terra, ae, f : terre
terreo, es, ere, ui, itum : terrifier
tertius, a, um : troisième
theatrum, i, n : théâtre
thermae, arum, f pl : thermes, bains
tibi (dat. de tu) : pour toi
timeo, es, ere, ui : craindre
timor, oris, m : crainte, peur, effroi
toga, ae, f : toge
tollo, is, ere, sustuli, sublatum : soulever, pousser, élever
tondeo, es, ere, totondi, tonsum : tondre, raser
tonsor, oris, m : barbier, coiffeur
tormentum, i, n : torture
torquis, is, m : collier
totus, a, um : tout entier
toxicum, i, n : poison
trado, is, ere, didi, ditum : rapporter, transmettre, livrer
traho, is, ere, traxi, tractum : traîner, attirer
trano, as, are, avi, atum : traverser à la nage
transeo, is, ire, ivi (ii : rare), itum : traverser
transfodio, is, ere, fodi, fossum : transpercer
transigo, is, ere, egi, actum : achever, terminer
transitus, us, m : passage, transition
tredecim : treize
trepido, as, are, avi, atum : s'agiter, trembler
tres, tria : trois
tribunal, alis, n : tribunal
triclinium, ii, n : triclinium, salle à manger
triumphus, i, m : triomphe
trucido, as, are, avi, atum : égorger, massacrer
tu : toi, tu
tum : alors
tunc : alors
tunica, ae, f : tunique
turba, ae, f : foule
turpis, e : honteux, laid
tuus, a, um : ton, ta
tyrannus, i, m : tyran

U

ubi ? : où ? (lieu où l'on est)
ubi + ind. : quand, lorsque
ullus, a, um : = nullus (aucun) quand il y a déjà une négation dans la phrase
ululatus, us, m : hurlement
umbra, ae, f : ombre
umquam : = numquam (jamais) quand il y a déjà une négation dans la phrase
unda, ae, f : onde, eau
unde ? : d'ou ? (lieu d'où l'on vient)
undecimus, a, um : onzième
undique : de toutes parts
unus, a, um : un, un seul
urbs, urbis, f : ville
urgeo, es, ere, ursi : presser
usus, us, m : usage, coutume
ut : (+ ind.) comme, (+ subj.) pour que
utilis, e : utile
utilitas, atis, f : utilité, intérêt
utinam + subj. : fasse le ciel que, pourvu que
uva, ae, f : raisin
uxor, oris, f : épouse

V

vacuus, a, um : vide
valde : tout à fait
valeo, es, ere, ui, itum : être bien portant
valetudo, inis, f : bonne santé ; mauvaise santé
vallum, i, n : fossé, palissade
varius, a, um : varié, divers
vas, vasis, n : vase, ustensile
vastus, a, um : vaste
veho, is, ere, vexi, vectum : porter, transporter
vel : ou bien
vello, is, ere, vulsi, vulsum : arracher, épiler
velocitas, atis, f : rapidité
velox, ocis : rapide
velut : comme, ainsi que
vena, ae, f : veine
venatio, onis, f : chasse
vendo, is, ere, vendidi, venditum : vendre
venenum, i, n : poison
venio, is, ire, veni, ventum : venir
venter, tris, m : ventre, estomac
verbero, as, are, avi, atum : frapper
verbum, i, n : verbe, parole, mot
verecundia, ae, f : pudeur
veritas, atis, f : vérité
vero : or, mais, vraiment, assurément
versus, sus, m : vers de poésie
vertex, icis, m : sommet, tête

verum : mais, mais en vérité
vester, tra, trum : votre
vestimentum, i, n : vêtement
vestis, is, f : vêtement
vestitus, us, m : vêtement
veto, as, are, vetui, vetitum : défendre, interdire
vetula, ae, f : vieille femme
vetus, eris : vieux
via, ae, f : voie, chemin, rue
vicinus, i, m : voisin
victima, ae, f : victime
victor, oris, m : vainqueur
victoria, ae, f : victoire
vicus, i, m : quartier, village
video, es, ere, vidi, visum : voir
vilis, e : bon marché, sans valeur, vulgaire
villa, ae, f : ferme, villa
vinco, is, ere, vici, victum : vaincre
vinculum, i, n : chaîne
vinum, i, n : vin
violenter : avec force, violemment
violentius (comp. de violenter) : plus violemment
violo, as, are, avi, atum : faire violence
vir, viri, m : homme
vires, virium, f pl : forces
virginalis, e : virginal
virgo, inis, f : jeune fille
virtus, utis, f : courage, vertu
vis, vis, f : force
vita, ae, f : vie
vitis, is, f : vigne
vitium, ii, n : défaut, vice
vivo, is, ere, vixi, victum : vivre
vivus, a, um : vivant
voco, as, are, avi, atum : appeler, convoquer, inviter
volo, vis, velle, volui : vouloir
voluptas, atis, f : plaisir
vos (nom. et acc.) : vous
vox, vocis, f : voix
vulgus, i, n : foule
vulnus, eris, n : blessure, plaie
vulpes, is, f : renard
vultur, uris, m : vautour
vultus, us, m : visage, air, apparence

TABLE DES ILLUSTRATIONS

14 ph © G. Dagli Orti
15 © 1994 Athéna éditions – 10, rue du Berry – 31130 Balma/3e éd., déc. 2003. ISBN 2-9501341-6-5 – extrait réduit à 20 %
20hg ph © The Stapleton Collection/Bridgeman-Giraudon
20hd ph © The Stapleton Collection/Bridgeman-Giraudon
20b ph © G. Dagli Orti
21 © The Creative Assembly
22 ph © E. Lessing/Magnum Photos
23 ph © 1990. Photo Scala, Florence – Courtesy of the Ministero Beni e Att. Culturali
28 ph © Akg-images
29 ph © The Art Archive/Palais Chigi alla Postierla/G. Dagli Orti
30g ph © Akg-images
30d ph © Alinari/Bridgeman-Giraudon
31 ph © Archives Charmet/Bridgeman-Giraudon/D.R.
36 ph © BnF, Paris/D.R.
37 ph © P. Connolly/Akg-images
38 ph © Bridgeman-Giraudon
39 ph © The Art Archive/Musées du Capitole/G. Dagli Orti
44 ph © E. Lessing/Magnum Photos
45 ph © Akg-images
46g ph © E. Lessing/Akg-images
46d ph © M.G.M/Album/Akg-images
47 © Studio Boule & Bill – Jean Roba – 2006
52h ph © Akg-images
52b ph © Renn Prods/TF1 Films Production/Akg-images
53 ph © R. Senera/Bernand/Enguerand
56g ph © Bridgeman-Giraudon
56m ph © Bridgeman-Giraudon © Fondation Paul Delvaux, Saint-Idesbald, Belgique – Adagp, Paris 2006
56d ph © Lauros/Bridgeman-Giraudon
57 ph © 1990. Photo Scala, Florence – Courtesy of the Ministero Beni e Att. Culturali
62h ph © The Art Archive/Musée des Thermes/G. Dagli Orti
62b ph © M. Parr/Magnum Photos
63h ph © The Art Archive/Musée de la civilisation romaine/G. Dagli Orti
63b ph © T. Lafranchis/Akg-images
64g ph © E. Lessing/Akg-images
64d ph © K. Ignatiadis/RMN
65 ph © T. Lafranchis/Akg-images
70 ph © Les frères Chuzeville/RMN
71 ph © P. Almasy/Akg-images
72g Collection Christophe L
72d ph © The Art Archive/Musée de la civilisation romaine/G. Dagli Orti
73 ph © The Art Archive/Musée archéologique/G. Dagli Orti
78h ph © The Art Archive/Musée national romain – Palais ALTEMPS/G. Dagli Orti
78b ph © The Art Archive/Musée de la civilisation romaine/G. Dagli Orti
79 ph © Nimatallah/Akg-images
80gh ph © E. Lessing/Akg-images
80gb ph © Underwood & Underwood/Corbis
80d ph © Photo Josse
81 ph © E. Lessing/Magnum Photos
86h ph © 1990. Photo Scala, Florence
86b Collection Christophe L
87 © CASTERMAN S.A.
88 ph © The Art Archive/Bibliothèque des Arts décoratifs/G. Dagli Orti
89 © Les éditions Albert René, Goscinny, Uderzo, 2006
94 ph © The Art Archive/Musée national d'archéologie/G. Dagli Orti
95gh ph © E. Lessing/Magnum Photos
95gb © Collection Roger-Viollet
95dh ph © E. Lessing/Akg-images
95dm © Collection Roger-Viollet
95db © Collection Roger-Viollet
98 ph © The Art Archive/Musée archéologique/G. Dagli Orti
99h ph © Collection Held/Bridgeman-Giraudon
99b ph © The Art Archive/Musée national-Villa Giulia/G. Dagli Orti
104h ph © The Art Archive/Musée de la civilisation romaine/G. Dagli Orti
104b ph © Bridgeman-Giraudon
105 ph © Akg-images
106 ph © The Art Archive/Musée archéologique/G. Dagli Orti
107 ph © H. Champollion/Akg-images
112g ph © The Art Archive/Musées du Capitole/G. Dagli Orti
112m ph © The Art Archive/Musées du Capitole/G. Dagli Orti
112d ph © The Art Archive/Musée de la civilisation romaine/G. Dagli Orti
113 ph © Marc Enguerand
114 © 1990. Photo Scala, Florence – Courtesy of the Ministerio Beni e Att. Culturali
115h ph © P. Connolly/Akg-images
115b ph © Electa/Akg-images
120 ph © The Art Archive/Musée national des Thermes/G. Dagli Orti
121 ph © D. Ball/Corbis
122hg ph © Alinari/Bridgeman-Giraudon
122hd ph © The Art Archive/G. Dagli Orti
122b ph © Akg-images
123 ph © Selva/Leemage
128h ph © The Art Archive/Villa romaine du Casale/G. Dagli Orti
128b ph © H. Lewandowski/RMN
129 © Les éditions Albert René, Goscinny, Uderzo, 2006
130g ph © Akg-images © Adagp, Paris 2006
130d ph © H. Lewandowski/RMN
131 ph © Akg-images
136 ph © E. Lessing/Akg-images
137h ph © The Art Archive/Musée du Bardo/G. Dagli Orti
137b ph © The Art Archive/Tombe de la chasse et de la pêche/G. Dagli Orti
140 ph © Archives Charmet/Bridgeman-Giraudon/D.R.
141 ph © H. Lewandowski/RMN
146g ph © Tsutomo Nakayama/Imagestate/Hoa-Qui/GHFP
146d ph © CNMHS/Archives Hatier
147 ph © Lauros/Bridgeman-Giraudon
148 ph © Bridgeman-Giraudon
149 © Collection Roger-Viollet
154 ph © Akg-images
155h ph © Akg-images
155b ph © J. Hios/Akg-images
156 ph © J. Fuste Raga/AGE fotostock/Hoa-Qui/GHFP
157 ph © Heritage Images/Leemage
162g ph © The Art Archive/Musée archéologique/G. Dagli Orti
162d ph © The Art Archive/Villa romaine du Casale/G. Dagli Orti
163h ph © Costa/Leemage
163b ph © Fototeca/Leemage
164 ph © The Art Archive/Musées du Capitole/G. Dagli Orti
165 ph © Alinari/Bridgeman-Giraudon
171 ph © Akg-images
172 ph © R.G. Ojeda/RMN
173 © Aquarelle de Jean-Claude Golvin © éditions Errance
178 ph © Akg-images © Musée Hansi, Riquewihr
179hg ph © F. Raux/RMN
179hd ph © J. Schormans/RMN
179b ph © The Art Archive/Musée de la civilisation gallo-romaine/G. Dagli Orti

Achevé d'imprimer en France par Clerc s.a.s. - 18200 Saint-Amand-Montrond
Dépot légal n° 72765 - Juin 2008 - N° d'imprimeur : 9719

L'Italie antique

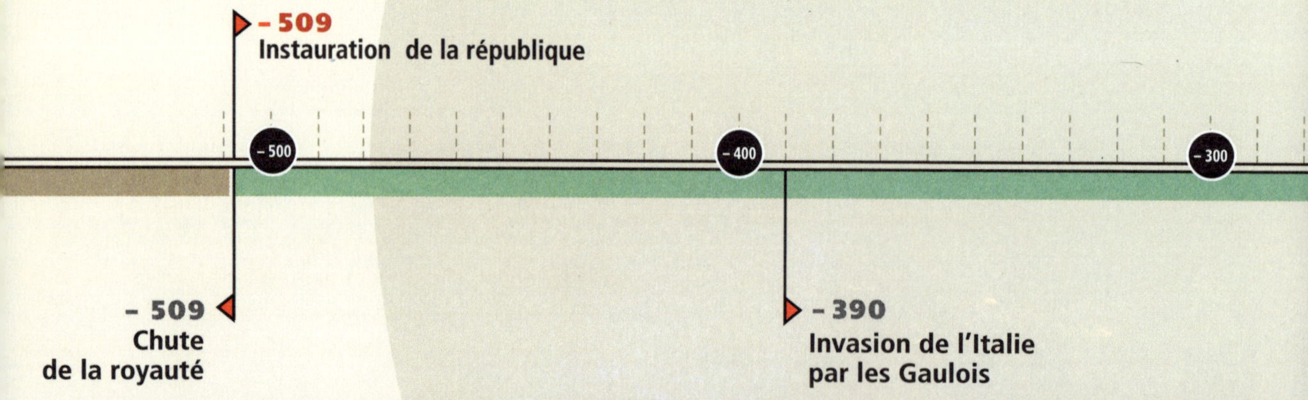